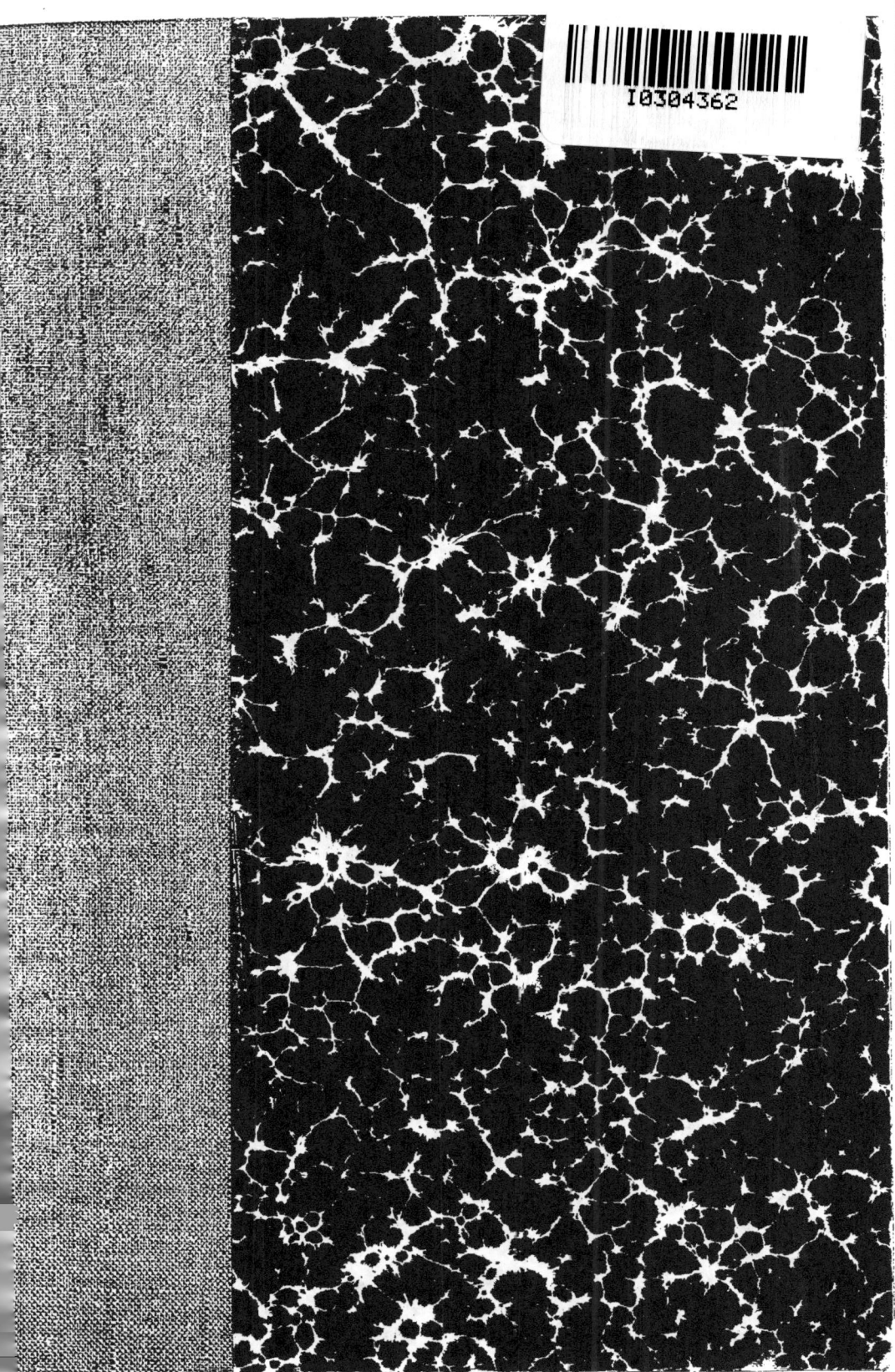

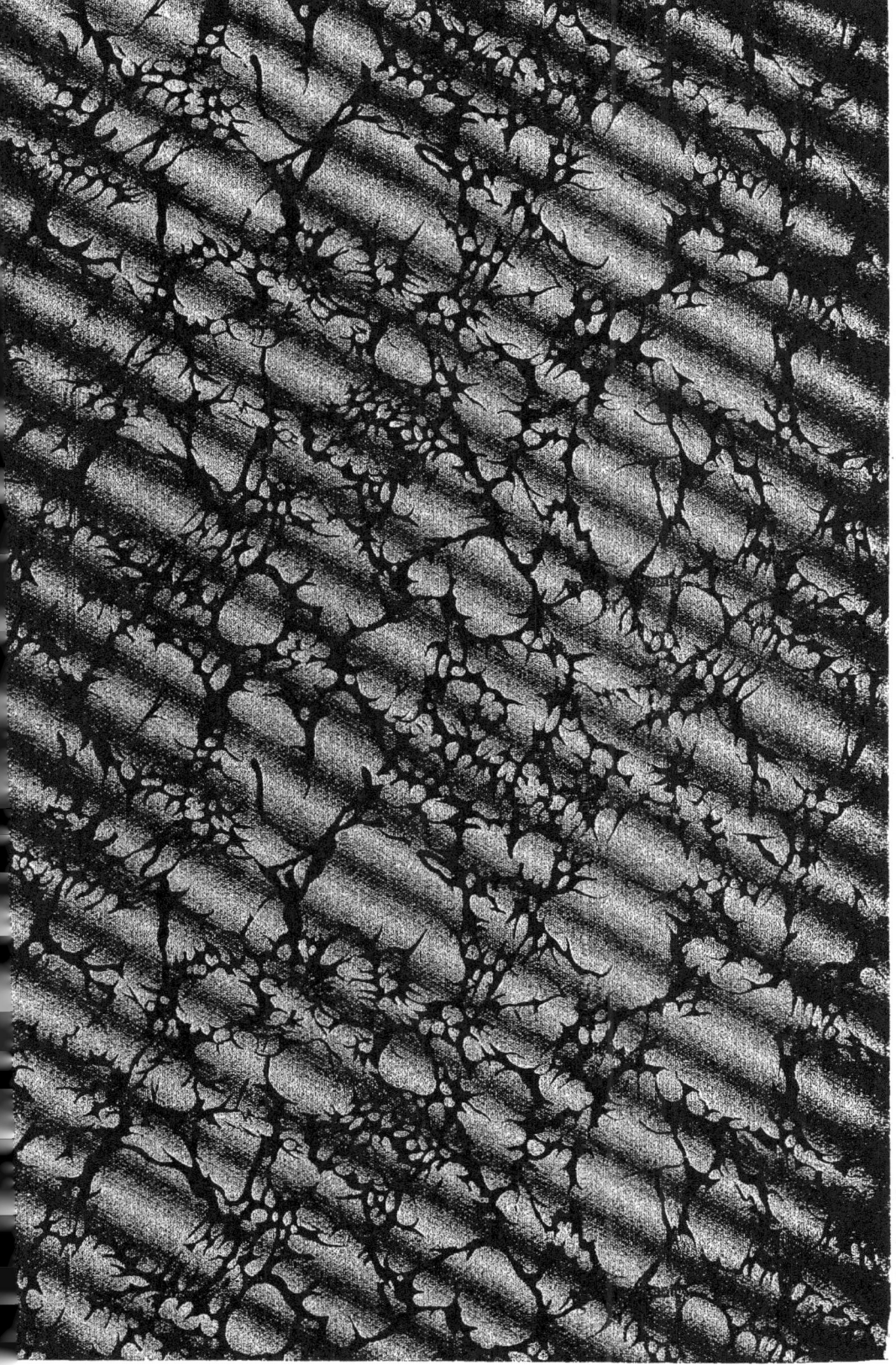

LE DOUARIN REL

VOYAGE
AUTOUR DU MONDE

DE

Mme IDA PFEIFFER

Traduit de l'anglais par E. DELAUNEY

AVEC GRAVURES DANS LE TEXTE

ROUEN

MÉGARD ET Cie, LIBRAIRES-ÉDITEURS

BIBLIOTHÈQUE MORALE

DE

LA JEUNESSE

1re SÉRIE IN-4°

Les craintes augmentèrent encore, quand on aperçut un autre tigre.

VOYAGE
AUTOUR DU MONDE

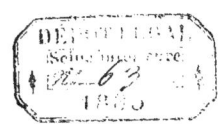

DE

MME IDA PFEIFFER

Traduit de l'anglais par *E. DELAUNEY*

AVEC GRAVURES DANS LE TEXTE

ROUEN
MÉGARD ET Cie, LIBRAIRES-ÉDITEURS
1885

Propriété des Éditeurs,

NOTICE BIOGRAPHIQUE.

I.

Le 14 octobre 1797, naissait à Vienne une enfant destinée à la vie la plus aventureuse que jamais femme ait volontairement affrontée.

Fille unique de M. Reyer, riche négociant de la capitale de l'Autriche, la petite Ida grandit au milieu de ses six frères et prit ainsi, naturellement, des goûts tout à fait masculins. N'étant pas timide par nature, mais au contraire plus vive et plus hardie que ses frères aînés, son plus grand plaisir était de s'habiller comme eux, de s'initier à leur vie et de prendre part à toutes les espiègleries dont ils se rendaient coupables.

Loin de mettre aucune entrave à ce penchant de leur fille, les parents le favorisèrent, en l'autorisant à porter habituellement des habits de garçon. C'était M. Reyer lui-même, si rigide sur d'autres points, qui semblait prendre le plus de plaisir à ce déguisement anormal, et aux conséquences qu'il produisait.

Un jour, en plaisantant, il avait fait à la petite fille une promesse que celle-ci avait immédiatement prise au sérieux : c'était de la faire élever dans une école militaire, d'où elle sortirait plus tard bel officier chamarré d'or et de broderies. On ne saurait croire à quel point cet avenir brillant qui miroitait sans cesse à ses yeux avait réagi sur l'enfant, et lui avait inspiré de bravoure et de résolution.

C'était l'intrépidité de la petite fille qui amusait si vivement son père. Dès sa plus tendre enfance, Ida Reyer se montra supérieure à son âge, et l'on pourrait citer d'elle, dans cette première période de la vie, maintes preuves d'audace, de sang-froid et de mépris de la douleur dont s'honoreraient des membres du sexe le plus fort.

On conçoit qu'avec de pareilles idées en tête, Ida fut de bonne heure dégoûtée des poupées, des ménages et des jouets qui font la joie de nos fillettes; mais, en revanche, elle ne rêvait que tambours, sabres et fusils, précurseurs certains, pensait-elle, de la brillante épée de capitaine qu'elle entrevoyait à travers le prisme éclatant de sa jeune et bouillante imagination.

Mais ce n'était pas tout. La manière dont elle était élevée devait réagir sur elle plus encore.

Son père, d'une austérité peu commune, estimait que la jeunesse ne saurait trop tôt être prémunie contre l'intempérance et instruite à se maîtriser.

Pour former de bonne heure sa famille à ce contrôle sévère que nous devons exercer sur nous-mêmes, et dont le résultat doit être de nous enseigner à dompter nos passions, il exigeait que ses enfants commençassent par régler leur appétit. Aussi avait-il institué chez lui une loi qu'il maintenait avec toute la fermeté de son caractère entier. A sa table, servie avec la libéralité et le luxe convenant à sa fortune, et tandis que les grandes personnes mangeaient des mets les plus variés, il ne permettait à ses enfants qu'une nourriture simple, modeste, et quelquefois à peine suffisante pour leurs robustes estomacs.

Il leur était également interdit de demander à plusieurs reprises tout jouet ou tout objet qui leur avait été une première fois refusé.

La sévère prévoyance de M. Reyer allait souvent jusqu'à priver ses enfants — qui étaient pourtant les plus chers objets de son affection — de la chose la plus légitime, du plaisir le plus naturel, et cela dans le seul but de les habituer aux privations qui pouvaient les attendre sur le rude chemin de la vie. Il savait, hélas! que la tendresse la plus inquiète ne saurait prévoir et prévenir les événements; et qu'endurcir le corps et l'âme de nos bien-aimés contre les maux futurs est le seul moyen préventif de leur épargner les souffrances que nous ne pouvons leur éviter.

En outre, il était le partisan de l'absolutisme le plus complet. Il ne souffrait pas de résistance à ses volontés et s'en offensait comme d'une insulte. Alors même qu'aux yeux de tous, sa sévérité approchait de la dureté, il n'admettait point de représentations, de quelque part qu'elles vinssent.

M. Reyer avait, on le voit, sur l'éducation des idees à lui, que rejetterait bien loin avec indignation notre tendresse moderne, toute de raffinement et de sensibilité, mais généralement beaucoup trop faible. C'est peut-être à cet excès de sensibilité que nous devons de rencontrer maintenant si peu d'âmes viriles et de forte trempe, comme les temps passés nous en fournissent tant d'exemples. Certes, le système de M. Reyer était, nous le pensons, réellement exagéré ; mais il n'en est pas moins vrai que cette éducation toute spartiate avait du bon : sans elle, la petite Ida ne serait jamais devenue l'intrépide voyageuse admirée du monde entier, qui sut pendant des mois consécutifs endurer les plus grandes fatigues, sans avoir autre chose pour soutenir ses forces qu'une nourriture insuffisante, et souvent plus qu'inférieure.

On peut sans peine rattacher le développement extraordinaire des qualités qui distinguèrent plus tard Ida Reyer, devenue Ida Pfeiffer, le courage, l'empire sur soi-même, la persévérance infatigable, l'indifférence à la douleur et à toutes les privations, à cette méthode d'éducation que nous n'hésitons pas à qualifier de bizarre, parce qu'aucun de nous ne songerait aujourd'hui à l'imiter, n'ayant plus la force de caractère qu'avaient les générations qui nous ont précédés.

Quoi qu'il en soit, M. Reyer mourut en 1806, laissant à sa veuve la charge de sept enfants, dont plusieurs étaient encore en bas âge. Les garçons allèrent en pension, et la mère ne garda avec elle que sa fille, âgée de neuf ans, dont elle tenait à surveiller elle-même l'éducation.

D'une santé délicate, brisée par le coup terrible qui l'avait frappée et dont elle ne parvint jamais à prendre son parti, Mme Reyer était une nature maladive, irritable, peu faite pour sympathiser avec l'expansion de la jeunesse. Elle ne supportait qu'avec peine l'exubérance de vie qui se trahissait chez ses enfants comme chez tous les autres par des accès de folle gaieté. Elle surveillait avec inquiétude et méfiance tous leurs mouvements. Son humeur triste assombrissait leur joie.

Ce fut à l'époque où Ida Reyer fut contrainte de renoncer à ses mœurs de garçon, et à titre de compensation sans doute, que s'éveilla pour la première fois en elle l'ardent désir de voir le monde, cette fièvre inextinguible de saine et intelligente curiosité que devait satisfaire si tard Ida Pfeiffer. Puisque la guerre et les occupations belliqueuses de la carrière des officiers lui étaient interdites, l'enfant agrandit son horizon et tourna son esprit remuant et inquiet vers les lointains voyages, dont elle se mit à dévorer les relations avec l'ardeur passionnée qu'elle apportait en tout. Le plaisir qu'elle trouva dans ces lectures instructives suppléa chez elle à tous les goûts des autres jeunes filles. Elle ne songea ni à la toilette, ni aux bals, ni aux théâtres. Elle en arriva à tel point, que la vue des montagnes qui se perdaient à l'horizon lui arrachait des larmes et qu'elle ne pouvait entendre parler de gens ayant fait de lointaines expéditions dans des pays inconnus, sans éprouver un affreux serrement de cœur à la pensée qu'une pareille félicité lui était interdite par ce sexe fatal qui enchaînait au rivage le frêle esquif de son existence.

Tourmentée par le besoin de trouver une occupation qui lui fût réellement sympathique, elle eut cent fois le désir de se livrer à l'étude des sciences naturelles, qui avaient pour elle un attrait tout particulier ; mais, n'osant s'ouvrir à personne de ce souhait, de peur qu'on n'y vît un retour à ses erreurs passées, la jeune fille le refoula sans cesse comme illégitime et coupable.

Cette crainte de se faire mal juger paraîtra toute naturelle, si l'on se reporte à l'époque où se place notre récit. Au commencement de ce siècle, il était bien rare qu'une jeune fille, appartenant même aux classes élevées de la société, reçût beaucoup plus que ce que nous considérerions de nos jours comme une instruction élémentaire. Sauf de rares exceptions, aspirer plus haut était une tendance au bas-bleuisme que l'on qualifiait sévèrement, et dont le ridicule se chargeait de faire bonne et prompte justice.

Les années s'écoulaient.

Mlle Reyer avait déjà vingt-deux ans lorsque le docteur Pfeiffer, un des avocats les plus brillants du barreau autrichien, fut présenté chez sa mère. Etabli à Lemberg, il était venu accompagner son fils à l'Université de Vienne, où il devait faire son droit, et, en tendre père, il recommanda chaudement le jeune homme à la famille Reyer, riche, considérée et l'une des mieux posées de la capitale. Puis il partit; et l'on n'y pensait plus, lorsque, au bout d'un mois environ, arriva une lettre cérémonieuse de lui, contenant une demande en mariage en règle.

Grande fut la surprise de Mlle Reyer. Pendant son séjour, M. Pfeiffer n'avait pas eu l'air de faire la moindre attention à elle. A peine y avait-il eu entre eux l'échange banal de politesses et de lieux communs qui constituent les relations des gens du monde. Toutefois c'était un homme distingué, appartenant à la meilleure société; et bien qu'il eût quarante-six ans, c'est-à-dire plus du double de son âge, Mme Reyer insista pour que sa fille acceptât sa main.

Le mariage de Mlle Laure-Ida Reyer et de M. Pfeiffer fut célébré en grande pompe le 1er mai 1820. La jeune fille, qui n'avait jamais voyagé, et chez laquelle la passion de l'inconnu était toujours à l'état latent, trouva quelque compensation à la perte de sa liberté, dans la nécessité de se mettre en route, presque aussitôt qu'elle fut jeune femme. Il n'y avait point de chemins de fer, et l'on comptait plus de 160 kilomètres entre Lemberg et Vienne. C'était un véritable voyage.

Le docteur Pfeiffer gagnait à être fréquenté. C'était une nature aimable, droite, intelligente; il maniait bien la parole et était un conteur inépuisable. Bien que très épris de sa femme, il ne chercha pas à forcer ses sentiments et sut se contenter de la bonne amitié qu'elle lui accorda sans peine. Elle était trop consciencieuse, trop scrupuleusement désireuse de faire de son mieux dans sa nouvelle carrière, pour n'être pas sensible aux attentions délicates dont il l'entourait, et ne pas s'en montrer reconnaissante.

Mais au début même de sa vie conjugale, de graves préoccupations l'attendaient. Nous l'avons dit, M. Pfeiffer était un avocat distingué, une des sommités du barreau; c'était surtout un homme intègre, incapable de transiger avec sa conviction, et de détourner les yeux pour ne pas voir les abus sur lesquels son attention avait été une première fois appelée. Dans un grand procès qu'il gagna, le docteur Pfeiffer eut l'occasion de s'apercevoir des plus honteuses prévarications commises par une des administrations de la Gallicie. Il savait qu'en les dénonçant à l'autorité supérieure, il jouait gros jeu, car il y allait de sa popularité ; mais il remplissait un devoir. Il n'hésita pas.

Le résultat fut pire qu'il ne l'avait prévu. Les inimitiés qu'il s'attira le contraignirent d'abandonner sa carrière d'avocat et de fuir Lemberg. Il ne prit que le temps de mettre de l'ordre dans ses affaires, et ramena à Vienne sa jeune femme, qui avait été si heureuse de s'en éloigner un an auparavant. Il avait compté sur ses nombreuses relations pour retrouver une situation équivalente à celle qu'il avait perdue. Il frappa à toutes les portes. Bien des gens reconnaissaient la pureté d'intention qui avait dicté ses motifs dans sa conduite antérieure ; néanmoins on ne l'accueillait qu'avec ces promesses banales dont nous connaissons tous la valeur. On le considérait comme un esprit inquiet, un ennemi de l'ordre établi, un diseur de vérités nuisibles, et peu à peu les amis sur l'influence desquels il avait le plus compté se détournèrent de lui.

Rendu misanthrope par ces insuccès non mérités, le caractère du docteur Pfeiffer s'altéra sensiblement. Il se résignait mal à déchoir. Son talent d'orateur lui avait valu à Lemberg une magnifique position, qu'il n'avait quittée qu'à regret. Il vivait en grand seigneur, ayant un train de maison fort lourd, tenant table ouverte et comptant sur l'or qu'il gagnait à flots pour remplacer celui qu'il semait à pleines mains. Lorsque les rentrées cessèrent et que les besoins continuèrent, la situation devint critique, d'autant plus que la dot de Mme Pfeiffer, imprudemment confiée à un ami, s'était engloutie sans retour.

Alors commença pour la jeune femme une existence bien différente assurément de celle que sa mère avait cru lui assurer. Après avoir renoncé à se créer une situation à Vienne, le docteur Pfeiffer remmena sa jeune femme à Lemberg, puis la ramena à Vienne, pendant que lui-même allait tenter la fortune en Suisse, son pays natal, où du reste il ne réussit pas mieux qu'ailleurs.

Alors, Ida Pfeiffer, issue d'une famille riche, habituée dès l'enfance au luxe et au bien-être, ne sachant pas jusqu'à son mariage ce que c'était que compter, se trouva, avec deux enfants sur les bras, dans la situation la plus précaire et souvent obligée de se refuser le plus strict nécessaire. Elle dut s'occuper de tous les soins d'un ménage besoigneux, souffrir du froid et de la faim, ménager les susceptibilités de son mari en se cachant pour travailler pour vivre. Elle dut courir le cachet, donner des leçons de musique, de dessin, porter des robes rapiécées, et, ce qui était pire encore pour une bonne et tendre mère, priver souvent ses enfants des petites douceurs qui font leurs plus grandes joies !

Tel était l'orgueil de cette noble femme, qu'elle supportait tout cela en silence, ne se plaignant jamais, ne demandant aide et secours à personne, pas même à sa mère ou à ses frères, qui ne lui eussent pas refusé un concours précieux, comme ils le montrèrent plus tard. Mais il fallut plusieurs années de cette existence de luttes pour dompter cette courageuse fierté.

Nous ne nous appesantirons pas sur cette partie de l'existence d'Ida Pfeiffer. Qu'il suffise de savoir que Mme Reyer mourut en 1831, entre les bras de sa fille, qui, durant une longue maladie, l'avait entourée des soins les plus tendres et les plus dévoués. Cette mort améliora quelque peu la position de la jeune femme, et, avec sa part d'héritage, elle put s'occuper de l'éducation de ses deux fils, dont l'un témoignait d'un goût irrésistible pour la musique.

La santé de ce plus jeune fils s'étant altérée, Mme Pfeiffer dut, sur l'avis du médecin, le conduire à Trieste pour y prendre les bains de mer. Ce fut là sa première rencontre avec l'immensité. L'impression qu'elle en reçut fut véritablement extraordinaire. Toutes les aspirations de sa jeunesse se réveillèrent au souffle de la brise marine, ramenant avec elles le souvenir des pays lointains qu'allaient visiter ces navires qui se balançaient gracieusement dans la rade. Qu'elle devait être belle la végétation de ces régions merveilleuses ! Que les effluves des printemps perpétuels des pays aimés du soleil, devaient être doux et pénétrants ! Elle se sentit reprise d'un indicible désir de voyager. Un aimant secret l'attirait vers chaque bâtiment en partance, et elle soupirait en les voyant l'un après l'autre glisser sans elle et disparaître sur la surface calme de la mer sombre et mystérieuse.

Il fallut que sa tendresse maternelle fût bien forte, pour qu'elle pût résister à l'obsession incessante qui la poussait vers l'inconnu. Si vive fut la lutte, qu'elle ne retrouva son calme et ne se sentit sûre d'elle-même qu'après avoir quitté Trieste, et lorsqu'une chaîne de montagnes la sépara du port où elle avait tant souffert.

Cet aperçu de ce monde immense fut pour elle un nouveau stimulant. Elle se consacra avec un redoublement d'énergie au développement intellectuel de ses fils, afin de les préparer à prendre le plus tôt possible leur place dans la société et à se suffire à eux-mêmes. Elle déploya pour en arriver là les grandes qualités que nous lui avons déjà vu manifester plusieurs fois, la persévérance, la force de volonté. Elle sut retrouver pour eux des influences favorables, et l'aîné avait à peine vingt-deux ans, que les deux frères avaient des carrières assurées et un bel avenir ouvert devant leurs pas.

Veuve et libre désormais, Ida Pfeiffer put revenir tout entière à ses rêves de jeune fille. Elle put sans remords songer à ses impressions de Trieste. Sa tâche avait été rude, mais elle était accomplie. Qui l'empêchait d'aller en chercher la compensation dans quelques années passées à la satisfaction de ses goûts naturels et de ce besoin de tout voir, de tout apprendre, de tout connaître, qui l'avait si souvent tourmentée?

Hélas! c'étaient les questions de détail qui l'embarrassaient dans la mise à exécution de ce beau projet. D'abord il y avait cette fatale question du sexe qui jadis avait si souvent paralysé l'essor de la jeune fille. Il est vrai que le temps avait marché. L'enfant devenue Ida Pfeiffer et mère de deux beaux jeunes gens majeurs, était dans une autre situation pour courir le monde qu'Ida Reyer, la rêveuse enthousiaste. De plus, de grands progrès s'étaient accomplis. Les voies de communications s'étaient multipliées, les modes de locomotion simplifiés. L'emploi de la vapeur avait sur quelques points déjà, sur terre et sur mer, presque supprimé les distances; enfin et surtout, la femme tendait à s'émanciper, et les esprits les plus intelligents souriaient à ses efforts et l'encourageaient à y persévérer. Tout avait donc bien changé!

Mais une autre question, celle qui est l'âme de tout projet qu'on veut mener à bien, la question d'argent — puisqu'il faut l'appeler par son nom — la préoccupait peut-être plus encore. Voyager, c'est être à la discrétion de tous les hasards, surtout dans les pays qu'elle se proposait de visiter, pays neufs où les hôtels sont encore inconnus et où le voyageur doit emporter avec lui tout ce qui lui est nécessaire, certain de ne trouver à rien remplacer, à rien acheter. Le modeste héritage qu'Ida Pfeiffer avait eu de sa mère était déjà sérieusement écorné par l'éducation de ses deux fils, et il lui répugnait d'en distraire une portion de ce qu'elle pouvait espérer laisser après elle.

Toutefois, cette question, comme l'autre, se trouva résolue. Mme Pfeiffer s'était fait un petit pécule par ses économies; elle savait par expérience ce qu'elle était capable de supporter comme privations et comme travaux pénibles, et elle se disait, avec beaucoup de sens, que les incommodités qu'elle rencontrerait en les ayant cherchées et voulues, lui paraîtraient assurément plus douces que toutes celles qu'elle avait supportées, sans les mêmes compensations, à la dure école de l'existence.

Puisque décidément le monde entier s'ouvrait devant elle, sur quelle portion de ce vaste univers Mme Pfeiffer allait-elle fixer son choix? Pour le savoir, elle n'avait qu'à se reporter à ses rêves de jeunesse, à l'époque où deux points entre tous souriaient à son ardente imagination, le pôle nord et la terre sainte.

Hélas! le premier n'était guère devenu plus accessible. C'était une chimère bonne à caresser, mais qu'il eût été imprudent de chercher à réaliser. Ida Pfeiffer avait trop de bon sens pour débuter par une folie. Il n'y avait donc pas le choix. Le voyage en terre sainte était résolu.

II.

Quand Ida Pfeiffer, arrivée à quarante-cinq ans, à l'âge où le repos devient une nécessité et où la volonté s'use chez les femmes ordinaires, annonça son intention de se rendre à Jérusalem, on conçoit le *tolle* général qui s'éleva contre elle. Prévoyant que beaucoup de ses parents et de ses amis pourraient chercher à mettre obstacle à ce dessein, elle prit elle-même son passeport, ne le communiqua à personne, et ne parla plus que d'une visite à faire à Constantinople, chez une amie qu'on lui connaissait de longue date.

Certes il lui en coûta de s'arracher des bras de ses fils, qui la vénéraient et la chérissaient, et éprouvaient une véritable douleur d'une absence dont ils ne soupçonnaient guère la durée ; néanmoins ce fut dans un véritable transport de ravissement que, le 22 mars 1842, elle s'embarqua sur un vapeur qui descendait le Danube et par la mer Noire devait la mener à Constantinople. De là, elle visita Brousse, Beyrouth, Jaffa, Nazareth, Damas, Balbek, le Liban, Alexandrie, le Caire, et traversa le désert de l'isthme de Suez à la mer Rouge. Sans guide, cette voyageuse née, cette femme incomparable, parcourut ainsi la Turquie d'Europe, la Turquie d'Asie, la Palestine et l'Egypte.

Son voyage de retour s'accomplit par la Sicile et par la terre classique des arts et des grands souvenirs : nous avons nommé l'Italie. Au mois de décembre 1842, elle arrivait au milieu de sa famille et de ses amis stupéfaits, et leur disait en souriant pour toute défense : « Mais vous voyez que j'en suis revenue ! »

Naturellement, elle fut vivement sollicitée de montrer le journal qu'en femme d'ordre, elle avait tenu avec beaucoup de soin. De proche en proche, les amis de ses amis en parlant à leurs amis, ses aventures furent connues d'un cercle intelligent et sympathique, et on l'engagea de toutes parts à le livrer à la publicité. Elle s'y refusa longtemps ; les préjugés qu'elle avait vus de tout temps s'élever contre les femmes auteurs, la faisaient reculer devant la pensée de sortir de la modeste retenue de son sexe. On employa alors un autre moyen, et un éditeur vint directement lui faire des propositions qu'elle ne pouvait réellement repousser sans mauvaise grâce. Elle revit donc ses notes avec la bonne foi la plus scrupuleuse. Sans viser au style poétique, alors fort répandu parmi les femmes qui sortaient un peu de leur coquille, et livraient au public leurs impressions revues, corrigées, et considérablement augmentées, elle remit à l'éditeur une relation simple et vraie, dont le naturel sans doute fit le succès, car elle eut en treize ans quatre éditions.

La réussite inespérée de ce premier voyage, qui créait à Ida Pfeiffer des ressources sur lesquelles elle n'avait pas compté, la mettait à même d'être moins regardante. Il ne s'agissait plus d'écorner le modeste héritage de ses fils ; elle pouvait désormais suivre sa fantaisie. Aussi n'y manqua-t-elle point.

Des champs ensoleillés de l'Orient, et sans autre transition, elle passa dans les régions glacées du Nord, où elle désirait étudier sur les lieux les phénomènes grandioses dont s'éprend toute imagination aisément séduite par le merveilleux.

Mais savait-elle les langues des régions qu'elle allait visiter? m'objecterez-vous peut-être. Ah ! fillettes de seize ans qui reculez devant telle ou telle étude, sous prétexte que le temps d'apprendre est passé pour vous, prenez exemple sur cette femme, votre sœur aînée : à quarante-huit ans, Mme Pfeiffer ne rougit pas de se remettre au travail comme une modeste écolière ; elle apprit l'anglais, le danois, et, pour mieux perpétuer ses souvenirs, elle se fit enseigner le daguerréotype, et le 10 avril 1845, elle disait encore une fois adieu à son foyer.

Cette fois elle visita l'Islande, cette terre intéressante et si peu connue, aux échancrures profondes, sur laquelle dix volcans exercent continuellement leurs ravages. Elle parcourut en tous sens cette île, où, pendant le solstice d'été, on aperçoit, des montagnes de la côte nord, le soleil à minuit. Elle visita le grand Geyser et le Strokmur, qui lancent une eau dont la température est de 85° à la sortie et dont la hauteur varie de 30 à 50 mètres. Elle fit l'ascension de l'Hécla, qui, endormi depuis soixante-dix ans, salua son départ par une explosion soudaine. Elle étudia les mœurs patriarcales de ses simples habitants; puis, après un séjour de deux mois, elle retourna à Copenhague d'où elle se rendit à Stockholm en passant par Christiania, Thelemarken et les lacs de Suède, puis gagna Upsal, à la fameuse université, et les forges de Dannemorah, d'où l'on extrait annuellement 15,000,000 de kilogrammes de fer, que 800 ouvriers affinent à la forge Œsterby. Elle passa par Travemunde, Hambourg et Berlin, pour regagner ses pénates, où elle arriva le 4 octobre 1845 après six mois d'absence.

La relation de ce voyage eut le même succès que celle du précédent, et la vente des curiosités qu'elle avait rapportées ajouta un certain contingent à ses ressources.

Mais qu'étaient ces deux expéditions au midi et au nord, auprès de ce que Mme Pfeiffer brûlait enfin d'entreprendre? A peine de simples parties de plaisir. Elle n'aspirait à rien moins qu'à commencer le tour du monde, et ce projet, si grandiose qu'il fût, ne lui laissait déjà plus aucun repos.

On retrouve les traces des fluctuations qui l'agitaient néanmoins dans un journal auquel elle confiait ses secrètes pensées.

« Les peines et les privations, dit-elle, ne pourraient nulle part être plus grandes qu'en Syrie et en Islande. Les frais ne sont pas de nature à m'effrayer non plus, puisque je sais par expérience combien a peu de besoins celui qui sait se restreindre au strict nécessaire. Grâce à mes économies, je me trouve en possession de fonds qui, pour des voyageurs comme Lamartine ou Chateaubriand, n'eussent pas suffi à défrayer les dépenses d'une quinzaine, mais que je sais pouvoir me suffire environ deux ou trois ans à moi, modeste voyageuse, qui m'en vais sans suite, et sans grand souci du qu'en dira-t-on. J'ai eu la preuve que je ne m'étais pas exagéré mon savoir-faire, et ma mise de fonds se trouva amplement suffisante. »

C'était parmi les siens qu'elle prévoyait le plus d'obstacles. Qu'allait-on dire de ses visées ambitieuses dans sa famille, qui avait déjà eu tant de mal à se faire à ses deux absences précédentes? Prudemment, et pour éviter des discussions, des froissements peut-être, elle se tut. Elle annonça seulement son intention d'aller faire un tour au Brésil. Nous ne parlerons point de ce premier voyage, dont les points saillants se trouvent résumés d'après ses notes personnelles dans le volume que nous offrons au jeune public épris du merveilleux.

Disons seulement que ce magnifique voyage créa à Ida Pfeiffer une réputation méritée, mais hors ligne. Chacun s'émerveillait à la pensée de cette femme, petite de taille, d'une apparence frêle, mais d'une force morale à toute épreuve, qui avait seule, sans appui, fait 5,000 kilomètres par terre et 35,000 milles marins dans une succession de navires de tout pays. On la considérait à juste titre comme une femme à part, presque un phénomène! Aussi son troisième ouvrage, dont la publication fut retardée deux ans par suite d'une erreur qui fit refaire à ses notes, expédiées à part de Mossoul, un deuxième tour du monde, eut-il le plus grand retentissement. On s'arracha cette œuvre simple, correcte, dont le style est aussi naturel que celui de la conversation et qui se distingue surtout par sa parfaite bonne foi. Jamais Mme Pfeiffer ne se laisse aller à l'emphase de certains voyageurs, qui a donné lieu à cet adage bien connu : A beau mentir qui vient de loin. Elle retrace fidèlement ce qu'elle a vu, sans faire la part de l'imagination.

L'ouvrage fut accueilli avec autant de faveur par les nations voisines, qui s'empressèrent d'en faire faire la traduction, que par les compatriotes de l'illustre voyageuse.

Il semblait qu'arrivée à cet apogée de la gloire qu'elle n'avait ni cherchée ni prévue, Ida Pfeiffer, âgée de cinquante et un ans, dût vivre de souvenirs. Elle y songea un moment. Mais sitôt qu'elle eut disposé avantageusement de ses collections et terminé la révision de ses notes, elle se sentit trop vivante, trop désireuse d'apprendre encore, pour s'abandonner à la mollesse et au *far-niente.*

Il y avait tant de choses qu'elle n'avait pas vues. A peine avait-elle entrevu l'Amérique méridionale ; quant à l'Amérique septentrionale, avec sa république modèle, pouvait-elle vivre ou mourir en paix sans y avoir promené son coup d'œil sagace ? Et l'Afrique intérieure ! et l'Australie ! et l'Océanie ! Mais elle n'avait rien fait tant qu'il lui restait tant à faire !

Comme pour achever de lever ses derniers scrupules, le gouvernement autrichien lui alloua une somme de 1,500 florins (3,900 fr.) à titre de récompense. Elle y vit un encouragement, et le 18 mars 1851 elle quittait Vienne pour se rendre à Londres, sans but déterminé encore. A Londres, elle s'embarqua pour le Cap, laissant à quelque hasard providentiel le soin de décider vers lequel des deux mystérieux inconnus elle se dirigerait, celui de l'Afrique centrale ou celui des plaines de l'Australie.

Ce furent les îles de l'Océanie avec leur merveilleux climat qui l'emportèrent.

Elle partit pour Singapoor, et de là pour les îles de la Sonde. La première qu'elle visita fut Bornéo, où elle n'hésita pas à se risquer parmi la redoutable tribu des Dyaks, peuplade étrange et sanguinaire qui a répandu au loin son funeste renom de barbarie. Quelle bizarre influence exerçait donc autour d'elle cette femme petite et frêle pour que ces êtres sauvages l'accueillissent à bras ouverts? Etait-ce le prestige de son énergie et de sa supériorité qui leur en imposait et qui la mettait si fort au-dessus d'eux? Toujours est-il qu'elle dormit dans la hutte d'un de ces maîtres scalpeurs avec un chapelet de têtes coupées suspendu aux alentours et qu'elle en revint saine et sauve! Et chose plus incroyable, jamais son petit bagage ne fut plus en sûreté qu'au milieu de ces misérables sauvages, qui considéraient avec un respect religieux tout ce qui lui appartenait.

Elle atteignit donc Sintang et se dirigea à l'ouest vers Pontiana (possession hollandaise), et les fameuses mines de diamants de Laudak, situées à 320 kilomètres seulement de Pontiana. Elle voulait retraverser l'île dans toute sa largeur pour se rendre à Bengermassing, mais on l'en dissuada, et la principale raison qui la contraignit à renoncer à ce projet aventureux, fut qu'elle ne rencontra ni guide ni compagnon assez intrépide pour s'exposer aux hasards d'une traversée aussi périlleuse.

Repoussée sur ce point, elle résolut de gagner Java, puis Sumatra. Son exploration dans cette île est, à son point de vue, la plus intéressante qu'elle eût encore faite; ce fut également celle où elle courut les plus sérieux dangers. Avec sa force de volonté habituelle, elle pénétra dans la tribu des Battaks, anthropophages avérés qui n'avaient jamais subi sans en tirer une vengeance éclatante, l'immixtion d'un Européen dans leur vie intérieure. Ida Pfeiffer fit ce qu'aucun homme n'avait tenté et surtout mené à bien avant elle; elle s'avança, en dépit des forêts vierges et des difficultés de toute nature, presque jusque sur les bords d'Eier-Taw, lac célèbre dont la vue est interdite aux blancs. Là, elle fut obligée de rétrograder devant les menaces très compréhensibles qui lui étaient faites; mais si elle se retira, on peut dire que ce fut vraiment avec tous les honneurs de la guerre.

Ce ne fut pas tout. A Sumatra, la maladie commença à avoir prise sur elle, et par deux fois elle fut atteinte des fièvres malignes qui sont toujours à l'état plus ou moins latent dans ce climat pernicieux. Elle ne borna pas là sa visite aux îles de la Sonde. Elle toucha à plusieurs des petites îles du groupe, à l'archipel des Moluques : Banda, Amboine. Saparoua, Céram, Ternate, et enfin à l'île Célèbes, dans la mer du même nom.

De Célèbes, la traversée du grand Océan lui fut offerte gratuitement sur un excellent bâtiment hollandais, pour gagner la Californie. Dans ce long voyage de deux mois, où l'on n'atterrit pas une seule fois, elle fut entourée des soins et des égards les plus délicats, ce qui ne l'empêcha pas d'être souvent reprise de ses fièvres intermittentes ; mais cela ne la découragea pas.

Elle se dirigeait vers la Californie, qui, avec sa fievre de l'or, représentait à cette époque une des curiosités de notre monde social; elle ne tarda pas à se dégoûter de ce débordement de passions mauvaises et honteuses ; et pour nous servir de son expression, elle fut heureuse de fuir cet abominable pays de l'or.

Suivant sa coutume, elle ne quitta pas le pays avant d'avoir essayé de l'hospitalité des Peaux-Rouges et dormi à l'ombre de leur modeste wigwam.

Vers la fin de l'année, Ida Pfeiffer reprenait la mer et faisait voile pour Panama. De là, attirée par la chaîne des Andes, elle se rendait à Lima dans l'intention de franchir les Cordillères pour gagner Lorette ; mais la révolution qui sévissait au Pérou ne lui permit pas de suivre l'itinéraire qu'elle s'était tracé. Elle dut revenir sur ses pas, et ce fut à Guayaquil qu'elle commença l'ascension des Cordillères des Andes. Elle gravit le Chimborazo, et, avec le rare bonheur qui avait jusque-là marqué tous ses voyages, elle arriva à temps pour admirer le terrible et grandiose spectacle d'une éruption du Cotopaxi, phénomène fort rare, que Humboldt, le savant naturaliste allemand, n'eut jamais la chance d'étudier.

Les conceptions d'Ida Pfeiffer étaient toujours si hardies, qu'on a pu dire d'elle qu'elle possédait plus encore l'art de voyager que le goût des voyages. C'est ainsi qu'elle avait formé le plan de descendre l'Amazone, le plus grand fleuve du monde, dont on évalue la longueur à 4,800 kilomètres, et dont la vaste embouchure dans l'océan Atlantique présente un delta qui rappelle celui du Nil. On conçoit que le parcours de ce fleuve, dont l'immense bassin comprend plus du quart de l'Amérique méridionale, tenta l'imagination hardie de l'illustre voyageuse. Malheureusement encore, les circonstances ne se prêtèrent pas à l'exécution de ce dessein grandise : l'escorte qu'elle comptait trouver à Quito lui fit défaut, et elle dut repasser les Andes et revenir à Guayaquil, son point de départ, où deux accidents graves l'attendaient : le premier fut une chute de mulet, le second une chute dans le fleuve Guaya, peuplé de caïmans. Nulle main secourable ne se tendit vers elle; mais Dieu peut, quand il le veut, se passer du concours de l'homme : l'heure d'Ida Pfeiffer n'était pas arrivée, elle fut sauvée par ses seuls efforts.

Quelques mois plus tard, elle parcourait enfin les principaux États de l'Amérique du Nord, visitait les chutes fameuses du Niagara, et revenait dans son pays natal en faisant un petit détour pour aller rendre visite à son fils, établi aux Açores, ce qui lui fournit l'occasion de passer par Lisbonne pour regagner Vienne, où elle rentra au mois de mai 1855, après une absence de trois ans et deux mois.

Après un an de repos, nous retrouvons Mme Ida Pfeiffer à Paris, où l'avaient amenée ses projets de voyage à Madagascar. Elle y trouva son admission comme membre de la Société de Géographie, et assista à la distribution des récompenses de cette même Société, qui lui avait attribué la médaille d'honneur. Déjà auparavant la Société de Géographie de Berlin lui avait fait le même accueil, et plus tard celle de Londres lui réservait la même distinction.

Ne semblait-il pas qu'arrivée à l'âge de cinquante-neuf ans, Ida Pfeiffer, comblée des plus honorables suffrages du monde savant, comptant parmi ses amis et admirateurs Alexandre de Humboldt et Charles Ritter, ayant enrichi le musée Britannique et les musées de Vienne par ses collections, dût aspirer à retrouver le calme qui convient à celui dont la vie a été bien remplie et couronnée d'honneur? Pas du tout.

Sa fièvre de savoir n'était pas apaisée. Ah! si, comme elle en avait eu le désir dans sa jeunesse, elle eût pu s'occuper des sciences naturelles et acquérir par conséquent des données positives sur les objets de ces sciences, comme le résultat de ses efforts eût été supérieur! Si, avec la valeur qui s'attache à ses écrits à cause de leur véracité parfaite et de leur absence de préjugés, elle eût su faire des collections avec plus de méthode, comme elle eût dépassé tous les voyageurs! Car son sexe même l'avait protégée dans les expéditions les plus périlleuses, et l'avait mise à même de faire plus et mieux que ses devanciers.

III.

Le but de la prochaine expédition d'Ida Pfeiffer était trouvé. L'île de Madagascar, avec son climat enchanteur et la douceur tant vantée des mœurs de ses habitants, avait dès longtemps fixé son attention.

Le 21 mai 1856, elle s'embarquait pour aller contrôler par elle-même les assertions contradictoires qu'elle avait recueillies sur les Malgaches, et cela, bien qu'on l'eût maintes fois avertie qu'en dépit de la douceur de sa température, l'île de Madagascar était sujette à caution, à cause des fièvres malignes qui y règnent et qui sont souvent pernicieuses pour des Européens.

Elle passa par la Hollande. Elle avait appris à aimer et à apprécier les Hollandais, durant le temps qu'elle avait vécu au milieu de leurs colonies malaisiennes, et était bien aise de faire plus ample connaissance avec ce peuple froid en apparence, mais bon et sincèrement cordial. De là, elle gagna Paris, où elle désirait obtenir des renseignements sur Madagascar. Son voyage lui fut encore fortement déconseillé, en raison des dissentiments sérieux que l'on prévoyait entre les autorités françaises et les autorités malgaches.

Résolue à le différer, mais non à y renoncer, elle se rendit successivement à l'île Bourbon et à l'île Maurice, d'où elle finit par gagner Madagascar, saine et sauve. La fatalité voulut qu'elle se trouvât impliquée dans une conjuration ayant pour but de débarrasser l'île du gouvernement despotique et sanguinaire de la reine Ranavalo, alors régnante, qu'il s'agissait de détrôner et de remplacer par son fils, le prince Rakotond.

La conspiration échoua. Ida Pfeiffer, très sérieusement atteinte des fièvres du pays, qui s'étaient entées sur ses fièvres de Sumatra, fut compromise et faite prisonnière avec un M. Lambert, un des principaux inculpés dans le complot manqué.

Toutefois la condamnation, qui eût pu être capitale, fut fort bénigne. Il ne s'agissait que d'un bannissement. Dans un état de santé autre que le sien, l'illustre voyageuse se fût estimée très heureuse d'en être quitte à si bon marché. Mais si l'on songe qu'avec des accès périodiques qui revenaient tous les deux ou trois jours et que rien ne pouvait combattre, elle dut supporter un trajet de cinquante-trois jours, pendant lequel elle n'eut pas la possibilité de quitter une seule fois ses vêtements, et ne coucha jamais que sur une natte étendue sur la terre humide, on s'imaginera dans quel état de dépérissement elle arriva à Tamatave. C'était le point qui lui avait été assigné pour quitter l'île.

De là, elle gagna Maurice, où on la débarqua presque mourante. La famille Moon, qu'elle avait connue à son précédent voyage, l'accueillit avec la plus extrême bienveillance, et la soigna pendant les trois semaines qu'elle passa entre la vie et la mort, comme elle eût pu soigner un de ses membres.

Ida Pfeiffer se crut rétablie. Hélas! ce n'était qu'une illusion. Le mal qui la rongeait n'était pas de ceux qui cèdent aux efforts de la science ; mais elle ne le connaissait pas et n'en soupçonnait pas l'extrême gravité. C'était un cancer au foie : elle croyait seulement à la continuation de ses fièvres de Madagascar.

Elle n'avait pas renoncé à ses bien-aimés voyages ; car, à la fin de février 1858, nous la retrouvons prête à quitter Maurice et à s'embarquer pour l'Australie. Ses bagages étaient déjà à bord, quand une nouvelle rechute la cloua au rivage. Quelques semaines plus tard, elle prenait passage pour l'Europe, où elle languit longtemps au milieu des siens, consternés de voir s'éteindre sitôt cette noble intelligence. Ida Pfeiffer expira au milieu de cruelles souffrances dans la nuit du 27 au 28 octobre 1858.

Les funérailles de cette femme exceptionnelle furent célébrées en grande pompe, et honorées par la présence des sommités du monde littéraire et savant, empressées à rendre hommage à cette existence si pure et si honorable, à tant de science modeste, à tant de courage, enfin à tant et de si hautes vertus !

VOYAGE AUTOUR DU MONDE.

I.

D'EUROPE EN AMÉRIQUE.

LE DÉPART. — LA « CAROLINE. » — LA VIE A BORD. — PHOSPHORESCENCE DE LA MANCHE. — PASSAGE DE LA LIGNE. — LES VAMPEROS. — LE LIVRE DE LOCH. — ARRIVÉE A RIO-DE-JANEIRO.

Le 1er mai 1846, Mme Ida Pfeiffer quittait Vienne pour se rendre à Hambourg, où elle comptait s'embarquer pour le Brésil. Désireuse de profiter pour cette première étape de la compagnie d'un de ses amis, le comte de Berchthold, qui se rendait à Rio-de-Janeiro, elle l'attendit, et ce ne fut que dans le courant de juin qu'elle prit passage sur un brick danois, *la Caroline*, commandé par le capitaine Bock, qui mettait à la voile pour cette dernière ville.

C'était déjà un trait de courage de s'embarquer ainsi ; car, entreprise sur un bateau à voiles, c'était une traversée de deux mois au moins, peut-être de trois ou quatre, qui s'ouvrait devant elle. Elle était assez familière avec l'organisation des bateaux à vapeur et des bateaux à voiles pour apprécier la différence de bien-être qui l'attendait à bord de *la Caroline*. Dans le bateau à vapeur, on rencontre à la fois le luxe et la commodité ; le trajet se fait rapidement par tous les temps, et le voyageur trouve une nourriture fraîche et excellente, une cabine aérée et une société agréable. Il en est tout autrement sur les bâtiments à voiles. On y regarde les marchandises comme la chose principale et les passagers comme des accessoires embarrassants ; aussi a-t-on généralement pour eux peu d'égards. L'espace est en général si restreint, qu'on peut à peine se retourner dans les cabines. En outre, le roulis du navire à voiles est beaucoup plus fort que celui du bateau à vapeur ; et de plus, tout est abandonné au bon plaisir du capitaine ; il est maître absolu ; la nourriture dépend de sa libéralité ; et lors même qu'il n'y a point à s'en plaindre, elle n'est pas fameuse, comme on peut en juger.

Voici de quoi se compose l'ordinaire : du thé ou du café sans lait, du lard, du petit salé, des soupes aux pois et aux choux, ou bien de pommes de terre et d'herbes, et puis des boulettes de pâtes durcies, de morue et de biscuit. C'est par exception qu'on a quelquefois du jambon, des œufs, du poisson, des crêpes ou des poulets maigres. Sur les petits navires, on ne fait cuire du pain que très rarement.

Ce n'étaient point des considérations aussi secondaires que celles d'un peu plus ou d'un peu moins de commodités qui pouvaient retenir Mme Ida Pfeiffer. Elle partit donc.

En feuilletant son journal de voyages, nous trouverons deux ou trois notes relatives à ce qui la frappa dans l'aspect de la Manche d'abord, de l'Océan ensuite.

« Dans le voisinage de Start, dit-elle, nous essuyâmes une violente tempête. Pendant la nuit je fus appelée subitement sur le pont. Je craignais déjà qu'il ne fût arrivé quelque malheur. Je passai une robe à la hâte et je montai rapidement. J'eus alors le surprenant spectacle d'une mer en flammes ; le remous formait un si vaste rayon de feu, qu'on aurait pu lire à sa clarté : les lames ressemblaient à des torrents de lave brûlante, et chaque vague en s'élevant lançait des étincelles. Des bandes de poissons nageaient au milieu de cette admirable clarté, et tout à l'entour brillait du plus vif éclat.

« Cet embrasement de la mer est un phénomène rare qui ne se produit guère qu'après les tempêtes continues et violentes. Le capitaine me dit qu'il n'avait pas encore vu les lames projeter autant de lumière. Je n'oublierai jamais cet aspect.

« Un autre jour, nous eûmes, après un orage, un spectacle presque aussi beau : c'était le reflet que les nuages éclairés par le soleil envoyaient sur la surface de la mer. Ils présentaient une variété de couleurs resplendissantes qui surpassaient encore celles de l'arc-en-ciel. »

Le 29 août, à dix heures du soir, la voyageuse salua l'hémisphère du Sud. Un sentiment d'orgueil s'empara de presque tout le monde, surtout des personnes qui passaient la ligne pour la première fois. Un des passagers avait apporté pour cette cérémonie quelques bouteilles de champagne ; les bouchons sautèrent gaiement en l'air et un toast joyeux fut porté au nouvel hémisphère.

Parmi les gens de l'équipage il n'y eut aucune cérémonie ; l'usage n'en est resté que sur un petit nombre de bâtiments, à cause des désordres et de l'ivresse qu'amenaient presque toujours ces sortes de fêtes.

Longtemps avant d'arriver à la ligne, les passagers parlaient entre eux de toutes les calamités qui, d'après une superstition profondément établie, devaient fondre sur eux à l'équateur ; chacun avait lu ou entendu raconter quelque chose d'effrayant et le communiquait aux autres.

« Pour ce qui me concernait, remarque l'aimable voyageuse, je m'étais réjouie longtemps d'avance des récits tragiques que je pourrais faire à mes chers lecteurs. Je les voyais verser des larmes sur nos souffrances; il me semblait déjà que j'étais une demi-martyre. Hélas! je m'étais amèrement trompée. Nous restâmes tous bien portants; aucun de nos matelots ne tomba d'épuisement, le vaisseau ne brûla pas et les vivres ne se gâtèrent point; ils restèrent aussi mauvais qu'auparavant. »

Entre le 10° et le 20° degré, la *Caroline* rencontra des vents tout particuliers qui y règnent avec violence. On les appelle « vamperos », et ils forcent le marin d'être toujours sur ses gardes, car ils fondent à l'improviste sur les navires et les traitent avec une incroyable furie.

Le 12 et le 13 septembre, les voyageurs eurent à essuyer les deux plus fortes bourrasques qui les eussent encore assaillis. Le capitaine appela le premier coup de vent une *forte brise ;* le second, il le coucha sur son livre de loch comme un ouragan.

Disons en passant que le livre de loch est le journal du vaisseau. Toutes les quatre heures on y consigne exactement le vent que l'on a, le nombre de milles que l'on a parcourus, et autres détails semblables; en un mot, tout ce qui est arrivé. C'est ce livre qui, auprès de l'armateur, sert de pièce justificative au capitaine.

Revenons à notre voyageuse.

La forte brise avait coûté une voile au brick, l'ouragan lui en enleva deux. La mer était si constamment houleuse, que l'on avait la plus grande difficulté à manger. D'une main on était obligé de tenir son assiette et de se cramponner à la table, tandis que de l'autre on portait à grand'peine le morceau à sa bouche. Pendant la nuit, Ida Pfeiffer fut obligée, non pas seulement de s'envelopper, mais de s'empaqueter dans son manteau et ses autres vêtements pour préserver son corps des meurtrissures provenant des chocs et des chutes.

Le 13 au matin, elle était montée sur le pont avec le jour, le séjour de la cabine étant, on le comprend, fort peu agréable. Le pilote la conduisit près du parapet et l'invita à pencher la tête au dehors et à humer l'air frais du matin. Quelle ne fut pas sa surprise d'aspirer la plus délicieuse odeur de fleurs ! En vain chercha-t-elle la terre ; celle-ci était encore bien loin. Ce n'était que la tempête qui s'était faite le véhicule de ce délicieux parfum, et, chose étrange ! il n'y avait pas la moindre trace de cette odeur dans l'intérieur du bâtiment lui-même. Elle n'y avait point pénétré.

Quant à la mer, elle était couverte d'innombrables cadavres de pauvres papillons et de phalènes que l'ouragan avait entraînés trop loin vers la pleine mer. Sur un des câbles du vaisseau reposaient deux charmants petits oiseaux, encore épuisés de leur longue course.

On conçoit l'impression que tous ces témoignages du voisinage de la terre durent faire sur des gens qui, depuis plus de deux mois et demi, n'avaient vu que le ciel et l'eau. On soupirait ardemment après le cap Frio, qui ne pouvait plus être bien éloigné ; mais, hélas ! pendant la nuit survint une nouvelle tempête qui força le pauvre brick à se réfugier au loin en pleine mer.

Néanmoins, le 16 septembre, à deux heures de l'après-midi, la *Caroline* faisait son entrée dans la baie et dans le port de Rio.

Cette baie est splendide et vaut les honneurs de la description que Mme Pfeiffer en a tracée :

« A l'entrée de cette baie, on remarque plusieurs collines coniques qui, enchaînées les unes aux autres à leur base, se détachent ensuite et s'élèvent isolément au-dessus de la mer comme le « Pain de Sucre ». Elles sont presque inaccessibles. A travers leurs déchirures on aperçoit tantôt des gorges magnifiques, tantôt une partie ravissante de la ville ; tantôt encore la haute mer et tantôt la baie. Dans la baie elle-même, à l'extrémité de laquelle se trouve la ville, s'élèvent des masses de rochers qui servent de bases aux fortifications. Sur le sommet de quelques-unes de ces montagnes ou collines, sont situés des chapelles et des forts. Il faut passer tout près d'un des plus grands forts, celui de Santa-Cruz, pour se mettre en règle vis-à-vis des autorités.

« A droite de ce fort s'étend la belle chaîne de montagnes du Serra-de-Orgaos, ou montagnes des orgues, ainsi nommées à cause de nombreuses pointes gigantesques rangées en ligne comme des tuyaux d'orgues. La plus haute de ces pointes a 1,500 mètres d'élévation.

« Une partie de la ville se trouve cachée par la montagne du Télégraphe et par plusieurs autres collines sur lesquelles sont perchés, outre le télégraphe, un couvent de capucins et quelques autres habitations. On n'aperçoit de la ville que quelques pâtés de maisons, des places, le grand hôpital, les cloîtres Sainte-Lucie et Moro do Castella, le couvent Santo Bento, la belle église Santa Candélaria, et quelques portions d'un aqueduc véritablement grandiose et qui rappelle les travaux des Romains.

« Tout contre la mer s'étend le jardin public (*passio publico*), qui se fait remarquer par ses beaux palmiers, ainsi que par une jolie galerie en pierre terminée par deux pavillons. A gauche, sur des hauteurs, s'élèvent des chapelles et des cloîtres isolés, tels que Santa Gloria, Santa Thérézia et autres, autour desquels viennent se grouper Praya Flamingo et Botafogo, grands villages ornés de belles villas, de maisons élégantes et de riants jardins qui vont se perdre dans le voisinage du Pain de Sucre et terminent ce magnifique panorama. Si vous examinez ensuite les nombreux vaisseaux mouillés en partie dans les bassins de la ville, en partie dans les diverses baies, la richesse d'une végétation luxuriante, le caractère vraiment original de tout l'ensemble, vous aurez un tableau dont ma plume ne saurait décrire le charme.

« Rarement on a le bonheur de jouir dès son arrivée d'un coup d'œil aussi beau et aussi vaste que celui qu'il me fut donné d'admirer : les brouillards, les nuages ou une atmosphère humide, cachent souvent diverses parties et détruisent par là le merveilleux effet de la scène.

Vue de Rio-de-Janeiro.

« Dans ce cas, je conseillerais à toute personne qui veut rester quelque temps à Rio-de-Janeiro, d'aller en bateau jusqu'à Santa-Cruz, par un jour clair, pour se procurer ce magnifique spectacle. »

II.

BRÉSIL.

RIO-DE-JANEIRO. — PREMIÈRES IMPRESSIONS. — HABILETÉ DES NÈGRES. — FLEURS ARTIFICIELLES. — ARTS LIBÉRAUX. — FÊTE DE SANTA-CRUZ. — LE JOUR DES MORTS. — BAPTÊME DE LA FILLE DE L'EMPEREUR DU BRÉSIL. — CLIMAT. — LES INSECTES. — MŒURS. — JARDIN BOTANIQUE. — COLIBRIS. — FORÊTS VIERGES. — ATTAQUE D'UN NÈGRE MARRON.

Si la première impression de la voyageuse avait été une admiration illimitée et bien justifiée, la seconde fut moins favorable.

Elle descendit avec le comte de Berchthold sur la Praya dos Mimeiros, place sale, dégoûtante, peuplée de quelques noirs aussi sales et aussi dégoûtants, qui, accroupis sur le sol, vendaient des fruits et des friandises dont ils faisaient l'éloge à grands cris ; de là, elle gagna la rua Direita, qui n'a d'autre beauté que sa largeur.

A l'extrémité de cette rue s'élève le palais de l'empereur, grand bâtiment sans aucune prétention architecturale, devant lequel s'étend une place décorée d'une fontaine également fort simple. Cette place est d'autant plus sale, qu'elle sert la nuit de dortoir à beaucoup de pauvres et de nègres libres qui, le matin, font sans gêne leur toilette devant tout le monde.

Il n'y a guère à Rio que deux autres rues importantes : la *rua Misericordia* et la *rua Ouvidor*, où se trouvent les plus riches et les plus grands magasins. Il ne faudrait pas conclure de là qu'on y rencontre les étalages de nos villes d'Europe. Il n'y a rien de bien beau ni de bien précieux. La seule chose intéressante est la fabrication des fleurs artificielles, qui sont de toute beauté, habilement imitées avec des plumes d'oiseaux, des écailles de poisson et des ailes d'insecte.

Parmi les places, la plus belle est le Largo de Rocio ; la plus grande, le Largo Santa Anna. La première est à peu près propre. On y voit l'Opéra, le palais du Gouvernement et d'autres constructions importantes. En outre, elle sert de tête de ligne à la plupart des omnibus qui parcourent la ville en tous sens.

La seconde est d'une saleté inénarrable. On y trouve en putréfaction des cadavres de chiens, de chats, et même de mulets. Une fontaine, sans doute destinée à en faire le plus bel ornement, en occupe le milieu ; mais l'étranger préférerait ne pas l'y voir, car, l'eau douce étant très rare à Rio-de-Janeiro, les blanchisseuses envahissent l'emplacement des fontaines monumentales ou autres, et l'on juge de la propreté, du calme et des beaux discours dont on jouit là où il s'en rencontre.

Les églises n'offrent rien de curieux.

Les maisons sont construites à l'européenne, mais petites et mesquines ; la plupart n'ont qu'un rez-de-chaussée et un premier ; un second étage est chose très rare. On ne trouve pas non plus ici, comme dans les autres pays chauds, des terrasses et des vérandahs ornées d'élégantes balustrades et de belles fleurs. On voit suspendus aux murs de petits balcons sans goût, et des volets de bois massifs ferment les fenêtres pour empêcher le moindre rayon de soleil de pénétrer dans les appartements. On est dans une obscurité presque complète ; ce qui, d'ailleurs, est assez indifférent aux dames brésiliennes, car elles ne se fatiguent pas les yeux à lire ou à travailler.

La ville n'a donc, ni dans ses places, ni dans ses rues, ni dans ses monuments, rien de remarquable à offrir aux étrangers. On ne rencontre que des créatures repoussantes, des nègres et des négresses avec de vilains nez plats, de grosses lèvres et des cheveux courts et crépus. En outre, ils sont presque toujours à moitié nus et n'ont que de misérables haillons. Quelques-uns sont habillés à l'européenne avec les vieux habits râpés de leurs maîtres. Pour quatre ou cinq noirs on rencontre un mulâtre ; par-ci par-là seulement on voit apparaître un blanc.

Cet aspect est rendu plus horrible encore par les nombreuses infirmités qui attristent le regard à chaque pas. La plus commune est l'éléphantiasis, qui dégénère souvent en affreux pied-bot. Il y a aussi beaucoup d'aveugles. La laideur générale s'étend jusqu'aux chiens et aux chats, qui parcourent les rues en grand nombre ; ils sont pour la plupart pelés ou couverts de plaies et de gale.

L'animation des rues n'est pas telle que maintes descriptions l'eussent pu faire supposer. Ceux qui font le plus de bruit, ce sont les portefaix nègres et surtout ceux d'entre eux qui chargent les sacs de café sur les vaisseaux. Un chant monotone leur sert à marcher en mesure et à régler leurs mouvements ; ce chant est fort laid, mais il a l'avantage d'avertir le piéton et de lui laisser le temps de se garer.

Au Brésil, tous les travaux sales et pénibles de la maison ou du dehors sont faits par les noirs, qui représentent en général le bas peuple. Beaucoup cependant apprennent des métiers, et plusieurs excellent dans leur art, au point de pouvoir être comparés aux plus habiles Européens. On voit dans les ateliers des noirs occupés à confectionner des habits, des souliers, des ouvrages de tapisserie, des broderies d'or et d'argent, et plus d'une négresse, misérablement vêtue, travaille aux toilettes les plus élégantes et aux broderies les plus délicates.

Rio-de-Janeiro est assez bien éclairé, ainsi que ses faubourgs dans un rayon assez considérable ; c'est une mesure qui a été prise à cause du grand nombre de noirs. Passé neuf heures du soir, ceux-ci ne doivent plus se montrer dans les rues sans une permission spéciale de leurs maîtres, ou ils encourent un châtiment corporel, la prison et l'amende.... à payer par leurs maîtres.

Un des plus grands inconvénients de Rio-de-Janeiro est le manque complet d'égouts. Par les fortes pluies, les rues deviennent de véritables torrents, que l'on ne peut passer à pied. On est obligé, pour les traverser, de se faire porter par des nègres. Ordinairement alors toutes relations cessent ; on ne se rend à aucune invitation ; on n'acquitte pas même ses lettres de change.

Au point de vue des arts, Rio-de-Janeiro est pitoyable. Si, dans les anciens tableaux qu'on ne sait pas entretenir, les couleurs sont effacées au point que c'est à peine si on peut distinguer le sujet des peintures, dans les copies elles se montrent dans toute leur crudité. Les teintes fondues sont chose inconnue pour les artistes de l'*académie* des arts plastiques, et Mme Pfeiffer avait cru de bonne foi qu'on avait fait le triage d'une galerie particulière, pour en mettre le rebut à la susdite académie.

La musique est peut-être moins bien partagée encore. Dans toutes les familles on entend les jeunes filles jouer et chanter ; mais les bonnes gens n'ont aucune idée de la cadence, de la justesse, de l'ensemble et de la mesure ; aussi a-t-on souvent de la peine à reconnaître les morceaux les plus faciles et les plus mélodieux. Seules la musique d'église et la musique militaire, exécutées surtout par les nègres et les mulâtres, donnent quelque satisfaction à une oreille européenne.

Mme Pfeiffer assista à plusieurs fêtes. La première qu'elle décrit eut lieu le 21 septembre. C'était celle de Santa-Cruz, fête patronale du pays.

« Dès le matin, plusieurs centaines de soldats s'étaient rangés devant l'église, et une musique assez habilement dirigée exécutait des morceaux pleins de gaieté. Entre dix et onze heures commencèrent à entrer les officiers et les employés par ordre hiérarchique, à ce que l'on me dit, en commençant par les officiers inférieurs. Au fur et à mesure qu'ils entraient dans l'église, on leur mettait un mantelet de soie rouge foncé qui couvrait tout leur uniforme. Chaque fois qu'il se présentait un officier supérieur, tous les militaires déjà placés se levaient et allaient au-devant du nouvel arrivant jusqu'à la porte de l'église, puis le conduisaient respectueusement à son siège. Enfin, l'empereur arriva avec l'impératrice.

« Aussitôt après l'entrée de la cour commença la grand'messe, que tout le monde entendit avec un grand recueillement. Quand elle fut finie, le couple impérial, en traversant l'église pour se rendre à sa voiture, tendit ses mains à baiser à la foule empressée. On admit indistinctement à cette faveur tous ceux qui se présentèrent. »

Le 2 novembre, jour des Morts, jeunes et vieux vont d'une église à l'autre prier pour les morts.

Une singulière coutume établie au Brésil, c'est que tous les morts ne sont pas enterrés dans les cimetières ; mais quelques-uns, moyennant une rétribution particulière, sont enterrés dans l'église même. A cet effet, on a construit dans chaque église des caveaux dont les côtés contiennent des catacombes en pierre. On jette de la chaux sur le mort déposé dans ces catacombes, et au bout de huit ou dix mois la chair est consumée. On retire alors les os, on les nettoie en les faisant bouillir, et on les place dans une urne sur laquelle on écrit le nom du défunt, le jour de sa naissance, etc. Ces urnes sont placées dans les corridors ou emportées par les parents dans leurs maisons.

Le jour des Morts, les murs sont tendus d'étoffes noires avec des franges d'or et d'autres ornements. Les urnes sont placées sur des tables élevées, richement ornées de fleurs et de rubans, et éclairées par des candélabres et des lustres chargés de centaines de bougies. Depuis les premières heures du matin jusqu'à midi, la foule afflue. Les femmes et les jeunes filles viennent prier pour leurs parents morts. Femmes et jeunes filles vont, ce jour-là, vêtues de noir et portent souvent un voile noir qui leur couvre la tête et la figure. D'ailleurs, il est de règle de ne point aller à aucune fête d'église avec un chapeau.

A l'occasion du baptême de la fille de l'empereur, Mme Ida Pfeiffer put se rendre compte du goût et de la magnificence que l'on déploie dans les fêtes publiques. Le défilé fut extrêmement imposant.

« A quatre heures le cortège commença à sortir du palais. En tête marchait la musique de la cour, habillée de velours rouge. Suivaient trois hérauts dans l'ancien costume espagnol, avec des chapeaux à plumes magnifiquement ornés et des vêtements de velours noirs. Plus loin, venaient, en grand costume naturellement, les juges, les magistrats de tous les tribunaux, les chambellans, les médecins de la cour, les sénateurs, les députés, les généraux, les ecclésiastiques, les conseillers d'Etat et les secrétaires.

« A la fin de ce long cortège paraissait le majordome de la petite princesse, qui la portait dans ses bras, sur un coussin magnifique de velours blanc avec de larges bordures d'or. Immédiatement après lui venait l'empereur et la nourrice, entourés des principaux seigneurs et des premières dames de la cour. Lorsque l'empereur entra sous l'arc de triomphe de la galerie, devant le portique de l'église, il prit lui-même sa petite fille sur ses bras et la présenta au peuple, coutume infiniment gracieuse et respectable qui a l'assentiment de tous.

« L'impératrice avec ses dames était déjà arrivée dans l'église par les galeries intérieures, et la cérémonie commença sans retard. »

Après sa célébration, la foule fut admise à visiter la chapelle, décorée avec un luxe inouï.

Le soir, on illumina la ville, ou pour mieux dire, les monuments publics. En effet, on n'invite pas les particuliers à illuminer leurs maisons, ce qui s'explique facilement par la raison que ces illuminations durent six à huit jours. En revanche, les édifices publics sont garnis du haut en bas de lampes qui forment une véritable mer de feu.

Les fêtes données plusieurs jours de suite à l'occasion du baptême furent uniques dans leur genre et véritablement intéressantes; elles avaient lieu dans les casernes et avaient pour acteurs les soldats eux-mêmes, parmi lesquels on avait choisi les plus beaux, les plus adroits et les plus exercés à la danse et aux évolutions. A huit heures, l'orchestre commençait à se faire entendre; les soldats paraissaient sous divers costumes, en Ecossais, en Polonais, en Espagnols, etc. Il ne manquait pas non plus de danseuses, figurées naturellement aussi par de simples soldats. Le plus étrange, c'est que le costume et les manières de ces prétendues danseuses étaient d'une extrême décence.

On pouvait s'attendre au moins à quelques excentricités; mais rien de semblable ne se produisit; la correction de la danse et des évolutions fut parfaite et l'ensemble de la représentation admirable.

Il serait difficile de trouver ailleurs des troupes plus richement vêtues qu'ici. Le simple soldat pourrait facilement passer pour un lieutenant. Il est seulement fâcheux que la tenue, la taille et les couleurs ne soient pas en rapport avec la magnificence de l'habillement. On voit fréquemment un petit gamin de quatorze ans à côté d'un homme grand et fort, un noir à côté d'un blanc.

On a beaucoup vanté la nature du Brésil, son ciel toujours pur et riant, les charmes merveilleux de son printemps continuel. Qui croirait qu'on peut s'en lasser et désirer un peu d'hiver? Le réveil de la nature, la floraison nouvelle des plantes, le retour des parfums embaumés du printemps font d'autant plus de plaisir, dit Mme Pfeiffer, qu'on en a été privé quelques mois.

Soldats brésiliens.

Elle trouva l'air et le climat extrêmement désagréables et la chaleur accablante, quoiqu'à cette époque elle ne dépassât guère 24° Réaumur à l'ombre; seulement ce qui la rend plus fatigante, c'est qu'il règne au Brésil une extrême humidité. Le ciel n'est presque jamais pur; les nuages et les brouillards l'assombrissent pour ainsi dire constamment.

Cette humidité détermina chez notre voyageuse un malaise qui ne tarda pas à dégénérer en maladie. La gracieuse hospitalité que lui offrit le secrétaire du consulat d'Autriche, M. Geiger, et les soins assidus dont sa femme l'entoura purent seuls triompher de cet état maladif.

Bien des désagréments, du reste, tempèrent les avantages de ce printemps perpétuel. Ce sont les moustiques, les fourmis, les barates, les tiques, etc. C'est à peine si l'on peut mettre les provisions à l'abri des barates et des fourmis. Mme Geiger, l'aimable hôtesse de notre voyageuse, fut une fois réveillée par une démangeaison terrible; elle n'eut que le temps de se jeter à bas de son lit, qu'une bande de fourmis était en train de traverser, car une chose singulière, c'est que rien ne peut les faire dévier de la ligne droite qu'elles se sont tracée. A cela il n'y a rien à faire, et il faut attendre patiemment que le cortège ait fini de défiler, ce qui dure souvent de quatre à six heures.

Pour mettre le linge à l'abri de l'humidité, des barates et des fourmis, on est obligé de le tenir dans des caisses de fer-blanc hermétiquement fermées.

Quant aux tiques, c'est autre chose. Ils s'attachent aux doigts des pieds. Dès qu'on y sent une démangeaison, il faut regarder aussitôt, et si l'on aperçoit un petit point noir entouré d'un cercle blanc, on peut en conclure que le premier est l'insecte, le second son sac à œufs qu'il a introduits dans la chair. On soulève alors la peau avec une aiguille, jusqu'à ce que le cercle blanc soit visible, puis on enlève le tout et l'on met dans la plaie un peu de tabac à priser. Mais le plus sûr est encore d'avoir recours à un nègre, car il s'acquitte de cette opération avec une dextérité surprenante.

Comme nourriture, le Brésil a beaucoup à envier à l'Europe. S'il a le sucre et le café, il n'a ni blé, ni pommes de terre, ni aucun de nos excellents fruits. Le lait et la viande laissent beaucoup à désirer : le premier est très aqueux, la seconde est très sèche.

Quant aux mœurs et coutumes, elles semblent se distinguer peu de celles des Européens, car les possesseurs actuels du pays sont des Portugais ayant perdu quelques habitudes anciennes et adopté quelques habitudes nouvelles, mais au fond Européens quand même. Toutefois les mœurs sont horriblement dissolues, ce qui provient du contact incessant des blancs et des noirs.

Le cacaoyer.

La qualité distinctive des Européens devenus Américains est une soif de l'or qui touche à la frénésie; mais cet amour du gain n'est pas exclusif aux hommes; il se trouve aussi chez les femmes, au point que chez les gens d'affaires et les artisans, si la femme aide son mari dans ses travaux, ce n'est que moyennant un salaire.

Non contente d'avoir visité tout ce que la ville de Rio-de-Janeiro offre d'intéressant, Mme Ida Pfeiffer en parcourut les environs. Elle visita le Jardin botanique, où elle admira pour la première fois le giroflier, le camphrier, le cacaoyer, le cannellier, l'arbre à thé et surtout le callebassier, dont les fruits pèsent de 10 à 25 livres, et renferment une quantité de graines dont l'homme est presque aussi friand que le singe.

En se rendant de Porto d'Estrello à Petropolis, ce qui l'enchanta le plus, ce furent les colibris, dont il existe des espèces nombreuses et d'une perfection de plumage incomparable. On ne peut véritablement rien imaginer de plus délicat et de plus gracieux que ce petit oiseau. Il va chercher sa nourriture dans le calice des fleurs et tourne autour d'elle en voltigeant comme le papillon, avec lequel on peut aisément le confondre; dans son vol rapide, on le voit rarement se poser sur les branches.

Une large route pavée mène, à travers des forêts vierges, à la cime d'une des montagnes que notre voyageuse désirait gravir. Elle en exprima avec une grâce naïve son étonnement.

« Je m'étais toujours figurée, écrit-elle, que dans une forêt vierge les arbres devaient avoir des troncs d'une grosseur et d'une hauteur extraordinaires; ce ne fut pas ce que je trouvai ici; probablement la végétation est trop forte et les troncs principaux sont étouffés par la masse des petits arbres, des lianes et des plantes grimpantes. Ces deux dernières espèces sont si nombreuses et couvrent tellement les arbres, que souvent on en aperçoit à peine les feuilles, ce n'est pas pour en voir les troncs. Un botaniste nous assura avoir trouvé une fois sur un arbre des lianes et des plantes grimpantes de six espèces différentes. »

Tandis que notre voyageuse explorait ce pays tout nouveau et si intéressant pour elle, en compagnie de son ami le comte de Berchthold, elle ne songeait guère à éprouver la moindre crainte; néanmoins, à un endroit un peu écarté où les deux compagnons de route se trouvèrent isolés, un nègre marron qui depuis quelque temps s'était attaché à leurs pas, s'élança subitement en tenant d'une main un long couteau et de l'autre un lasso. Il se jeta sur les voyageurs et leur donna à entendre, plus par gestes que par paroles, qu'il voulait les entraîner et les tuer dans la forêt.

L'occasion était belle pour Ida Pfeiffer de se souvenir qu'elle n'était qu'une faible femme. Qui eût songé à s'en étonner et à lui en faire un crime? Personne assurément. Toutefois, l'idée ne lui en vint même pas. Jugez-en plutôt par le récit vivant et animé qu'elle a laissé de cet incident qui faillit avoir les conséquences les plus graves.

Une forêt vierge.

« Nous n'avions pour nous défendre que des ombrelles. Je possédais un couteau de poche que je tirai à l'instant, et je l'ouvris, fermement décidée à vendre chèrement ma vie. Les ombrelles ne tinrent pas longtemps ; de plus, le nègre parvint à saisir la mienne ; en essayant de me l'arracher, il la cassa, et il ne me resta dans la main qu'un bout de manche.

« Pendant le combat, le couteau avait échappé des mains du

nègre et roulé à quelques pas. Je me précipitai promptement dessus, et je croyais déjà le saisir, quand lui, plus rapide que moi, me repoussa de la main et du pied et s'empara de nouveau de son arme ; il la brandit furieux au-dessus de ma tête et me fit deux blessures, dont l'une assez profonde au haut du bras gauche. Je me regardais comme perdue, et le désespoir seul me donna le courage de faire

Le comte sauta sur lui et le saisit par derrière.

aussi usage de mon couteau. J'en portai un coup dans la poitrine du nègre ; il l'évita, mais je le blessai profondément à la main.

« Le comte sauta sur lui et le saisit par derrière, tandis que je me hâtais de me relever. Tout cela s'était passé dans l'espace de quelques instants. La blessure qu'il avait reçue avait exaspéré le nègre ; il grinçait des dents comme un animal féroce et brandissait son couteau avec une rapidité terrible. Bientôt le comte reçut aussi une blessure qui lui déchira toute la main, et nous étions perdus si Dieu ne nous avait envoyé du secours. Nous entendîmes des pas de chevaux sur le pavé, et immédiatement le nègre nous laissa et se sauva dans la forêt. »

Et plus loin :

« ..... Nous suivîmes nos sauveurs, le comte et moi, et, après avoir fait panser nos blessures, nous continuâmes notre voyage, non sans quelque appréhension, mais sans nouvel accident, et toujours avec la même admiration pour les beautés du paysage. »

Telle était la femme qui à cinquante ans avait entrepris son tour du monde. On comprend qu'avec un pareil sang-froid, une si grande présence d'esprit dans le danger, elle fût difficilement intimidée par les petites difficultés de la vie nomade qu'elle s'était choisie.

III.

BRÉSIL (suite).

FAZIENDAS. — LE MANIOC. — LIANES ET PARASITES. — LES CAFÉIERS. — DÉFRICHEMENT DES TERRES PAR L'INCENDIE. — UN INTÉRIEUR BRÉSILIEN — LE GITE D'ALDÉO DO PEDRO. — PURIS. — MŒURS ET COUTUMES. — DANSES NATIONALES. — RETOUR A RIO-DE-JANEIRO.

Au Brésil, on a l'habitude de louer des mulets sans guide; ce qui est, on en conviendra, une marque de grande confiance donnée à des voyageurs. Ceux-ci, une fois à destination, remettent les bêtes à un endroit désigné par le loueur.

Désireuse de visiter en détail le Brésil, Mme Ida Pfeiffer ne profita pas de cette confiance. Une fois arrivés au port de Sampajo, le comte de Berchthold et elle prirent un guide pour atteindre la ville de Morroqueimado. Le chemin était généralement assez bon, mais les ponts jetés sur les ruisseaux et sur les flaques d'eau étaient détestables. Il leur fallait souvent trois heures pour faire deux *leguas;* néanmoins ils finirent par arriver à la grande « fazienda » de sucre de Collegio, qui ressemble parfaitement à une terre seigneuriale. A une habitation spacieuse est jointe une chapelle; les fermes et les métairies sont placées à l'entour, et toute la propriété est enceinte d'un mur élevé.

Au Brésil, la richesse d'un possesseur de plantation est évaluée d'après le nombre de ses esclaves. Dans cette plantation il y en avait huit cents, ce qui constituait une fortune considérable, puisque le prix de chaque esclave varie de 12 à 1,500 fr.

Plus loin, nos touristes traversèrent le village de Santa-Anna, qui ne consiste qu'en quelques maisons, une petite église et une pharmacie ; car, au Brésil, on trouve toujours une pharmacie là même où il n'y a qu'un groupe de douze à quinze maisonnettes.

Ils arrivèrent enfin à une fazienda de manioc, dont le maître eut, suivant la coutume du pays, la complaisance de leur offrir du café noir. Sur l'intérêt que les voyageurs témoignèrent pour son établissement, il le leur fit visiter en détail.

Le manioc est un arbuste noueux, tendre, cassant, à tige tortue, à fleurs rougeâtres qui s'épanouissent en bouquet aux mois de juillet et d'août. Son fruit capsulaire a trois coques, et les graines sont luisantes, d'un gris blanchâtre. La partie la plus importante de cet arbuste est sa racine tuberculeuse, qui pèse de deux à trois livres et remplace le blé dans toute cette région. La racine, ratissée et lavée, est râpée à l'aide d'une meule couverte d'aspérités, qu'on fait tourner par des nègres, jusqu'à ce que cette racine soit entièrement en poudre. La masse est alors placée dans une corbeille, fortement lavée à nouveau, et ensuite complètement écrasée au pressoir. Enfin, on étend la farine sur de grandes plaques de fer où on la fait sécher doucement à une chaleur modérée. Elle ressemble alors tout à fait à de la fécule grossière et se consomme en guise de pain, ou bien encore sèche.

Dans le premier cas, on apprête la farine avec de l'eau chaude et on en fait une sorte de bouillie. Dans le second, on la sert dans de petits paniers, et chaque convive en prend autant qu'il en veut pour la répandre sur les mets.

Dans cette excursion, une des choses devant lesquelles s'émerveilla le plus Mme Ida Pfeiffer, c'est la beauté au-dessus de toute description des plantes grimpantes qui non seulement couvrent tout le sol, mais s'enlacent si bien aux arbres, que leurs belles fleurs pendent aux branches les plus élevées et semblent une floraison merveilleuse des arbres eux-mêmes. Elle remarqua également des plantes dont les touffes de feuilles jaunes et rouges ressemblent aux plus belles fleurs, ou bien d'autres dont les grandes feuilles blanches brillent comme de l'argent au milieu d'une mer de verdure.

Une fois arrivés à Morroqueimado ou Novo Friburgo, petite ville fondée il y avait environ une vingtaine d'années par des Allemands et des colons de la Suisse française, un contre-temps grave attendait nos voyageurs. La blessure que le comte avait reçue dans l'excursion à Pétropolis avait empiré par suite des grosses chaleurs. L'inflammation s'y était mise, et il ne pouvait songer à continuer sa route.

Il ne restait à Ida Pfeiffer d'autre alternative que de renoncer à sa visite chez les Indiens ou de s'y rendre seule. Vous devinez aisément à quoi une femme de cette trempe se résolut. Accompagnée d'un guide sûr et armée d'un pistolet à deux coups, elle se mit en marche. Elle s'avança d'abord entre deux rangs de montagnes avant d'atteindre une région plus chaude. L'uniformité des contrées boisées était souvent coupée par des plantations, mais toutes n'étaient pas agréables à la vue. On n'entretient réellement bien que les plantations de sucre et de café.

Les caféiers se plantent par rangées, non sur des terrains plats, mais sur des collines. Ils atteignent une hauteur d'un mètre quatre-vingts à trois mètres soixante. Ils commencent à porter des graines dès la seconde année, au plus tard dès la troisième, et en portent pendant dix ans. Les feuilles du caféier sont oblongues, pointues et ondulées au bord ; les fleurs sont blanches ; la baie a la forme d'une cerise allongée ; elle est d'abord d'un vert brillant, puis d'un rouge vermeil, et prend enfin une teinte brune tirant sur le noir. Tant que le grain est rouge, sa cosse extérieure est encore tendre, mais elle finit par durcir complètement et par offrir l'aspect d'une capsule ligneuse.

Le caféier.

Comme on trouve en même temps sur l'arbrisseau des fruits et des graines tout à fait mûrs, on recueille des fruits presque toute l'année. Quant à la récolte, elle se fait de deux manières : ou l'on cueille les graines, ou bien on étale de grandes nattes sous les arbrisseaux et on les secoue ensuite. Le premier mode est, cela se conçoit, plus pénible ; mais il n'est pas besoin d'ajouter qu'il est infiniment supérieur à l'autre.

Un spectacle nouveau devait exciter l'étonnement de notre voyageuse : ce fut l'embrasement d'un bois, procédé sommaire auquel on a souvent recours pour défricher la terre. On entendait le pétillement du feu et on voyait monter au milieu des nuages de fumée, de fortes colonnes de flammes. De temps en temps éclataient des bruits semblables à des coups de canon qui annonçaient la chute des grands arbres.

Un tel embrasement ne prend jamais une trop grande extension au Brésil, parce que la végétation est trop fraîche et résiste à l'action des flammes. Il faut mettre le feu à plusieurs endroits ; encore s'éteint-il souvent. Aussi trouve-t-on des places entièrement intactes au milieu d'une forêt incendiée.

A part ces incidents, qui obligeaient à beaucoup de prudence, le pays ne changeait pas d'aspect. C'étaient toujours des allées droites, sans aucune vue, et des montagnes boisées dont on n'apercevait pas la fin.

La monotonie de ce voyage ne fut interrompue que par un simple hasard qui détourna la voyageuse des sentiers frayés. Son guide s'égara ; et pour retrouver leur chemin, elle et lui durent descendre de leurs montures. Tantôt ils étaient obligés de grimper par-dessus les troncs brisés, tantôt ils enfonçaient jusqu'aux genoux dans d'innombrables plantes grimpantes.

Des Européens ne sauraient se faire une idée de la peine qu'il faut pour se tirer de ce dédale de plantes.

Une fois arrivée à Canto-Gullo, petite ville située dans une vallée étroite et où la « venda » ou auberge était assez isolée du noyau central d'habitations, Mme Pfeiffer demanda à son hôtesse l'autorisation de voir de près la marche d'un intérieur brésilien, et voici le résumé de ses observations :

« La bonne hôtesse ne s'occupait guère du ménage et de la cuisine ; c'est l'affaire du mari, comme en Italie. Une négresse et deux négrillons s'occupaient de la broche et des fourneaux. A la cuisine tout se faisait d'une manière excessivement simple. On écrasait le sel au moyen d'une bouteille. On en faisait autant pour les pommes de terre, qu'on pressait ensuite dans la poêle avec une assiette pour leur donner la forme d'un gâteau. Un morceau de bois pointu servait de fourchette ; et pour chaque mets il y avait un grand feu allumé.

« Tous les blancs prenaient place à la table sur laquelle on servait en même temps les différents plats. C'étaient du bœuf rôti froid, des fèves avec de la « carna secca » cuite (viande séchée qui se prépare à Buénos-Ayres et se compose de tranches de bœuf longues, plates et larges, salées et séchées à l'air ; c'est la principale nourriture de la population blanche et noire au Brésil), des pommes de terre, du riz, de la farine de manioc et des racines de manioc cuites. Tout le monde se servait à sa guise et prenait ce qu'il voulait. Le repas se terminait par du café noir. Quant aux esclaves, on leur donnait des fèves de la « carna secca » et de la farine de manioc. »

A partir de Canto Gallo, la route traversait les plus superbes forêts vierges, si on peut appeler route un sentier étroit, tracé le long d'un petit ruisseau. Les arbres entrelacés par des plantes grimpantes à la floraison multicolore formaient des murs de fleurs qui brillaient des couleurs les plus resplendissantes et embaumaient l'air de leurs parfums. De légers colibris voltigeaient çà et là. Il semblait à la voyageuse traverser un parc féerique où, à chaque instant, elle s'attendait à voir des sylphes et des nymphes s'élancer sur la route pour lui souhaiter une joyeuse bienvenue.

L'auberge de Canto Gallo était la dernière que Mme Pfeiffer dût rencontrer ; désormais elle ne devait plus compter que sur l'hospitalité des maîtres de faziendas, hospitalité bien rarement refusée.

La disposition des maisons de maîtres dans les faziendas est extrêmement simple. Les fenêtres n'ont pas de vitres et sont fermées la nuit par des volets de bois. Souvent le toit sert de couverture commune à toutes les chambres, qui ne sont séparées l'une de l'autre que par de minces cloisons. On juge si c'est commode dans le cas assez fréquent où l'on a pour voisins des gens aux ronflements sonores ! Les meubles sont très simples aussi : ils se composent d'une grande table à manger, de divans de paille tressée et de quelques chaises. Les habits pendent ordinairement aux murs ; le linge seul se met dans des coffres imperméables.

A Aldéo do Pédro, Mme Pfeiffer dut avoir recours à l'obligeance du prêtre pour trouver un gîte. Obligée d'y séjourner le dimanche, à cause d'une indisposition de son guide, elle eut le loisir de voir tour à tour le baptême d'un nègre et l'enterrement d'un chrétien. L'un et l'autre lui laissèrent une impression peu édifiante. Le nègre, jeune garçon de quatorze ans, était debout à l'entrée de l'église avec sa mère ; le prêtre, en passant, lui fit négligemment un signe de croix sur le front, puis tout fut dit. Est il besoin d'ajouter que cette scène rapide ne fit pas plus d'effet sur le jeune néophyte que sur un enfant nouveau-né ?

Quant à l'enterrement, ce fut une autre affaire. Le défunt, étant riche, eut des obsèques convenables, jusqu'au moment où il s'agit de le déposer dans la tombe. Celle-ci, beaucoup trop étroite, donna lieu à des tentatives infructueuses et déplacées ; finalement elle fut agrandie au milieu des jurons et de la mauvaise humeur générale.

Laissant son guide malade se remettre chez l'ecclésiastique, Mme Pfeiffer partit avec un guide nègre et arriva enfin au but de son voyage, qui était de visiter sur place les Puris ou Indiens aborigènes du Brésil. Nous ne parlerons que pour mémoire de sa dernière station parmi les blancs.

« C'était, dit-elle, à douter si l'on n'était pas déjà en pleine vie sauvage, à voir ces hommes assis sur les arbres avec une citrouille vide devant eux, dans laquelle ils pétrissaient à pleines mains — et quelles mains ! — des fèves cuites et de la farine de manioc. Les enfants aussi avaient devant eux leur citrouille, mais ils étaient forcés de défendre bravement leurs provisions ; car tantôt une poule, tantôt un chien, leur enlevait quelque morceau; ou bien c'était un petit cochon de lait qui arrivait en chancelant et qui grognait de plaisir quand il n'avait pas fait un voyage inutile. »

Une fois parvenue au comble de ses vœux dans une petite tribu de Puris, Mme Pfeiffer se trouva en présence d'une misère comme rien de ce qu'elle avait vu jusqu'alors n'avait pu lui en donner l'idée.

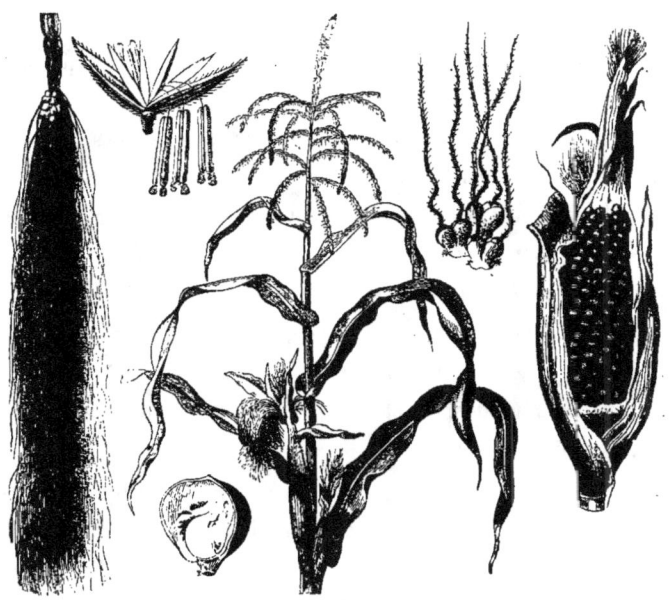

Feuilles de maïs.

Sur un petit espace au sein de la forêt se trouvaient cinq huttes, absolument exposées à tous les vents et composées d'une toiture de feuillage reposant sur quatre perches. Dans un petit coin, sous le toit, se trouvait entassée une petite provision de racines de maïs et de bananes. Comme ameublement, deux ou trois hamacs pendaient çà et là, tandis que sur le sol gisait la batterie de cuisine, exclusivement composée de citrouilles, remplaçant tout ce dont on se sert dans les centres plus civilisés.

Si l'illustre voyageuse, admiratrice de la beauté sous toutes ses formes, avait compté être dédommagée de ses peines par la vue de la race qui lui inspirait un si vif intérêt, elle dut être étrangement déçue. Les Indiens lui parurent encore plus laids que les nègres, avec leur teint bronzé clair, leurs traits bouffis, leurs figures larges et leurs cheveux noirs comme du charbon, tombant épais et raides autour de leur visage. Ce qui lui déplut davantage encore, ce fut l'expression de bêtise béate que respiraient toutes ces physionomies.

La plupart de ces individus, tant hommes que femmes, étaient tatoués en rouge ou en bleu, mais seulement autour de la bouche et en forme de moustaches. Tous fument avec passion et raffolent de l'eau-de-vie. Ils ne portent guère que de misérables haillons attachés sur les hanches. Leur langue est extrêmement pauvre ; ils ne savent, dit-on, compter que jusqu'à deux, ce qui doit singulièrement compliquer leurs calculs d'arithmétique. Le même mot leur sert à désigner aujourd'hui, demain et hier. En un mot, c'est un peuple absolument dans l'enfance.

La seule supériorité qu'ils possèdent, et qui, du reste, est commune à la race indienne tout entière, c'est la finesse de leur odorat, qui leur donne un talent tout particulier pour découvrir les nègres fugitifs. Ils suivent la piste avec un talent rare. Lorsqu'ils sont poussés à bout par la faim, ils vont s'embaucher pour tous les ouvrages pénibles, ce qui est plus avantageux pour ceux qui les emploient que pour eux-mêmes, car ils sont laborieux et se contentent pour tout payement d'un peu de tabac, d'eau-de-vie ou de quelque étoffe de couleur voyante.

Après l'examen des huttes, Mme Pfeiffer accepta d'accompagner quelques-uns de ces sauvages à la chasse aux perroquets et aux singes. Elle y éprouva beaucoup de plaisir et put admirer l'extrême habileté avec laquelle ces gens maniaient leurs arcs, tirant les oiseaux au vol et ne les manquant presque jamais.

Au retour, on lui avait réservé la meilleure hutte et on l'invita à y passer la nuit. Je ne sais pas si, parmi mes jeunes lectrices, beaucoup eussent apprécié cette offre à sa juste valeur d'hospitalité.

Mme Pfeiffer dans une hutte de Puris.

Mme Pfeiffer n'hésita point. Elle mangea du rôti de singe qu'on avait fait cuire à son intention et qu'elle trouva succulent, bien qu'il eût été dépecé des mains mêmes de ses cuisiniers improvisés et qu'il fût servi sur des feuilles. Quant au perroquet qui faisait également partie du festin qu'on lui avait offert, elle en trouva la chair coriace et peu appétissante.

Elle demanda ensuite à assister à une danse. Comme il faisait déjà nuit, les Indiens construisirent une sorte de bûcher auquel ils mirent le feu et qui projeta bientôt des lueurs rougeâtres et fantastiques. Ils exécutèrent alors leurs danses nationales, d'abord celle de la paix, ensuite celle de la victoire, mais avec des contorsions si hideuses et des cris si épouvantables, que la spectatrice, peu facile à effrayer cependant, eût volontiers demandé grâce et levé la séance avant la fin de ces exercices, si cela eût été compatible avec la civilité telle qu'on l'entend parmi ces simples indigènes du Brésil. A un moment, saisie d'épouvante par leur mimique, elle se crut réellement au pouvoir d'ennemis, et sans espoir de salut. Illusion peu agréable, on en conviendra.

Néanmoins, lorsque tout le monde se fut retiré et que la voyageuse se trouva seule, étendue sur son manteau, un morceau de bois sous la tête, et réfléchit qu'elle allait passer la nuit dans cette hutte ouverte et sans défense, un pénible sentiment d'isolement et de crainte l'envahit de nouveau. Il lui semblait entendre ramper autour d'elle des serpents et autres épouvantails de toute nature. Mais admirez ce que pouvait la réflexion sur cette âme d'élite : elle se dit que si quelque danger réel existait, les sauvages ne vivraient pas dans une sécurité aussi complète et prendraient des précautions qu'ils jugent superflues. Et avec ce raisonnement plein de sens, elle appuya la tête sur son oreiller de bois et s'endormit profondément.

Le lendemain, elle se réveilla aussi calme et aussi reposée que si elle eût dormi dans sa chambre à coucher de Vienne.

Puis, vint le moment des adieux; en prenant congé de ses bons amis les sauvages, elle leur fit cadeau d'une foule de petits objets de parure en bronze. Ils en furent si ravis, qu'ils lui offrirent en reconnaissance tout ce qu'ils possédaient. Ce n'était pas beaucoup, à vrai dire, mais le sentiment qui les poussait était sincère. Mme Pfeiffer n'accepta comme souvenir qu'un arc et deux flèches.

Son voyage de retour s'accomplit sans difficulté. Elle reprit son guide où elle l'avait laissé, rejoignit le comte de Berchthold rétabli à Morroqueimado et rentra avec lui à Rio-de-Janeiro, parfaitement satisfaite de ce qu'elle avait vu.

IV.

CHILI.

SANTO-POLO. — TEMPÊTE. — ARRIVÉE A VALPARAISO. — ASPECT DE LA VILLE. — MONUMENTS. — COSTUMES.

Après un séjour de trois mois à Rio-de-Janeiro ou dans ses environs, Mme Pfeiffer songea à reprendre la mer pour doubler le cap Horn et se rendre à Valparaiso. Sur l'assurance que le capitaine lui donna qu'il allait en droite ligne vers cette dernière ville, sans faire escale nulle part, elle traita de son passage sur le *John-Renwick*, excellent voilier où, par exception, tout se réunissait pour rendre une traversée agréable : une bonne table, de belles et bonnes cabines, des passagers agréables et un capitaine accommodant.

Malheureusement, la bonne foi de la voyageuse avait été surprise. Quarante-huit heures après le départ, on commençait par relâcher à Santos, autre port du Brésil, pour s'approvisionner, les vivres y étant à meilleur compte, au dire du capitaine. En apprenant qu'on allait séjourner là cinq jours, Mme Pfeiffer résolut de mettre ce temps à profit pour visiter Santo-Polo. Elle n'eût pas eu besoin de tant se presser, car, au lieu de durer cinq jours, l'escale du *John-Renwick* dura trois semaines.

Cinq ou six jours après qu'il eut repris la mer, et tandis qu'il était à l'embouchure du fleuve de Rio-Grande, une violente tempête éclata. Cédons la parole à cette femme admirable, car nul mieux qu'elle n'était digne d'en comprendre et d'en apprécier l'imposante majesté :

« Le capitaine courait à chaque instant au baromètre et faisait prendre toutes les mesures de précaution. Bientôt des nuages noirs s'amoncelèrent au-dessus de nous, et le vent augmenta tellement, que le capitaine fit fermer avec soin toutes les écoutilles et ordonna à l'équipage de se tenir prêt à carguer les voiles au premier commandement. A huit heures, la tempête se déchaîna : des éclairs sillonnaient sans cesse l'horizon, le déchirant dans tous les sens et éclairant d'une lueur sinistre la manœuvre des matelots. Les roulements du tonnerre étouffaient la voix du capitaine, et les flots écumants se précipitaient avec une extrême violence par-dessus le pont comme s'ils voulaient tout emporter, tout engloutir. Si l'on n'avait pas tendu le long du pont supérieur des cordages auxquels les matelots pouvaient se tenir, ils auraient été indubitablement entraînés par ces masses d'eau.

« C'est vraiment une chose unique qu'une pareille tempête ! On se trouve seul sur l'immensité de l'Océan, loin de tout secours humain, et on sent plus que jamais qu'on est tout entier dans la main de Dieu, Si, dans un moment aussi redoutable et aussi sublime, on ne croit pas à Dieu, c'est qu'on a l'esprit frappé à jamais d'aveuglement.

« Une sérénité calme remplissait mon âme à la vue de ces grands phénomènes de la nature. Je me faisais souvent attacher près du gouvernail, je laissais passer par-dessus moi les terribles vagues, pour bien me repaître de ce spectacle, et je n'éprouvais aucune crainte, mais j'étais pleine de confiance et de résignation. »

Au bout de quatre heures la tempête avait cessé de sévir et fait place à un calme plat.

Ce ne fut pas la seule qu'eût à affronter le *John-Renwick* avant d'atteindre sa destination. La plus longue fut sans contredit celle qui l'assaillit dans l'océan Pacifique ; elle ne cessa pas avant vingt-quatre

Le *John-Renwick* surpris par une tempête.

heures ; tant qu'elle dura, on ne put pas allumer de feu, et les voyageurs furent réduits à manger du pain, du fromage et du jambon cru. Malgré tous ces désagréments, les passagers ne perdaient pas courage et riaient même des pantomimes comiques auxquelles devaient se livrer ceux qui étaient contraints d'aller et de venir.

Le reste de la traversée jusqu'à Valparaiso se passa tranquillement, mais d'une manière peu agréable, car le capitaine se mit en tête de faire réparer son navire, et l'on dut s'astreindre à supporter la cérémonie de le voir peindre à l'huile du haut en bas, corvée désagréable au possible, si l'on songe qu'en pareille occasion, il ne reste pas sur tout le bâtiment une seule place sèche et tranquille. Toutefois il n'y a point de remontrances à faire, un capitaine étant maître absolu à son bord, et nul autocrate de toutes les Russies n'étant plus jaloux que lui de son autorité.

Près de trois mois après avoir quitté le Brésil, Mme Pfeiffer arriva enfin à Valparaiso.

L'aspect de cette ville est triste et uniforme. Elle s'étend en deux longues rues au pied de collines inhospitalières. L'aspect du port n'est pas moins défavorable. Une haute jetée en bois, longue d'environ trente mètres, se prolonge jusque dans la mer. On y monte par des escaliers raides et étroits, appuyés contre le mur et spécialement incommodes pour les dames. Quant aux personnes infirmes ou maladroites, il faut les descendre à l'aide d'une corde.

Les habitants du Chili sont tous cavaliers dès leur naissance, et ils ont de si beaux chevaux, que l'on s'arrête souvent pour admirer leur noble et fière allure et les belles proportions de leur corps; aussi les deux longues rues qui constituent Valparaison, et dont nous avons parlé plus haut, présentent-elles l'aspect le plus animé, grâce aux cavalcades continuelles qui les sillonnent.

Les maisons sont bâties dans le style de l'Europe avec des toits italiens tout plats. Les anciennes constructions sont vilaines, mais les modernes sont, pour la plupart, commodes, jolies et spacieuses. L'intérieur en est disposé avec beaucoup de goût. On monte au premier étage par de larges escaliers et l'on arrive à un vestibule haut et aéré sur lequel s'ouvrent de grandes portes vitrées qui conduisent aux salles de réception et aux autres appartements. Ce ne sont pas seulement les Européens établis à Valparaiso, mais aussi les indigènes, qui se font honneur de leur salle de réception, dont la décoration coûte souvent des sommes considérables. Tout le parquet est couvert de tapis moelleux ; les murs sont revêtus des plus riches tentures. On fait venir d'Europe les glaces et les meubles les plus précieux, et sur les tables on voit étalés de magnifiques albums

Vue de Valparaiso.

renfermant des gravures d'un grand prix. Des cheminées élégantes donnent lieu de penser que les hivers de Valparaiso ne sont pas aussi doux que certaines relations de voyages pourraient le faire supposer.

Le Théâtre et la Bourse sont les plus beaux des édifices publics. Le premier est considéré comme le rendez-vous de la bonne société ; les dames s'y rendent très parées, et il se fait un échange interminable de visites de loge à loge, ces dernières étant de véritables boudoirs décorés de tapis, de glaces, de canapés et de fauteuils.

Dans les églises, la seule chose remarquable, ce sont les clochers. Ils se composent de deux ou trois tours octogones superposées et supportées chacune par huit colonnes. Ces tours sont en bois, ainsi que les autels et les colonnes de la nef. L'intérieur de ces édifices paraît pauvre et nu, grâce à l'absence de sièges, car les hommes s'y tiennent debout et les femmes portent ou font porter à leur place de petits tapis sur lesquels elles s'agenouillent.

Le bas peuple est d'une laideur extrême.

On représente la population comme honnête et paisible; néanmoins des précautions inouïes sont prises contre les voleurs. Les portes et les fenêtres sont munies de barreaux et de poutres comme on n'en rencontre nulle part en Europe. La nuit, il y a dans toutes les rues, sur toutes les collines habitées, des postes d'agents de police qui s'entre-répondent comme les avant-postes en temps de guerre, et les personnes qui rentrent seules du théâtre ou d'une soirée se font souvent accompagner par des rondes d'agents à cheval. Tous ces symptômes donneraient à penser qu'il y a un peu d'exagération dans la bonne opinion que les Chiliens réclament pour les habitants de leur port de mer.

Le costume des chrétiens est tout à fait à l'européenne, surtout celui des femmes. Seulement les hommes remplacent l'habit par le *poncho*, composé de deux bandes de drap ou de mérinos, dont chacune a un mètre de large et deux mètres de long. On les coud ensemble et on ne laisse au milieu qu'une ouverture pour passer la tête. Tout le vêtement descend jusqu'aux hanches et a à peu près la forme d'un collet de manteau carré. On porte ces ponchos de toutes les couleurs, verts, bleus, ponceaux; ils font le plus joli effet, surtout quand ils sont ornés de broderies de soie.

Quant aux femmes, elles portent toujours dans la rue une grande écharpe, que, dans l'église, elles posent plus ou moins gracieusement sur leur tête.

Valparaiso a presque les mêmes espèces de fruits et de légumes que la France; les raisins et les melons y sont aussi parfumés et juteux. Les prunes et les poires y sont peut-être un peu inférieures, mais ce sont les mêmes espèces.

V.

ARCHIPEL DE TAÏTI.

LE « LOOSPUIT. » — LE FEU SAINT-ELME. — TAÏTI — PAPEITI. — CONSTRUCTIONS — COSTUMES. — LA SAINT-PHILIPPE A PAPEITI — LA REINE POMARÉ — LE ROI OTOUME. — BEAUTÉ DE L'ARCHIPEL DE TAÏTI. — LE JAQUIER OU ARBRE A PAIN. — ENTERREMENT DU FILS D'UN CHEF. — EXCURSION AU LAC VAIHIRIA.

Mme Pfeiffer avait eu l'intention de passer de Valparaiso à Santiago, la capitale du Chili, et de consacrer à cette dernière ville une étude approfondie. Ses plans se trouvèrent bouleversés quand elle apprit que les navires en partance pour la Chine étaient chose rare à Valparaiso, et que précisément il s'en trouvait un en rade, prêt à mettre sous voile en quatre ou cinq jours. L'idée d'être obligée d'attendre une semblable occasion peut-être plusieurs mois, la détermina à traiter aussitôt de son passage.

Mme Pfeiffer n'était pas payée pour avoir confiance aux capitaines auxquels elle avait affaire. Celui du *John-Renwick* l'avait fait attendre près de trois semaines; celui du *Loospuit* lui fit perdre dix jours, qu'elle eût pu mieux employer.

Le pire, c'est que le jour où le capitaine la fit prévenir que le *Loospuit* était prêt à prendre la mer, Mme Pfeiffer était atteinte d'un dérangement d'estomac qui s'accommodait mal du régime des navires et demandait une nourriture légère et beaucoup de calme.

Néanmoins, comme elle ne voulait perdre ni l'occasion de passer en Chine, ni même les 200 écus d'or qu'elle avait payés pour la traversée, elle se rendit à bord avec une confiance vraiment admirable en sa bonne étoile, qui, du reste, ne l'avait pas trop mal servie jusqu'alors.

Trois jours après son départ, le bâtiment eut connaissance de l'île de Saint-Félix, et le lendemain de Santo-Ambrosio. Toutes les deux se composent de masses de roches nues et inhospitalières qui abritent tout au plus quelques mouettes.

A l'exception de deux ou trois tempêtes, durant lesquelles les passagers virent à plusieurs reprises le feu Saint-Elme (1) danser au haut du mât de perroquet, la traversée fut assez monotone jusqu'au moment où le *Loospuit* se trouva en vue de l'île de Taïti et de celle d'Emao qui lui fait face.

L'entrée du port de Taïti, Papeiti, est extrêmement dangereuse. Des récifs de coraux l'entourent comme un rempart, où des flots mugissants se brisent avec violence, ne laissant qu'un chenal fort étroit. Un pilote vint au-devant du *Loospuit*; et bien que le vent fût si contraire, qu'il fallait changer les voiles à chaque instant, il entra cependant sain et sauf dans le port.

Quand les passagers débarquèrent, ne se doutant guère du péril qu'ils avaient couru, on les félicita cordialement; car, à la dernière manœuvre du vaisseau, on avait eu très grand'peur de le voir donner contre un banc de corail; malheur qui était arrivé quelque temps

---

(1) Le feu Saint-Elme se compose de petites flammes électriques qui voltigent autour des pointes les plus élevées et qui s'éteignent ensuite au bout de deux à trois minutes.

auparavant à un vaisseau de guerre français. L'ancre n'était pas encore jetée, que le *Loo-puit* se trouvait entouré d'une demi-douzaine de pirogues remplies d'Indiens qui grimpaient de toutes parts pour offrir leurs fruits ou leurs coquillages ; mais ils ne les cèdent plus comme autrefois pour des chiffons rouges ou des verroteries. Aujourd'hui ils veulent de l'argent et sont aussi cupides et aussi adroits à s'en procurer que les Européens les plus civilisés.

Mme Pfeiffer offrit à un de ces Indiens un petit anneau de cuivre ; il le prit, le flaira, secoua la tête, et lui donna à entendre qu'il n'était pas en or. En revanche, il sut fort bien remarquer à son doigt une bague qu'il flaira en faisant une joyeuse grimace, destinée à la déterminer à faire passer cette bague de la main de la voyageuse dans la sienne. Ces insulaires savent distinguer à l'odeur l'or pur de l'or faux.

L'île de Taïti, placée pendant quelques années sous la protection de l'Angleterre, jouissait alors de celle de la France. Elle a été longtemps un sujet de discorde pour les deux nations, jusqu'au mois de novembre 1846, où la paix fut enfin conclue. La reine Pomaré, qui s'était réfugiée dans une autre île, était revenue à Papeiti depuis cinq semaines.

La ville de Papeiti renfermait trois ou quatre cents habitants et se composait d'une rangée de petites maisons de bois, placées le long du port et séparées l'une de l'autre par de petits jardins. Il y a dans le fond une belle forêt où étaient encore disséminées plusieurs huttes.

Les principaux édifices étaient la maison du gouverneur, les magasins français, la boulangerie militaire, la caserne, et la maison de la reine, qui n'était pas encore entièrement terminée.

Le séjour qu'y fit Mme Pfeiffer ne dut pas lui laisser des souvenirs très agréables ; écoutons plutôt la description qu'elle nous a laissée de ses infortunes sur le chapitre du logement :

« Je cherchai en vain une petite chambre à louer, et j'allai de cabane en cabane; mais tout était occupé. Il fallut enfin me contenter

Indigènes de Taïti.

d'un petit coin dans une hutte. Je trouvai ce réduit chez un charpentier dont la chambre contenait déjà *quatre locataires*. On m'assigna derrière la porte une petite place qui avait juste deux mètres de long et un mètre vingt centimètres de large. Le sol n'était pas planchéié. Les murs n'étaient que des palissades. Pour un lit et une chaise, il n'en était pas question, et cependant il me fallut payer ce réduit un florin trente kreutzers par semaine. »

Il faut se souvenir que c'était à l'époque où les officiers supérieurs même étaient obligés de se contenter des plus misérables cabanes indigènes.

Depuis l'établissement des missionnaires à Taïti, le costume des Indiens est assez convenable. Les hommes et les femmes portent une espèce de tablier en étoffe de couleur, nommé *paréo*, qu'ils se passent autour des hanches. Le paréo des femmes descend jusqu'aux chevilles ; celui des hommes leur va jusqu'à la cuisse. Les hommes passent dessus une courte chemise de couleur et souvent aussi un large pantalon. Les femmes ont une espèce de longue blouse plissée.

Les deux sexes portent des fleurs dans le lobe de l'oreille, qui est percé de trous assez larges pour y passer facilement toute espèce de tiges. Les indigènes jeunes et vieilles se parent en outre de guirlandes de feuilles et de fleurs qu'elles tressent avec beaucoup d'adresse et d'élégance. Souvent les hommes s'en parent aussi.

En entrant dans le lieu du culte, tout le monde dépose ses fleurs, pour ne les reprendre qu'en sortant.

Ce peuple appartient à une race extrêmement vigoureuse ; les hommes de six pieds se rencontrent fréquemment ; les femmes également sont très grandes, mais très massives. Les traits des hommes sont plus jolis que ceux des femmes ; ils ont de très belles dents et de beaux yeux noirs, mais généralement une grande bouche, de grosses lèvres et un vilain nez. Pour obtenir ce dernier accessoire, dont l'épatement est, sans doute, considéré comme une beauté, on écrase un peu le cartilage du nez des nouveau-nés, ce qui l'aplatit et lui donne cette forme peu enviable, très recherchée surtout parmi les femmes. Les deux sexes portent leurs cheveux gros, rudes et noirs, en une ou deux tresses. Ils ont le teint cuivré et sont tous tatoués depuis les hanches jusqu'à la moitié des cuisses. Quant aux mœurs, elles sont on ne peut plus dissolues.

Mme Pfeiffer fut témoin d'une scène très intéressante. Il s'agissait de célébrer la fête anniversaire de Louis-Philippe, et le gouverneur, M. Bruat, avait tenu à honneur de procurer au peuple des distractions et des amusements de tous genres. Il y eut des joutes, des mâts de cocagne, et un grand repas fut servi sur la place publique ; mais, détail curieux, au lieu de prendre part au festin là où il était offert, les chefs divisèrent tout en portions, et chacun emporta sa part chez soi. Le soir, il y eut feu d'artifice et bal. C'est ce bal qui amusa le plus Mme Pfeiffer, à cause des contrastes étranges qui s'y rencontraient. Une Française élégante coudoyait une indigène cuivrée, et un brillant officier d'état-major un insulaire à moitié nu.

La reine Pomaré y assistait. C'était alors une grande femme de trente-six ans, bien conservée, pas trop mal de figure et portant une expression de grande bonté sur sa physionomie. Elle était vêtue d'une robe de satin bleu de ciel, garnie de volants de belle blonde noire. Elle portait aux oreilles de grandes branches de jasmin fleuri, et dans les cheveux une guirlande de fleurs. Elle tenait fort gracieusement à la main un beau mouchoir en batiste brodé, orné de riches dentelles ; et, à cette occasion exceptionnelle, elle avait fait l'effort d'emprisonner ses pieds dans des bas et des souliers, car, ordinairement, elle allait nu-pieds. Ajoutons que le costume tout entier était un cadeau du roi de France et que c'est pour cela qu'il s'harmonisait si parfaitement.

Le mari de Pomaré, qui n'était pas roi, mais simplement *époux de la reine*, avait revêtu un costume de général français ; et comme c'était un des plus beaux hommes du pays, et qu'il savait très bien porter l'uniforme, l'illusion durait jusqu'au moment où le regard arrivait à ses pieds ; mais dès qu'on avait vu ces pieds si disgracieux et si massifs, on retrouvait le sauvage déguisé.

Il y avait encore une autre tête couronnée à ce bal. C'était le roi Otoume, un des voisins de la reine Pomaré. Celui-ci avait l'air le plus comique du monde. Qu'on se figure un assez bel homme,

Un bal où assiste la reine Pomaré.

portant par-dessus une culotte courte, blanche et très large, un habit d'indienne jaune soufre et marchant nu-pieds, et l'on aura un aperçu de S. M. Otoume.

Les dames d'honneur de la reine, au nombre de quatre, toutes femmes ou filles de chefs, avaient des blouses de mousseline blanche ; et bien que les danses nationales soient extrêmement indécentes, Mme Pfeiffer remarqua avec étonnement leurs manières et leur tenue si convenables, durant le quadrille français, qu'elles dansèrent avec des officiers sans manquer une seule figure.

L'illustre voyageuse, ayant été avisée qu'elle pouvait disposer de quelques jours à Taïti, en profita pour faire plus ample connaissance avec cet archipel incomparable par son climat et ses productions. Elle alla visiter en détail l'île de Paya, coupée de tous côtés par de belles montagnes, dont la cime la plus élevée, l'Orœna, a plus de deux mille mètres de haut. Au milieu de l'île, les montagnes se séparent, et de leur sein surgit un rocher tout à fait singulier. Il a la forme d'une couronne garnie de plusieurs pointes, ce qui lui a fait donner le nom de *diadème*. Toutes ces montagnes sont entourées d'une ceinture de quatre à six cents pas de large, qui est habitée et produit dans de belles forêts les fruits les plus délicieux. Nulle part on ne trouve d'oranges, de goyaves, ni de fruits de l'arbre à pain aussi savoureux qu'en ces lieux.

Le fruit de l'arbre à pain ou jaquier, dont on parle fréquemment, mérite une description. Il a à peu près la forme d'un melon d'eau et pèse de quatre à six livres ; l'écorce en est verte, un peu rude et mince. Les Indiens la râclent avec des coquillages aigus, et lorsqu'elle est enlevée, ils ouvrent le fruit par la moitié et le font griller entre deux pierres rougies au feu. Il est d'un goût exquis, fin et délicat, et ressemble tellement au pain, qu'il le remplace facilement.

On trouve également à Taïti la mangue, fruit qui rappelle la prune et qui est de la grosseur du poing. Ce fruit est un des meilleurs ; il est charnu, juteux et très savoureux.

Dans cette traversée à l'île de Paya, un des sujets d'admiration de Mme Pfeiffer fut le fond de la mer. Au-dessus de certains bas-fonds l'eau était transparente comme le cristal, de manière que l'on pouvait voir la plus petite pierre. Il s'y trouvait des groupes et des réunions de coraux et de madrépores colorés d'une beauté sans égale. Comme l'exprime avec enthousiasme la voyageuse, « on aurait pu dire qu'on apercevait au fond de l'eau des vergers et des parterres de fées. »

Des fleurs et des feuilles gigantesques, des champignons et des légumes fantastiques, dessinaient leurs mille arabesques au milieu de groupes de rochers teints de vives couleurs, parmi lesquels se jouaient de petits poissons de dix centimètres de long, offrant une variété de couleur impossible à décrire.

Durant son séjour dans cette île, on apprit la mort d'un des fils du chef chez lequel Mme Pfeiffer avait été invitée. Ce vénérable patriarche en avait eu vingt et un. Trop désireuse de se renseigner sur toutes les coutumes intéressantes de ces peuples, notre voyageuse remit une excursion projetée au lac Vaihiria, pour assister aux cérémonies funèbres qui devaient avoir lieu incessamment.

Dès le lendemain, elle se rendit à la hutte mortuaire, munie d'un mouchoir neuf, qu'on lui avait conseillé d'emporter comme offrande propitiatoire aux mânes du défunt. Le corps était dans un cercueil étroit, sur une bière basse recouverte d'un drap blanc. On avait étendu devant la bière deux nattes de paille ; sur l'une se trouvaient les habits du mort, sa coupe, son couteau, tout ce qui lui avait appartenu ; sur l'autre étaient étalés les cadeaux funèbres, consistant en un gros tas de chemises, de paréos, de morceaux d'étoffes ; tout cela était neuf et joli, et eût beaucoup mieux convenu pour une entrée en ménage que pour une mise en cercueil.

Le père vint un peu plus tard dans la hutte, où il ne demeura, du reste, que peu d'instants ; le corps étant dans un état de corruption fort avancé, il sortit, s'assit sous un arbre et se mit à causer avec les voisins, comme si rien ne fût arrivé. Dans la hutte étaient assises les parentes et les voisines, qui s'entretenaient fort tranquillement en mangeant et en fumant.

Mme Pfeiffer, fort intriguée de cette indifférence, demanda si la femme, la mère ou quelques proches du défunt étaient présents. On lui indiqua un certain nombre de parentes. Néanmoins, au bout de quelque temps, la belle-mère et l'épouse se détachèrent du groupe, se jetèrent sur le cercueil et hurlèrent pendant une demi-heure; mais on voyait bien que ces cris ne partaient pas du cœur; et la meilleure preuve, c'est qu'après cet exercice fatigant, elles revinrent, calmes, l'œil sec, reprendre leur conversation où elles l'avaient laissée. Pendant ce temps on brûlait la pirogue du mort sur le rivage.

Mme Pfeiffer en avait assez vu; elle préféra revenir à ses chères excursions, plutôt que d'être plus longtemps le témoin de cette hypocrite comédie de douleur.

Les îles de l'archipel de Taïti étant coupées de nombreux cours d'eau, les promenades à pied y sont fort incommodes. L'intrépide voyageuse dut adopter un costume approprié à ses courses. Elle revêtait un pantalon et une blouse et chaussait de gros souliers d'hommes.

Dans son expédition au lac Vaihiria, dans l'île de Papara, elle dut traverser soixante-deux fois un torrent assez large qui se précipite dans un ravin sur un lit très pierreux, et qui, par suite d'une forte pluie, avait souvent plus d'un mètre de profondeur. L'indigène, son guide, la tenait d'une main, en nageant de l'autre. L'eau lui montait souvent jusqu'aux hanches, et il n'y avait pas moyen de se sécher. Le sentier devenait de plus en plus pénible et dangereux; il fallait grimper par-dessus des rochers et des pierres que recouvraient tellement les feuilles de l'*oputu*, qu'on ne savait jamais où poser le pied en sûreté. Que de fois ne se déchira-t-elle pas les bras et les jambes en voulant se retenir au tronc perfide d'un pisanez qui se brisait entre ses mains, en lui faisant faire les plus dangereuses glissades! Il faut dire que cette excursion était une des plus périlleuses, qui n'avait encore été exécutée que par un petit nombre d'officiers et ne sera probablement jamais entreprise par aucune autre femme au monde.

Il lui fallut huit heures pour faire les dix-huit milles qui la séparaient du point de vue qu'elle voulait admirer. Elle avait atteint une altitude de six mille mètres. Elle n'aperçut le lac qu'une fois arrivée sur ses bords, car on pourrait prendre son lit pour un cratère éteint qui se serait rempli d'eau, et cette conjecture se trouve fortifiée par les grandes masses de basalte qui figurent sur le devant. Ce lac est cependant très poissonneux.

Pour le traverser, il faut se mettre à la nage ou se risquer sur un singulier esquif que les indigènes fabriquent dans l'espace de quelques minutes.

Curieuse d'observer leurs procédés à cet égard, Mme Pfeiffer fit signe à son guide qu'elle voulait passer à l'autre rive; aussitôt elle le vit arracher quelques troncs de pisanez (1), les attacher les uns aux autres au moyen de longues tiges flexibles, poser des feuilles dessus, puis les pousser à l'eau, et lui indiquer de prendre possession de ce diminutif de canot. Si intrépide que fût la voyageuse, elle ne fut pas sans éprouver une certaine anxiété qu'elle eut honte de trahir. Elle entra sans sourciller dans cette embarcation toute primitive, et son guide la suivit en nageant et en poussant devant lui son léger esquif. L'aller et le retour s'accomplirent sans encombre, mais non sans une certaine appréhension. La vue splendide qu'elle obtint de ce point culminant fut suffisante toutefois pour la dédommager de sa peine et de ses fatigues.

Ce ne fut qu'à regret que Mme Pfeiffer quitta ces îles ravissantes où la nature a tout fait pour leurs heureux habitants. Elle ne se consolait qu'en se souvenant qu'elle allait faire force de voiles vers le pays le plus étrange du monde, vers la Chine.

---

(1) Le pisanez ou bananier est un joli arbuste haut de 4 à 6 mètres, avec des feuilles semblables à celles du palmier. Sa tige a souvent 20 centimètres de diamètre; mais elle n'est pas ligneuse, et, étant creuse, elle se casse très facilement.

VI.

CHINE.

MACAO. — LA GROTTE DE CAMOENS. — VOYAGE SUR UNE JONQUE CHINOISE. — CANTON. — EMBARCATIONS DIVERSES. — BATEAUX A FLEURS.

Cinquante-trois jours d'une navigation sans incidents graves amenèrent notre voyageuse au port de Macao, ravissante petite ville, appartenant alors aux Portugais, et qui est entourée de jolies chaînes de collines et de montagnes.

A peine le *Loospuit* eut-il jeté l'ancre, que plusieurs Chinois escaladaient déjà le pont du navire ou bien étalaient sur leurs barques une quantité de fruits et de pâtisseries formant autour de lui un véritable marché.

Le navire faisant escale, Mme Pfeiffer mit pied à terre, et, pour gagner une maison de commerce portugaise où elle voulait changer de l'argent, dut traverser presque toute la ville. Heureusement que Macao fait exception aux autres cités chinoises et que les Européens peuvent y circuler librement sans crainte d'être lapidés.

On juge si l'aspect des rues, qui n'étaient habitées que par des Chinois, intéressait Mme Pfeiffer. Il y régnait une grande animation ;

on y voyait des groupes d'hommes assis dans les rues, qui jouaient aux dominos, et presque les mêmes artisans qu'en Europe : des serruriers, des menuisiers, des cordonniers, etc.

Rien n'amusa plus la voyageuse que la manière dont mangent les Chinois. Pour le riz, les petits bâtons se trouvant insuffisants, ils approchent le vase de leur bouche grande ouverte et y font entrer de larges portions au moyen de leurs bâtonnets ; mais si adroitement qu'ils s'y prennent, l'exacte vérité nous oblige à convenir que d'ordinaire une partie retombe dans le vase d'une manière peu appétissante. Pour les mets liquides, les Chinois se servent de cuillers rondes en porcelaine.

La construction des maisons n'offre rien de particulier, sauf que la façade donne généralement sur la cour ou sur le jardin.

On montra entre autres curiosités à l'illustre voyageuse la grotte dans laquelle le célèbre écrivain portugais Camoëns a composé, dit-on, ses *Lusiades*, après avoir fait le poème satirique : *Disperates no India*. Il fut exilé en 1556 à Macao, où il passa plusieurs années, jusqu'à l'époque où on le rappela dans sa patrie. Cette grotte est située non loin de la ville, sur une hauteur ravissante.

Mme Pfeiffer n'avait payé son voyage que jusqu'à Macao ; néanmoins elle n'avait de lettre d'introduction pour aucune famille de cette ville et commençait à se sentir fort embarrassée de sa personne, quand le capitaine du *Loospuit* l'invita à accepter le passage gratuit qu'il lui offrait jusqu'à Hong-Kong pour la garder plus longtemps au nombre de ses passagers.

Elle accepta avec reconnaissance et jouit beaucoup de cette traversée de soixante milles, pendant laquelle on ne perd pas la côte de vue et on longe sans cesse des baies intéressantes, des récifs et de jolis groupes d'îles.

Enfin ils jetèrent l'ancre dans le port de Victoria, dont la situation n'offre rien de bien agréable, étant environné de montagnes nues. La ville a un cachet tout européen, et à peine se croirait-on près du Céleste Empire, si l'on n'apercevait çà et là des ouvriers, des porteurs et des petits commerçants chinois.

De Victoria, Mme Pfeiffer, en dépit des conseils d'amis qui lui étaient donnés et par raison d'économie, s'embarqua pour Canton dans une jonque chinoise. Elle n'eut pas à se repentir de sa confiance. Sans être choisie, la compagnie se conduisait très décemment. Occupée qu'elle était à examiner les façons d'être de ses compagnons de voyage, il était tard lorsqu'elle se retira dans sa cabine. Le plafond n'en était pas si hermétiquement fermé qu'il n'y laissât pénétrer la pluie et des vents coulis désagréables; le capitaine, qui s'en aperçut, vint la chercher pour la conduire dans un endroit plus sec. Elle s'y trouva avec deux voyageuses chinoises, fort occupées à fumer dans de petites pipes, à peine plus grandes qu'un dé à coudre, et que pour cette raison il fallait bourrer sans cesse. Toutefois, ses nouvelles voisines s'étant aperçues que Mme Pfeiffer n'avait pas de petit tabouret pour reposer sa tête, lui en offrirent un et insistèrent tellement, qu'il eût été de mauvais goût de ne point accepter. Il faut dire à cette occasion que les Chinois, en guise d'oreiller, se servent de petits tabourets de bambous ou de cartons très forts qui ont de dix à trente centimètres de long et vingt de haut. Ils sont bombés à la partie supérieure, mais non rembourrés. Quel confort cela ne doit-il pas assurer!

Plus on approche de Canton, plus le mouvement de la navigation s'accentue. On voit des bâtiments aux formes les plus étranges; des jonques à l'arrière desquelles s'élève une sorte de pavillon à deux étages, avec de hautes fenêtres, des galeries et un toit. Ces navires sont souvent d'une grandeur surprenante et chargent jusqu'à mille tonnes. Plus loin, on aperçoit des vaisseaux de guerre chinois, larges et longs, d'une construction plate et armés de vingt ou trente canons; des *bateaux de mandarins* qui, avec leurs portes et leurs croisées peintes; avec leurs galeries ciselées et leurs pavillons en soie, ressemblent aux plus jolies maisons.

Canton.

Mais ceux qui méritent le plus l'attention sont les superbes *bateaux à fleurs* dont les galeries supérieures sont ornées de guirlandes et d'arabesques. Des portes et des fenêtres de style gothique conduisent dans l'intérieur, composé d'un grand salon et de quelques cabinets. Des glaces, des tapis de soie ornent les murs; des lustres de verre, des lanternes en papier de couleur, entre lesquelles se balancent de petites corbeilles remplies des fleurs les plus fraîches, complètent cet aspect enchanteur.

Ces bateaux à fleurs restent toujours à l'ancre, et jour et nuit servent aux Chinois de lieu de divertissement. On y exécute des comédies, des danses et des jongleries, auxquelles n'assistent pas les femmes de bonne compagnie. L'accès n'en est positivement pas interdit aux Européens, mais il est plus sage pour eux de s'abstenir, car ils courraient le risque de se faire tuer, injurier ou maltraiter.

VII.

CHINE (suite).

CANTON. — DÉTAILS SUR LA VIE DES EUROPÉENS. — SOBRIÉTÉ DES FILS DU CÉLESTE EMPIRE. — DEMEURE FLOTTANTE DES CHINOIS PAUVRES. — LE PIED D'UNE CHINOISE.

Depuis peu d'années il était permis aux femmes européennes d'entrer et de demeurer dans les factoreries de Canton. Mme Pfeiffer quitta donc le bateau sans crainte, et, faisant comprendre par signes au capitaine qu'elle n'avait pas d'argent sur elle, elle le détermina à l'accompagner chez son correspondant, M. Agassiz.

Lorsque celui-ci la vit arriver à pied et sous la conduite d'un guide chinois, il se récria si vivement, qu'elle comprit l'imprudence qu'elle avait faite en s'exposant dans les rues de la ville. Il fallait l'heureuse étoile de Mme Pfeiffer, pour qu'elle n'eût été ni lapidée, ni même outragée grossièrement par la populace.

Grâce à la bienveillante hospitalité qui lui fut offerte dans la demeure de M. Agassiz, la voyageuse ne s'ennuya pas trop à Canton, malgré sa grande réclusion, et put se familiariser avec le genre de vie des Européens retenus dans ce port; car il faut être forcé par des obligations majeures d'y séjourner pour ne pas tourner avec bonheur le dos à cette cité, où femmes et enfants ne peuvent sortir qu'en litière fermée. Tout y est si cher, qu'on ne peut se procurer un appartement convenable de six chambres et une cuisine à moins de 3 ou 4,000 fr. Une domestique se paye de 45 à 50 fr. par mois, car les Chinois ne consentent à servir des Européens qu'à des prix exorbitants.

Avec cela, il règne dans ce pays la singulière coutume d'affecter à chaque genre d'occupation un individu particulier. Une famille composée de quatre personnes exige par conséquent de dix à douze serviteurs, chacune ayant d'abord un domestique à son service exclusif; puis il faut un cuisinier, quelques bonnes d'enfants, et plusieurs coolies employés aux travaux les plus communs, tels que le nettoyage des chambres, le transport du bois, de l'eau, etc.

Malgré un personnel si nombreux, ne vous figurez pas que l'on soit mieux servi, bien au contraire. Si l'un ou l'autre de ces domestiques s'absente et qu'on ait besoin de ses services, il faut attendre qu'il soit rentré, aucun domestique ne voulant descendre à faire l'ouvrage de son camarade.

La vie, comme on le voit, est très chère pour les Européens. L'entretien annuel des maisons européennes monte pour le moins à 30,000 fr., et l'on ne comprend dans ce revenu moyen ni chevaux, ni voitures, ni réunions, ni spectacles, ni distractions d'aucun genre.

Il en est tout autrement des Chinois. Aussi les salaires des ouvriers sont-ils très minimes. Il faut convenir du reste que si les Chinois vivent à un bon marché excessif, cela dépend beaucoup de ce qu'ils ne sont pas difficiles sur la qualité de leurs aliments. Ils mangent des chiens, des chats, des souris, des rats, des intestins d'oiseaux, du sang de toute espèce d'animal, et même, dit-on, des chenilles, des vers de terre et des bêtes mortes.

Leur principale nourriture est le riz, qui ne leur sert pas seulement comme plat fondamental, mais qui leur tient aussi lieu de pain ; il est très bon marché, le picoul, ou cinquante-six kil., valant de 8 à 12 fr. Pour se soustraire à la dépense d'un loyer, les Chinois ont des bateaux à eux. L'homme va travailler à la campagne, tandis que la femme contribue à l'entretien de la famille en conduisant en bateau des promeneurs ou des voyageurs.

Ces bateaux méritent une description. Ils ont à peine huit mètres de long, mais une moitié en est réservée à la famille et l'autre aux locataires. Il y règne la plus grande propreté. Chaque matin tout est lavé et nettoyé. On sait tirer parti du plus petit recoin de la manière la plus ingénieuse ; il y a même place pour un autel domestique en miniature. Pendant le jour, on cuit et on lave.

Bien que les enfants ne manquent pas, le voyageur n'en est nullement importuné ; aucun spectacle désagréable ne s'offre à sa vue, et il n'entend que très rarement la voix criarde d'un des marmots. Tout en maniant la rame, la mère porte son plus jeune enfant sur le dos. Les aînés ont aussi quelquefois un de leurs frères attaché sur les épaules, et ils sautent et grimpent sans s'inquiéter le moins du monde du dépôt qui leur est confié.

Le prix d'un de ces bateaux, pour toute la journée, ne monte guère à plus de 2 fr. 50, et cet argent sert souvent à nourrir toute une famille de six à neuf personnes.

De nos jours, où l'on voit assez fréquemment des Chinois se mêler à notre population française, nous ne nous attarderons pas à décrire le costume, la coiffure, la coupe de figure de ce peuple étrange.

Disons seulement que les hommes ont la tête rasée, à l'exception d'une petite partie de l'occiput où les cheveux sont entretenus avec beaucoup de soins et tressés en queue. Plus la queue d'un Chinois est épaisse, plus il en tire vanité ; aussi y mêle-t-on de faux cheveux et des rubans noirs, et une queue descend-elle quelquefois jusqu'à la cheville. Pendant le travail, il roule cette queue autour de son cou, mais, en entrant dans une chambre, il la détache, parce que ce serait blesser les convenances et la politesse que de se présenter avec la queue retroussée.

Types chinois.

Les femmes gardent leur chevelure tout entière ; elles la relèvent en arrière, la tressent et l'attachent avec beaucoup d'art sur le sommet de la tête. Ces soins leur demandent beaucoup de temps ; mais aussi, quand elles sont coiffées, c'est pour toute une semaine.

Ajoutons encore que le teint en Chine varie selon le genre des occupations ; le paysan, le portefaix, sont assez basanés ; l'homme riche et la femme de condition sont blancs. Les riches seuls, hommes et femmes, laissent pousser leurs ongles extraordinairement longs, pour prouver qu'ils n'ont pas besoin, comme les gens de basse extraction, de gagner leur vie par le travail de leurs mains. D'ordinaire ces ongles aristocratiques ont un centimètre et demi de long. Mme Pfeiffer ne vit qu'un seul homme qui eût des ongles de trois centimètres, et encore seulement à la main gauche. Aussi, pour ramasser de cette main un objet plat, fallait-il qu'il appliquât dessus sa main tout entière et prît l'objet entre ses doigts.

Les femmes riches ont généralement des dispositions à devenir très grasses, ce qui se comprend aisément, vu l'oisiveté où s'écoule leur vie; cela passe du reste pour une grande beauté, tant pour les hommes que pour les femmes.

Mme Pfeiffer avait le plus vif désir de voir de près un pied de Chinoise; grâce aux bons offices de Mme Balt, femme d'un missionnaire, elle y parvint, et l'impression qu'elle en reçut fut très forte. Les quatre doigts sont recourbés et pressés fortement sous la plante du pied de manière à ne faire qu'un avec elle. Quant à l'orteil, on lui laisse prendre tout son développement. Le dessus du pied est si serré avec de larges et forts rubans, qu'au lieu de s'étendre et de s'allonger, il remonte et se fond avec l'os du pied. A la place de la cheville on voit une grosse masse de chair, semblable à un moignon, qui se joint à la jambe. Le dessous a à peine douze centimètres de long et quatre de large. Le pied est toujours enveloppé de linge blanc, ou de soie, enlacé de rubans de soie et renfermé dans un petit soulier à très haut talon.

A la grande surprise de la voyageuse, ces créatures mutilées, bien que marchant comme des canes, n'en trottent pas moins presque aussi vite que les femmes d'Europe aux larges pieds. Elles montent et descendent même les escaliers sans le secours d'un bâton.

Dans les grandes familles, toutes les filles partagent cette distinction, tandis que dans les familles d'un rang moins élevé, on la réserve ordinairement à la fille aînée. Inutile d'ajouter que le mérite d'une fiancée se règle sur la petitesse de ses pieds.

VIII.

CHINE (suite).

L'ART EN CHINE. — FOURBERIE ET DUPLICITÉ DES CHINOIS. — RELIGION. — DEVOIR DU FILS AÎNÉ.

Si nous abordons le chapitre des arts, nous trouvons en Chine une étude fort intéressante à faire. Les peintures sur toile ou sur ivoire diffèrent peu de celles de nos artistes européens sous le rapport des couleurs ; mais elles s'en distinguent essentiellement par la composition et la perspective, pour lesquelles les Chinois en sont encore aux éléments. Les figures ou les objets du second plan rivalisent pour la grandeur et le coloris avec ceux du premier. Les fleuves et les mers occupent souvent la place des nuages. Mais, en échange, ils savent parfaitement copier. Quand ils copient un tableau, ils le divisent en carrés comme nos peintres. Ils font même très bien le portrait. Mme Pfeiffer, femme de goût et narratrice incorruptible, affirme en avoir vu qui étaient si bien dessinés, si ressemblants et si admirablement peints, que d'excellents artistes européens auraient pu sans honte signer ces ouvrages.

Le vif éclat de leurs couleurs est encore un point digne de remarque. On l'attribue surtout au papier de riz sur lequel ils opèrent et qui est d'une finesse et d'une blancheur extraordinaires.

Les Chinois sont encore d'une habileté rare pour les ciselures sur ivoire, sur écaille et sur bois. C'est surtout parmi les objets d'art en laque noire, avec des dessins d'or à plat ou en relief, qu'on trouve des chefs-d'œuvre qui feraient honneur aux plus beaux cabinets de curiosités de l'Europe.

Il n'est pas rare de rencontrer de petites tables à ouvrage d'une valeur de 3,000 fr.; mais quelle perfection! quel fini! Rien n'égale non plus la beauté des corbeilles et des tapis qu'ils tressent avec du bambou.

Ils sont moins heureux en orfèvrerie. Leurs travaux en or ou en argent sont généralement massifs et sans goût.

Mais c'est dans la fabrication de la porcelaine qu'ils ont acquis une réputation autrefois incomparable. Leurs produits se distinguent autant par la grandeur que par la diaphanéité. Sans doute, il existe chez eux des objets de plus d'un mètre de haut qui ne sont ni légers, ni gracieux; mais les tasses et les autres petits bibelots se font remarquer par une finesse et une transparence qui ne pourraient se comparer qu'à celle de la fraîcheur du verre. Malheureusement chacun sait combien, en dépit des couleurs, les dessins sont primitifs et raides.

En quoi les Chinois sont véritablement inimitables, c'est dans la confection des étoffes de soie et des écharpes, dites *crêpes de Chine*. La France elle-même peut à peine rivaliser avec leurs produits.

Quant à la musique, il n'en faut pas parler. Cet art est si peu avancé en Chine, que l'on pourrait reléguer les Fils du Ciel au même rang que les sauvages. Ce n'est pas qu'ils manquent d'instruments; ils ont des violons, des guitares, des luths (tout garnis de cordes ou de fil de fer, il est vrai), des tympanons, des instruments à vent, des timbales, des tambours et des cymbales ; mais ils ne savent pas s'en servir. Ils ne s'entendent pas plus à la composition qu'à l'exécution, et la mélodie est lettre morte pour eux. Ils grattent, râclent et frappent, peu importe lequel, avec un succès toujours égal : ils produisent un véritable sabbat. C'est en se laissant aller au fil de l'eau sur le « fleuve aux perles » qu'on peut se faire une idée des monstrueuses cacophonies qui se dégagent des bateaux de mandarins ou des fameux bateaux à fleurs.

Les Chinois sont foncièrement fourbes, et leur bonheur est de duper les Européens. Il n'est point de duplicité dont ils ne soient capables. Avant de mettre en vente des animaux vivants, tels que veaux, porcs, etc., dont le prix se règle sur le poids, ils les forcent d'avaler des pierres et de grandes quantités d'eau. Il n'y a nulle part plus de pirates que dans les eaux de la Chine, mais on ne fait rien pour les mettre à la raison, parce que ces messieurs sont les fournisseurs des mandarins et grands dignitaires de l'Etat.

Nous n'en citerons pour exemple que le commerce d'opium. Chacun sait qu'il est défendu ; cependant la contrebande en fait entrer tous les ans une telle quantité, que les produits de cette importation surpassent ceux de l'exportation du blé.

Les Chinois sont excessivement lâches. Ils crient très fort quand ils sont sûrs de ne courir aucun danger ; mais s'ils peuvent s'attendre à rencontrer une ferme résistance, on peut être certain qu'ils se garderont bien d'attaquer. En outre, ils sont cruels ; et la preuve, c'est que leur plus grand plaisir est de tourmenter les animaux, et que les femmes et les enfants ne trouvent pas auprès d'eux la moindre protection.

Il y a en Chine diverses religions, dont la plus naturelle et la plus sensée est celle de Confucius ou Kong-fou-tseu, qui est, dit-on, celle de la cour, des fonctionnaires, des savants et des hommes éclairés.

La polygamie est permise à ces Fils du Ciel par leur religion ; mais ils ne la prisent pas à l'égal des mahométans, car les gens les plus riches n'ont jamais plus de six à douze femmes et les pauvres se contentent parfaitement d'une seule.

Si les habitants du Céleste Empire se débarrassent avec une facilité extrême de ceux de leurs nouveau-nés qui sont chétifs et malingres, ce n'est pourtant guère que des filles, car le nombre des garçons importe peu, toute famille s'estimant heureuse d'en avoir, et cela par la raison fort égoïste que c'est un devoir pour ceux-ci de nourrir leurs parents dans la vieillesse. Le fils aîné même, si son père vient à mourir, est obligé de le remplacer et de prendre soin de ses autres frères et sœurs, qui, en échange, lui doivent le plus grand respect et une obéissance sans bornes. On tient rigoureusement à l'observation de cette loi, et celui qui la transgresse est puni de mort.

Les Chinois regardent comme un honneur d'être grand-père ; et pour se parer de cet avantage, celui qui en est favorisé porte des moustaches. Ces moustaches, grises pour la plupart, et peu fournies, se remarquent d'autant plus que les jeunes gens n'en ont pas et que le plus souvent ils n'ont même pas de barbe.

IX.

CHINE (suite).

TEMPLE DE HOUAN. — CÉRÉMONIES. — COSTUME D'UN MANDARIN. — AVENTURE DÉSAGRÉABLE DANS LE TEMPLE DE LA MISÉRICORDE. — PORCS SACRÉS ET PORCS PROFANES. — FUMEURS D'OPIUM. — LE NYMPHEA NÉLUMBO. — PAGODE DE HALF-WAY. — PROMENADE AUTOUR DES MURS EXTÉRIEURS DE CANTON. — LE MARCHÉ DE CETTE VILLE.

On conçoit qu'avec son caractère, Mme Pfeiffer devait souffrir de la contrainte qui lui était imposée, dans un pays où le peuple la suivait, éclatant en injures contre l'audace de l'Européenne qui osait ainsi se montrer en public. Néanmoins, ayant fait la connaissance d'un Allemand bon et courageux, M. de Carlowitz, qui s'intéressa à elle au point de l'accompagner partout et de s'exposer même plusieurs fois, elle vit ce qu'assurément avant elle, nulle femme n'avait vu dans le Céleste Empire.

La première excursion fut consacrée à la visite du célèbre temple de Houan, qui passe pour un des plus beaux de la Chine.

Ce temple, avec ses vastes dépendances et ses grands jardins, est entouré d'un mur élevé. On entre d'abord dans un vestibule spacieux au bout duquel se trouve un portail colossal qui conduit dans les cours intérieures. On voit au-dessous de l'arc de ce portail deux dieux de la guerre, chacun de cinq mètres et demi de haut, dans une attitude menaçante et avec des figures effroyables. Ils sont là pour interdire l'entrée aux mauvais génies. Un second portail, également colossal, sous lequel sont rangés les quatre rois célestes, conduit dans la dernière cour, où se trouve le principal temple. L'intérieur de ce temple a trente mètres de long et autant de large. Le plafond plat, auquel sont attachés une quantité de lustres de verres, de lampes, de fleurs artificielles et de rubans, repose sur plusieurs rangées de colonnes de bois. Beaucoup de statues, d'autels, de vases à fleurs, d'encensoirs, de candélabres, de flambeaux et d'autres ornements, rappellent involontairement la décoration d'une église catholique. Sur le devant, il y a trois autels, derrière lesquels se trouvent trois statues qui représentent le dieu Bouddha, sous les trois figures du passé, du présent et de l'avenir. Ces statues sont assises et de grandeur imposante.

Au moment où Mme Pfeiffer, en compagnie de M. de Carlowitz, visitait ce temple, on y célébrait justement une espèce de service en l'honneur d'une des épouses défuntes d'un mandarin. A l'autel de droite et à l'autel de gauche étaient les prêtres, dont les robes et même les cérémonies ressemblent à celles de nos prêtres d'Europe. A l'autel du milieu, le mandarin priait dévotement, pendant que deux serviteurs lui donnaient de l'air avec de grands éventails. Son costume se composait d'un large surplis qui descendait jusqu'aux genoux et était agrémenté de larges manches flottantes. Ce surplis était en brocart de couleurs transparentes et de dessins bizarres ; dessous on apercevait une culotte de soie. Sur la poitrine il portait, comme insignes de sa dignité, deux oiseaux, avec un collier de belles pierreries. Ses bottines, en étoffe de soie noire, se terminaient en avant en pointes recourbées. Il avait pour coiffure un chapeau de velours et de forme conique avec un bouton doré. Il baisait très souvent la terre ; chaque fois qu'il se prosternait ainsi, on lui présentait trois cierges ; il les élevait d'abord en l'air et les tendait ensuite à un prêtre, qui les plaçait devant une des statues de Bouddha, mais sans les allumer.

La chapelle se composait de trois musiciens, dont un grattait sur un instrument à cordes, pendant que le second frappait sur une boule de métal et que le troisième jouait de la flûte.

Une aventure désagréable arriva à notre intéressante voyageuse dans le temple de la Miséricorde qu'elle visita ensuite.

Un prêtre ou bonze présentait aux assistants de petits cierges pour les allumer et les consacrer à sa divinité. Mme Pfeiffer et M. de Carlowitz avaient pris les cierges et étaient sur le point d'acquiescer à l'invitation du prêtre, lorsqu'un missionnaire américain, en compagnie duquel ils se trouvaient, les leur arracha des mains avec colère et les rendit au prêtre en criant à l'idolâtrie. Le bonze prit l'affaire au sérieux, barra aussitôt la sortie et appela ses collègues, qui, débouchant de divers côtés, fondirent sur les Européens en poussant des imprécations. Ce ne fut qu'avec beaucoup de peine que ceux-ci parvinrent à se frayer un passage et à se soustraire au danger par la fuite.

Cette aventure ne guérit pas Mme Pfeiffer de sa passion de tout voir. Le lendemain elle se rendit à la demeure des porcs sacrés, comme elle le constate dans une note assez malicieuse :

« Il faut savoir que le porc est en Chine un animal particulièrement sacré ; pas assez cependant pour qu'on ne le mange pas avec beaucoup d'appétit. Les porcs profanes sont petits, ont les jambes très courtes, le poil gris, et sont munis d'un long groin. »

Quant aux porcs sacrés, un beau portique de pierre leur est assigné pour habitation. Malgré tous les soins qu'on leur donne, ces singuliers saints répandent une odeur si abominable, qu'on ne peut s'approcher d'eux sans se boucher le nez. Ils sont soignés et nourris jusqu'à ce qu'une mort naturelle leur ouvre les portes d'une vie meilleure.

Au moment de cette visite, le portique sacré ne renfermait qu'un seul couple de ces fortunés animaux ; mais il est rare que leur nombre dépasse trois couples.

Un fumeur d'opium.

Ce qui intéressa autrement Mme Pfeiffer, ce fut le logement du bonze commis à leur garde. Quoiqu'il ne se composât que d'une seule pièce, tout y était beau, commode et élégant. Les murs de la chambre étaient ornés de boiseries ; les meubles étaient antiques et d'un admirable travail. Contre le mur du fond il y avait un autel, et le sol était couvert de grandes dalles. Elle y contempla pour la première fois un fumeur d'opium, triste spectacle qui la remplit de pitié.

Étendu par terre sur une natte, il avait à côté de lui une tasse remplie de thé, sans sucre, bien entendu, et fort, comme on le prend en Chine, quelques fruits, une petite lampe et plusieurs pipes, dont les fourneaux étaient plus petits que des dés à coudre. Il aspirait dans une de ces pipes la fumée enivrante. Comme, à ce moment, il n'était pas encore entièrement privé de ses sens, il se leva paisiblement en voyant des étrangers, mit sa pipe de côté et se traîna jusqu'à une chaise. Ses yeux étaient fixes et une pâleur mortelle couvrait sa figure. Triste exemple de la dégradation où la passion peut entraîner celui dont elle a fait sa victime!

On prétend qu'il y a en Chine des fumeurs d'opium qui peuvent en consommer par jour de vingt à trente grammes.

Une des curiosités du jardin où l'on brûle les bonzes est le nymphea nélumbo, ce nénuphar dont la véritable patrie est la Chine. Les Chinois raffolent de cette fleur, du reste fort belle, au point d'établir des étangs dans tous leurs jardins pour la voir s'y épanouir. Elle a environ quinze centimètres de diamètre; elle est d'ordinaire blanche, et quelquefois, mais rarement, d'un rouge pâle. Ses graines ressemblent par la grosseur et le goût à la noisette. Ses racines cuites ont, à ce qu'on prétend, le goût de l'artichaut.

Dans une autre occasion, Mme Pfeiffer visita la pagode de Half-Way, ainsi nommée par les Anglais parce qu'elle se trouve à mi-chemin entre Canton et Whampoa. On s'y rend par le fleuve aux perles.

La pagode se trouve sur une petite éminence, près d'un village, au milieu d'immenses rizières. On y compte neuf étages superposés et elle a environ cinquante-cinq mètres de haut; sa circonférence n'est pas très grande et sa construction est assez uniforme jusqu'au faîte, ce qui lui donne l'apparence d'une tour.

Anciennement cette pagode était au nombre des plus célèbres de la Chine, mais il y a déjà longtemps qu'on ne s'en sert plus. L'intérieur en est vide. Il y a au dehors, autour de chaque étage, des galeries étroites sans balustrades, où l'on arrive par des escaliers raides et difficiles. Ces galeries extérieures sont du plus bel effet ; elles sont artistement faites en tuiles de couleur et ornées de dalles marbrées. Les pointes des tuiles, tournées obliquement en dehors, sont superposées par rangées les unes au-dessus des autres, de manière que chaque pointe s'élève de près de neuf centimètres au-dessus de l'autre. De loin, cela ressemble à un travail à jour. La richesse des couleurs et la finesse des tuiles feraient prendre toute la masse pour de la porcelaine.

Ce fut dans l'examen des huttes qui entouraient ce splendide spécimen de l'art architectural en Chine, que Mme Pfeiffer apprit, pour la première fois, que dans ce pays on fait éclore les œufs comme en Egypte au moyen de la chaleur artificielle. De là la quantité de bêtes à plumes qui affluent à l'entour de ces sales et humbles demeures.

Désireuse de voir l'aspect général de la ville, Mme Pfeiffer demanda à entreprendre le tour des murs de Canton, ce qui est une véritable expédition, étant donné que la ville a près de quinze kilomètres de circonférence, qu'elle se divise en deux parties, la ville tartare et la ville chinoise, séparées par des murs, et qu'elle renferme au moins quatre cent mille habitants, sans compter la population logée sur des bateaux, qui était alors évaluée au moins à soixante mille.

M. de Carlowitz ne demandait qu'à réaliser le désir de son aimable compatriote et s'entendit pour cela avec un missionnaire américain. Il fut décidé que, sous ses habits féminins, Mme Pfeiffer s'exposait à courir de trop grands risques, et ce fut à la condition expresse qu'elle revêtirait des habits d'homme que ces messieurs se constituèrent ses guides.

On partit de grand matin. Nos excursionnistes traversèrent longtemps des ruelles étroites, pavées de larges pierres. A chaque maison, on voyait dans une ou plusieurs niches de petits autels d'un demi-mètre de haut, devant lesquels, comme il ne faisait pas tout à fait jour, les lampes de nuit continuaient à brûler. On use inutilement des quantités prodigieuses d'huile pour se conformer à cet usage religieux.

Peu à peu on ouvrit les magasins, qui ressemblaient à de jolies halles dont les devantures ont été enlevées ; les marchandises sont étalées en partie dans des montres ouvertes, en partie sur des tables, derrière lesquelles les Chinois sont assis et travaillent. Dans un coin du magasin, un escalier étroit conduit à l'étage supérieur où se trouve l'appartement du marchand.

Ici, comme dans les villes turques, tous ceux qui exercent la même profession sont tenus de s'établir dans la même rue. Dans telle rue on ne voit que des cristaux, dans telle autre que des étoffes de soie, et ainsi de suite. Dans les rues habitées par les médecins, on trouve aussi toutes les pharmacies, parce que les médecins s'occupent, en dehors de leurs visites, de préparer les médicaments.

Il y a aussi des rues spéciales assignées aux diverses provisions ; les étalages y sont rangés d'ordinaire avec beaucoup d'ordre et de goût. Entre les maisons s'élèvent de petits temples dont le style ne diffère pas du tout des autres édifices. Aussi n'y a-t-il que le rez-de-chaussée qui soit habité par les dieux. Les étages supérieurs sont réservés aux simples mortels.

Un mouvement extraordinaire régnait dans les rues, mais spécialement dans celles où se tenait le marché aux provisions. Les femmes et les filles de basse classe allaient, comme celles d'Europe, faire leurs emplettes de ménage. Elles étaient toutes sans voile, et beaucoup d'entre elles marchaient comme des canes, à cause de l'usage si répandu de mutiler les pieds. La foule, déjà considérable, était augmentée par une quantité inouïe de portefaix qui courent de tous côtés, les épaules chargées de grands paniers de provisions. Quelquefois les litières des gens riches et des personnes de distinction encombrent toute la largeur d'une rue et arrêtent les flots du peuple affairé. Mais ce qu'il y a de plus affreux, ce sont les coolies ou porteurs innombrables qui enlèvent dans de grands baquets certains objets sans nom et d'une odeur peu agréable, qu'on rencontre à chaque pas et dans chaque quartier.

Un mouvement extraordinaire régnait dans les rues.

Remarquons ici qu'il n'y a peut-être pas de peuple au monde qui, pour l'activité et l'industrie, puisse être comparé au peuple chinois, et qui utilise avec autant de soin le moindre coin de terre. Comme ils n'ont que peu de bétail et par conséquent peu de fumier, ils cherchent à remplacer ce dernier par un autre engrais, ce qui explique la grande attention qu'ils ont de ne perdre les excréments d'aucun être vivant.

Toutes ces ruelles sont construites tout contre les murs de la ville, de sorte que les promeneurs avaient déjà fait le tour d'une partie du mur d'enceinte sans s'en apercevoir. Après avoir fait plus de trois kilomètres à travers ce dédale de petites rues, ils arrivèrent dans les champs, où ils eurent enfin une vue complète des murs de la ville. En gravissant une petite colline, située près du mur d'enceinte, ils découvrirent une assez grande partie de la ville elle-même. Ce mur d'enceinte a vingt mètres de haut et est presque partout tellement couvert d'herbes, de plantes grimpantes et de broussailles, qu'il ressemble à une superbe haie vive. De là la ville apparaît comme un chaos de petites maisons sur lesquelles s'élèvent quelques arbres isolés. Nulle part le regard ne se repose sur de belles rues et de larges places, ni sur des édifices remarquables.

En résumé, tout cela était très vivant, mais offrait les apparences de la misère et de la saleté la plus révoltante.

X.

CHINE (suite).

SPLENDEUR DU PALAIS DU MANDARIN HAUQUAU. — DISPOSITIONS DES JARDINS DE L'ARISTOCRATIE. — DEMEURE DU MANDARIN PUNTIUSQUA. — LE PREMIER VAPEUR DU CÉLESTE EMPIRE. — FABRIQUE DE THÉ. — LES DIVERSES ESPÈCES.

Mme Pfeiffer avait raison de se louer de son heureuse étoile, si tant est qu'il y ait une influence stellaire dans notre vie, et que ce que l'on met sur le compte d'un astre quelconque ne soit pas seulement un composé de hardiesse, de courage, de persévérance et de volonté.

Toujours est-il qu'après avoir pénétré dans les édifices religieux, généralement interdits au public, elle eut encore la chance d'admirer de près les palais d'été et les jardins appartenant à l'aristocratie du pays.

On lira avec intérêt la description qu'elle nous a laissée de l'opulente demeure du mandarin Hauquau.

La maison, assez large, quoiqu'elle n'ait qu'un étage, a de vastes et superbes terrasses. Les fenêtres donnent sur l'intérieur, et la toiture ressemble à celle des maisons européennes, sauf qu'elle est plus plate. Quant aux toits échancrés avec des flèches et des créneaux, avec des clochettes incrustées de briques et de tuiles de couleur, on ne les voit que sur les temples, les pavillons et les kiosques, mais non sur les grands édifices. A la porte, on avait peint deux divinités, qui, à ce que pensent les Chinois, interdisent l'entrée de leurs demeures aux mauvais génies.

L'avant-corps du bâtiment se composait de plusieurs salles de réception, ouvertes au rez-de-chaussée de plain-pied avec de jolis parterres ; mais dans la mauvaise saison, les côtés ouverts de ces salons sont fermés par des nattes de bambou. Au premier, de grandes terrasses, ornées de fleurs, offraient des vues ravissantes, sur le fleuve si animé, sur une riche campagne et sur les masses de maisons groupées autour des murs de Canton.

De gentils petits cabinets entouraient les salons, dont ils n'étaient séparés que par des cloisons transparentes, qui représentaient souvent les tableaux les plus exquis. Parmi ces cloisons se distinguent surtout celles de bambous, qui sont minces et légères comme des voiles, et couvertes de fleurs peintes ou de sentences écrites avec la plus grande délicatesse.

Le long des murs il y avait une quantité prodigieuse de chaises et beaucoup de canapés, ce qui faisait présumer que les Chinois ont aussi l'habitude des grandes réceptions. On y voyait une foule de chaises à bras, taillées artistement dans un seul morceau de bois ; d'autres dont les sièges étaient formés de belles plaques de marbre ; enfin, d'autres encore en terre cuite ou en porcelaine.

En fait de meubles européens, Mme Pfeiffer trouva de belles glaces, des pendules, des vases, des dessus de table en mosaïque de Florence ou en marbre de couleur. Il y avait surtout un nombre prodigieux de lustres et de lanternes suspendus aux plafonds ; ils étaient en verre, en corne transparente, en gaze ou en papier de couleur, et ornés de perles de verre, de franges et de houppes. Les murs étaient aussi garnis de lampes. Quand ces appartements sont entièrement éclairés, ils doivent offrir un aspect vraiment magique.

Un jardin chinois.

Restaient les jardins à visiter. Il fallait de nouveau s'exposer aux criailleries, peut-être aux fureurs de la foule. N'importe. L'intrépide voyageuse avait entendu dire que les Chinois excellent dans l'art de rapetisser les arbres ou plutôt d'empêcher leur croissance. Elle voulait voir par elle-même le singulier effet produit par ces allées lilliputiennes dont on ne saurait sans doute vanter le goût exquis, mais qu'il est curieux de voir avec leurs tiges d'un mètre à peine, chargées des plus beaux fruits. On aime beaucoup en Chine les arbres nains et on les préfère aux arbres les plus beaux, à ceux qui donnent le plus d'ombrage.

Le jardin était en parfait état, mais arrangé sans le moindre goût. On voyait partout des pavillons d'été, des kiosques, des ponts, et toutes les allées, tous les ronds étaient bordés de grands et de petits pots dans lesquels venaient tant bien que mal toute espèce de fleurs et d'arbres fruitiers rabougris. Il y avait aussi des arbres taillés de manière à représenter des figures de tout genre, des vaisseaux, des oiseaux, des poissons, des pagodes, etc. Dans les têtes d'animaux il y avait des œufs peints sur le devant d'étoiles noires destinées à représenter des yeux ; mais il faut convenir que l'illusion n'est jamais fort complète. Il y avait encore des roches isolées, ou des groupes de rochers littéralement entourés de petits pots de fleurs, de statuettes ou figurines et de petits animaux. Ces derniers objets peuvent se transporter à volonté et former ainsi les groupes les plus variés, ce qui fait, dit-on, le passe-temps favori des dames du Céleste Empire.

Un autre amusement non moins goûté des messieurs que des dames consiste à faire enlever des cerfs-volants. Ils restent assis des heures entières à suivre des yeux ces monstres en papier ; dans tous les jardins des riches Chinois, il y a de vastes pelouses réservées pour ce jeu. Partout on rencontre beaucoup de pièces d'eau et d'étangs, mais nulle part des jets d'eau.

Enchantée d'être arrivée à un si beau résultat, Mme Pfeiffer exprima le désir de visiter encore une propriété voisine. Elle avait d'autant plus d'intérêt à ses yeux, que son propriétaire, le mandarin Puntiusqua, faisait construire dans son jardin un bateau à vapeur, et cela par un Chinois qui avait séjourné pendant trois ans dans l'Amérique du Nord et y avait fait ses études.

La construction était assez avancée pour que le bateau pût être lancé dans quelques semaines ; aussi le mandarin était-il déjà parti pour Pékin, afin d'y solliciter un bouton ; car chacun sait que le bouton que l'on attache au chapeau a autant de prix chez les Chinois que chez nous les décorations. Il le méritait bien, pensait-il, puisque c'était sous sa direction qu'allait être lancé le premier vapeur de la Chine ; mais il avait eu raison de prendre les devants sur le succès pour obtenir la récompense, car Mme Pfeiffer et son guide inséparable, M. de Carlowitz, doutèrent fort, en voyant les proportions du bateau, qu'il supportât jamais la première opération du chauffage.

Dans le jardin de Puntiusqua, il n'existait ni allées, ni arbres fruitiers, ni rochers, ni statues ; mais une quantité innombrable de ponts, de galeries, de petits temples et de pagodes.

La maison du mandarin se composait d'un grand salon et de beaucoup de petites pièces. Les murs étaient ornés de broderies au dedans et au dehors, et le toit était entouré de flèches et de créneaux.

Dans le grand salon on donne de temps à autre des comédies et d'autres divertissements pour les femmes, dont les plaisirs semblent se concentrer dans leurs maisons et leurs jardins. En effet, les dames chinoises du grand monde vivent d'une manière plus retirée que les femmes mêmes d'Orient. Elles ne se visitent entre elles que très rarement, et seulement dans des litières ou des barques bien fermées. Elles n'ont ni bains, ni jardins publics où elles puissent se réunir.

Les jardins d'une riche habitation ne peuvent donc être visités qu'en l'absence de la maîtresse de céans, et Mme Pfeiffer bénit en particulier celle de l'épouse ou des épouses de Puntiusqua. Cela lui permit de découvrir dans un coin du jardin du mandarin un petit taillis de bambous qui l'intéressa vivement. Il renfermait quelques tombeaux de famille. Jusque-là rien de mieux et de plus respectable ; mais un peu plus loin, s'élevait un tertre avec une tablette en bois, sur laquelle était inscrit un long poème en l'honneur du serpent favori du mandarin enterré en ce lieu.

A quelques jours de là, Mme Pfeiffer fut visiter une fabrique de thé. Bien qu'elle fût sous l'escorte même du propriétaire de la fabrique, son entrée produisit un mouvement général parmi les ouvriers, au nombre de six cents, réunis dans de vastes salles. Jeunes et vieux quittèrent leur travail et se pressèrent autour d'elle avec un mouvement et des cris si hostiles, que la peur, cette conseillère que Mme Pfeiffer ne connaissait guère en général, pénétra dans son âme. Le fabricant et un des surveillants durent lui faire un rempart de leurs corps pour lui ouvrir un passage au milieu de cette foule en révolte ; elle ne put donc se livrer qu'à un examen fort superficiel, dont le résumé aura néanmoins de l'intérêt pour nos lecteurs.

Les feuilles de thé sont mises pendant quelque temps dans l'eau bouillante, puis on les place dans des poêles de fer enfoncés obliquement dans le mur ; on les grille ensuite à une faible chaleur, en les retournant sans cesse avec la main. Quand elles commencent à se rider, on les étend sur de grandes planches et on roule chaque feuille séparément. Ce travail se fait si vite, qu'il faut être excessivement attentif pour voir comment on ne prend en réalité qu'une seule petite feuille à la fois. Toute la masse retourne ensuite dans la poêle.

Le thé qu'on appelle noir est grillé plus longtemps, et le thé vert se teint souvent avec du bleu de Prusse, dont on ajoute une très petite quantité lors du second grillage. Enfin on jette de nouveau le thé sur les planches pour l'examiner encore de près et on roule une seconde fois les feuilles qui ne sont pas encore tout à fait fermées.

Avant de laisser sa visiteuse quitter la maison où elle avait reçu un accueil si peu flatteur, le fabricant la conduisit dans son appartement, où il la régala d'une tasse de thé comme les Chinois riches ont l'habitude de le prendre. Il en mit quelques feuilles dans une tasse de porcelaine fine, versa dessus de l'eau bouillante et couvrit ensuite la tasse d'un couvercle qui s'y adaptait et la fermait hermétiquement. Après avoir laissé infuser quelques minutes, il l'invita à boire ainsi le thé chaud sur les feuilles; mais elle sollicita la faveur d'y ajouter un peu de sucre.

Les Chinois ne mettent dans le thé ni sucre, ni rhum, ni lait. Ils disent que son arome se perd si on y ajoute la moindre chose, et même si on le remue.

L'arbre à thé cultivé dans les plantations des environs de Canton a tout au plus deux mètres de haut. On ne le laisse pas pousser davantage, et même on le taille de temps en temps. On l'exploite de la troisième à la huitième année; après cela, on le coupe pour qu'il pousse de nouveau, ou bien on l'arrache entièrement. On peut faire dans l'année trois récoltes : la première au mois de mars, la deuxième au mois d'avril; quant à la troisième, elle commence en mai et dure deux mois.

Les feuilles de la première récolte sont si fines et si délicates, qu'elles ont véritablement l'apparence de fleurs, et c'est de là que vient sans doute l'erreur qui fait prendre le *thé fleurs* ou le *thé impérial*, non pas pour les feuilles, mais pour les fleurs de l'arbre à thé. Les feuilles de cette première récolte sont cueillies avec la plus grande précaution par des enfants et des jeunes gens dressés à cet effet, qui, avec des gants, détachent les petites feuilles une à une; mais en général, cette première récolte est si fatale à l'arbuste, que le plus souvent on ne la fait pas.

Du reste, le thé des environs de Canton est le plus mauvais.

Le meilleur vient des provinces situées un peu plus au nord.

Les fabricants de thé de Canton s'entendent aussi, dit-on, à donner l'aspect d'un thé excellent à celui qui a déjà servi, ou bien aux feuilles gâtées par la pluie. Ils sèchent et grillent les feuilles, les teignent en jaune avec la curcuma pulvérisée, ou en vert clair avec du bleu de Prusse, et les roulent très serrées.

Le prix du thé envoyé en Europe varie, par picoul — 56 kilog. de France — de 75 à 300 fr.

Le thé à 300 fr. trouve peu de débit et se consomme la plupart du temps en Angleterre.

Le thé impérial ne figure pas du tout dans le commerce.

XI.

CHINE (suite).

DÉPART DE CANTON. — ARRIVÉE A SINGAPOOR. — TEMPLE DE LA MISÉRICORDE. — MUSCADIER. — GIROFLIER. — NOIX D'AREC. — PRÉPARATION DU BÉTEL. — LE SAGOUTIER.

Après un séjour de cinq semaines à Canton, Mme Pfeiffer s'embarqua de nouveau sur une jonque chinoise pour gagner Hong-Kong. Les Chinois qu'elle eut pour compagnons de voyage se conduisirent, encore cette fois, envers elle d'une manière très convenable et très gracieuse; ce qui prouve qu'il y a partout des exceptions.

Elle ne s'arrêta pas à Hong-Kong, pressée qu'elle était de s'embarquer pour Calcutta. Elle prit passage sur un paquebot anglais, *le Pékin*, dont elle eut fort peu à se louer, et qu'elle quitta avec bonheur à Singapoor, ayant des lettres de créance pour la famille Behn-Mayer.

Quelle ne fut pas la joie de la voyageuse, après seize mois d'absence de chez elle, de se retrouver dans un intérieur allemand où elle pouvait se donner le luxe de parler tout à son aise la langue natale. Mme Behn, gagnée par les manières sympathiques de l'aimable étrangère, ne voulut pas lui permettre de se rendre à l'hôtel, mais tint à honneur de lui offrir l'hospitalité de sa propre maison.

Mme Pfeiffer avait compté ne passer que peu de jours à Singapoor ; mais, dégoûtée comme elle l'était des vapeurs anglais, elle voulait attendre un voilier. Ce fut inutile. Les semaines succédèrent aux semaines.

Elle profita de ces loisirs forcés pour examiner les différences assez sensibles qui existent entre Singapoor et Canton.

L'île a une population dans laquelle l'élément chinois entre pour plus des quatre cinquièmes et les Malais pour l'autre cinquième, tandis que les Européens, à l'époque où Mme Pfeiffer la visita, étaient à peine au nombre de cent cinquante.

Les rues de la ville de Singapoor sont larges et aérées, mais les maisons ne sont guères belles ; elles n'ont qu'un étage, et les toits posent presque sur les fenêtres, ce qui donne à la construction un air tout écrasé. A cause de la température, toujours très chaude, il n'y a point de vitres aux fenêtres, mais seulement des jalousies.

Le temple chinois seul mérite d'être visité ; mais il est toujours lourd et surchargé ; on place sur l'autel de la déesse de la Miséricorde quelques rafraîchissements, composés de fruits et de pâtisseries de toute espèce, avec une toute petite portion de riz cuit. Ces mets sont renouvelés tous les soirs. Ce que laisse la déesse échoit aux bonzes. Dans leur costume domestique, ceux-ci ne se distinguent en rien des Chinois du peuple. On ne les reconnaît qu'à leur tête toute rasée. Ni les bonzes ni les autres prêtres ne jouissent en général de l'estime publique.

Sur ce même autel il y a deux petits morceaux de bois sculpté, de forme ovale et élégante. Les Chinois les jettent en l'air ; et quand ils tombent sur le côté intérieur, c'est signe de malheur, tandis que dans le cas contraire c'est un présage de bonheur.

Les environs de la ville sont ravissants. Ce n'est pas qu'ils aient rien d'imposant ni de grandiose, l'île étant absolument dépourvue de montagnes; mais la fraîche et luxuriante verdure, les maisons riantes des Européens situées dans de beaux jardins, les grandes plantations des épices les plus précieuses, les jolis palmiers arecs dont les tiges excessivement minces s'élèvent à une hauteur de plus de trois mètres et se terminent en une couronne épaisse et frangée, qui se distingue de toutes les autres espèces de palmiers par l'éclat de son feuillage; enfin, les jungles, ou bois vierges, formant le fond du paysage, tout cela donne le tableau le plus gracieux. Une nature enthousiaste comme celle de Mme Pfeiffer devait l'apprécier doublement après sa réclusion à Canton, ou les alentours déserts de la ville de Victoria.

L'île ne fournit point de chevaux; aussi y voit-on les plus jolis attelages de chevaux anglais, de Java ou de la Nouvelle-Hollande. Outre les voitures d'Europe qui sont en usage, on s'y sert aussi de palanquins, fabriqués à Singapoor. Ces derniers sont entièrement couverts et fermés par des jalousies. Ordinairement on n'y attelle qu'un seul cheval, et le cocher, ainsi que le serviteur, court à côté de la voiture. Mme Pfeiffer ayant manifesté sa surprise qu'une population aussi policée eût conservé une coutume qui lui paraissait barbare, il lui fut répondu que, lorsqu'il avait été question de l'abolir, les serviteurs avaient eux-mêmes demandé à suivre la voiture, plutôt que d'y être assis ou debout. Du reste, ils ont une manière à eux de s'aider dans leur course : ils se pendent au cheval ou à la voiture et se laissent traîner.

Mme Pfeiffer, qui retrouvait à Singapoor la large vie de l'Europe civilisée : promenades en voiture ou à cheval, excellente musique de la compagnie des Indes orientales, courses, réunions, etc., préférait à tout cela le plaisir de visiter les plantations ou autres établissements de ce genre. Elle allait respirer avec délices les effluves parfumées des plantations de noix de muscade et de clous de girofle.

Le muscadier est couvert d'un feuillage épais du haut en bas, et a la grosseur d'un bel abricotier. La feuille est vernissée, et le fruit rappelle tout à fait un brugnon de grosseur moyenne. Quand il est mûr, il s'ouvre de lui-même, et l'on voit une graine ronde de la grosseur d'une noix, enveloppée d'une membrane à jour d'un beau rouge foncé ; cette membrane est ce qu'on appelle la *fleur de muscade* ou *macis*. On la sépare avec précaution de la noix et on la fait sécher à l'ombre, en ayant soin de l'arroser plusieurs fois avec de l'eau de mer ; autrement sa couleur rouge, au lieu de se changer en jaune, deviendrait noire.

On fait sécher également la noix, puis on la fume et on la plonge à différentes reprises dans de l'eau mêlée à une légère dissolution de chaux, pour l'empêcher de rancir.

On trouve à Singapoor des muscadiers sauvages qui viennent sans culture.

Un picoul de muscades cultivées coûte 300 fr. ; un picoul de fleurs de muscades, 1,000 fr. ; un picoul de muscades sauvages, 30 fr.

Le giroflier est un peu plus petit que le muscadier. Il n'a pas le feuillage aussi vert, ni les feuilles aussi grasses. Les clous de girofle sont les boutons des fleurs non encore ouvertes. On les cueille dans cet état, on les dessèche d'abord à la fumée, et puis on les met quelque temps au soleil.

Une autre épice à peu près inconnue aux Européens, c'est la *noix d'arec*. Elle vient sous la couronne du palmier du même nom, en grappes de dix à douze baies. Le fruit est un peu plus gros que la noix de muscade. Son enveloppe extérieure est d'un jaune d'or si luisant, qu'elle a l'air d'une noix dorée que l'on attache aux arbres de Noël. Son amande ressemble pour la couleur à la muscade ; seulement elle n'est pas enveloppée d'une arille. On la sèche à l'ombre.

C'est cette noix, jointe à la feuille de bétel et à de la chaux de coquillage brûlé, que mâchent les Chinois et les indigènes, et qui leur remplace la chique si appréciée de nos matelots. Pour la préparer, ils enduisent une feuille de bétel d'un peu de chaux, y ajoutent un petit morceau de noix d'arec et en forment un petit paquet qu'ils se mettent dans la bouche. On y joint encore des feuilles de tabac dont le mélange rend la salive rouge de sang. Cela donne à la bouche une telle couleur, qu'on croirait voir un petit enfer, surtout quand, suivant un usage assez ordinaire chez les Chinois, les dents sont limées et teintes en noir. La première fois que ce spectacle est offert à un Européen, il ne manque pas d'en être très effrayé, se figurant voir un homme blessé, ou tout au moins atteint d'une hémorragie interne qui lui fait rejeter le sang à pleine bouche.

Mme Pfeiffer visita également une fabrique de sagou.

Le sagou non préparé vient de l'île voisine de Borromée : c'est la moelle d'une espèce de palmier court à gros tronc. Pour la retirer, on abat l'arbre dans sa septième année ; on fend le tronc dans toute la longueur ; on recueille la moelle qui s'y trouve en grande abondance, et, après en avoir ôté les filaments, on la passe dans des formes et on la sèche au soleil ou au feu. En sortant des formes, cette moelle a encore une teinte un peu jaunâtre. Dans les fabriques on la réduit en fécule de la manière suivante : on laisse la moelle ou la farine tremper dans l'eau pendant plusieurs jours, jusqu'à ce qu'elle devienne d'un beau blanc ; puis on la sèche encore une fois à l'air ou au feu, on l'écrase au moyen d'un morceau de bois rond, et on la fait passer par un tamis.

Cette farine fine et blanchâtre est mise dans un linge qui a été humecté d'abord d'une manière toute particulière : l'ouvrier prend de l'eau dans sa bouche et la répand en pluie fine sur le linge. Cependant la farine ainsi mouillée est secouée fortement par deux ouvriers jusqu'à ce qu'elle prenne la forme de grumeaux, qu'on sèche lentement sur le feu dans de grands chaudrons plats, en remuant sans cesse. Enfin, on la fait encore une fois passer par un tamis un peu plus large, où s'arrêtent les plus gros grains.

La fabrique était très primitive; c'était un grand hangar sans mur, dont le toit reposait sur des troncs d'arbres.

XII.

SINGAPOOR.

CHASSE AU TIGRE. — RENCONTRE AVEC UN SERPENT. — LE POIVRIER. — LE GAMBIR. — L'ÉBÉNIER. — LA MANGOUSTE. — L'ANANAS. — LE SAUERSOP. — LE GUMALOH. — LA POMME CANNELLE. — FUNÉRAILLES D'UN RICHE CHINOIS. — FÊTE DES LANTERNES. — OBSERVATIONS CLIMATÉRIQUES.

Telle était l'ardeur de Mme Pfeiffer à s'initier à toutes les merveilles de ces pays inconnus, qu'elle accepta de faire partie d'une chasse au tigre dans la jungle, chasse d'autant plus attrayante, qu'on devait s'attendre à rencontrer des ours, des sangliers ou de gros serpents. Jugez donc !

Il fallait pour cela remonter le fleuve Gallon. Il y avait dans l'eau ou au-dessus de l'eau beaucoup de troncs d'arbres renversés et de feuilles du palmier munghuang, qui ont douze centimètres de large et plus de trois mètres et demi de long, et qui, partant, ne sont pas commodes à mouvoir. Il fallait souvent quitter les bateaux et les pousser par-dessus ces troncs ou ces feuilles, ou bien se coucher à plat ventre dans l'embarcation pour passer au-dessous des troncs ou des buissons de ronces, auxquels on risquait de laisser des lambeaux de sa peau. Mais qu'importait ?

114   VOYAGE AUTOUR DU MONDE.

Au milieu de toutes ces beautés de la nature, Mme Pfeiffer s'apercevait à peine de ces inconvénients et de bien d'autres. Elle trouvait même que cela ne faisait que relever le charme de l'ensemble. Elle ne voyait que la forêt épaisse et haute en bois taillis, en plantes grimpantes, en palmiers, en fougères arborescentes, dont quelques-unes avaient près de cinq mètres de haut, et offraient contre les rayons ardents du soleil autant d'ombrage que les palmiers et les autres arbres.

Bientôt les chasseurs se trouvèrent en présence d'un immense serpent.

Sa joie s'accrut encore lorsqu'elle aperçut à l'état de nature des singes et des écureuils qui rivalisaient de folles gambades et quelques superbes *loris*, espèce de petits perroquets dont le plumage est admirablement coloré.

Bientôt, comme ils l'avaient espéré, les quatre chasseurs et leur intrépide compagne se trouvèrent en présence d'un immense serpent, au corps noir, qui, enroulé sur lui-même comme une grosse pelote, guettait sans doute quelque proie. Cela détermina un premier combat, victorieux du reste, qui n'eut d'autre effet que de mieux faire ressortir le calme et le sang-froid de la voyageuse.

Au lieu de débarquement de la petite troupe, M⁽ᵐᵉ⁾ Pfeiffer vit des plantations de poivriers et de gambirs.

Le poivrier est un arbrisseau dont la tige mince et articulée rampe à terre, mais qui, avec des appuis, s'élève à cinq ou six mètres de hauteur. Ses fruits sont disposés en grappes ; ils sont d'abord rouges, puis verts, et enfin d'un brun noir. Cet arbrisseau commence à donner son fruit dès la seconde année.

Le poivrier.

Le poivre blanc n'est point un produit de la nature, mais une création de l'art. On plonge le poivre noir plusieurs fois dans l'eau de mer ; ça lui fait perdre sa couleur et le blanchit. Le picoul de poivre blanc coûte 30 fr., tandis que le poivre noir ne se vend que 15 fr.

Le gambir, arbuste grimpant, atteint tout au plus deux mètres et demi. On ne se sert que des feuilles, qu'on détache et qu'on fait cuire dans de grands chaudrons. Il en sort une gomme épaisse, qu'on fait couler dans de larges vases en bois ; elle est ensuite séchée au soleil, puis coupée en morceaux de sept à huit centimètres de long et emballée. Le gambir est assez utile pour les tanneurs ; aussi en importe-t-on en Europe. Les plants de gambir et de poivrier sont toujours placés à côté l'un de l'autre ; car on fume les poivriers avec les feuilles cuites du gambir.

En quittant ces endroits cultivés, les chasseurs s'enfoncèrent de nouveau dans la jungle, et Mme Pfeiffer eut l'occasion d'établir un contraste entre celle-ci et les forêts vierges du Brésil. Si difficile qu'il fût de grimper constamment par-dessus des troncs d'arbres renversés, de se glisser au milieu des buissons et des ronces et de traverser les marécages, elle trouva la jungle bien autrement praticable que la forêt vierge du Brésil. Elle admira des arbres magnifiques de plus de trente mètres de hauteur, parmi lesquels ceux qui l'intéressèrent le plus furent les ébéniers.

Le bois de l'ébénier est d'une double espèce. On distingue la partie extérieure (*l'aubier*), qui est d'un jaune brunâtre, et la partie intérieure, qui est beaucoup plus dure et qui a une couleur noire. C'est cette dernière partie qui fournit le véritable bois d'ébène.

Le bois de colinil exhale une odeur d'ail qui fait distinguer sa présence à une certaine distance. On ne peut toucher à l'écorce fraîche sans que la main en conserve l'odeur près de vingt-quatre heures. Le fruit a également un goût d'ail si prononcé, que les Européens ne peuvent pas en manger.

La chasse se termina sans qu'on eût rencontré de gibier, mais la chasseresse improvisée rentra ravie de cette superbe excursion.

Les fruits qui se rencontrent le plus généralement à Singapoor sont :

La mangouste, qui en est originaire. Elle a la grosseur d'une pomme moyenne ; sa peau a plus d'une ligne d'épaisseur ; elle est d'un brun foncé au dehors, et au dedans d'un rouge éclatant. Elle renferme un fruit blanc qui se divise en quatre ou cinq tranches ;

elle fond presque dans la bouche et a un goût excessivement délicat.

L'ananas, que l'on cultive par champs entiers. Il atteint là une grosseur extraordinaire et un poids de deux kilog. On en donne trois ou quatre cents pour 5 fr. Quelques personnes les mangent là-bas comme l'on mange le melon chez nous, en l'assaisonnant de sel.

Le *sauersop*, fruit qui pèse généralement plusieurs livres; il est vert au dehors et renferme une chair blanchâtre ou d'un jaune très pâle qui a le goût de la fraise et qu'on mange également avec du sucre et du vin.

Le *gumaloh* est un fruit à côtes. Il a la couleur d'une orange pâle, mais il est au moins cinq fois plus gros. Son goût est moins doux et il n'est pas si juteux; cependant il y a des personnes qui le préfèrent.

Mais ce qui satisfit le plus complètement Mme Pfeiffer, fut ce que l'on nomme la pomme cannelle ou *custod apple*. C'est un fruit vert et couvert de petites écailles. La chair, dans laquelle se trouvent des pépins noirs, est très blanche, molle comme du beurre et d'un goût incomparable; on la mange avec de petites cuillers.

Quelques jours avant son départ, la voyageuse assista aux funérailles d'un Chinois aisé. En dépit d'une chaleur de 36° Réaumur, Mme Pfeiffer désira se mêler au cortège, qui avait encore plus d'une lieue à faire, et fut amplement récompensée de sa persévérance.

La marche était ouverte par un prêtre, à côté duquel s'avançait un Chinois, avec une lanterne de deux pieds de haut, couverte de cambrasine blanche. Venaient ensuite deux musiciens — et des musiciens chinois, s'il vous plaît! — puis le cercueil. Au-dessus de la partie supérieure, à l'endroit correspondant à la tête du mort, un esclave tenait un *parasol* grand ouvert. A côté marchait le fils aîné, où le descendant mâle le plus proche, les cheveux dénoués, et portant un petit drapeau blanc.

Les parents étaient en grand deuil, c'est-à-dire tout de blanc habillés; les hommes portaient des bonnets blancs sur la tête et les femmes étaient tellement couvertes de mouchoirs de même couleur, qu'on ne leur voyait pas le visage. Les autres personnes qui suivaient le cercueil, en différents groupes, portaient toutes une bandelette de cambrasine blanche, autour de la tête, du corps ou du bras. Quand on se fut aperçu que Mme Pfeiffer suivait le cortège, un homme, muni d'une provision de ces bandelettes, s'approcha d'elle et lui en tendit une, qu'elle s'empressa d'attacher autour de son bras.

Le cercueil était formé d'un tronc massif; il était recouvert d'un drap foncé sur lequel quelques guirlandes de fleurs étaient fixées. Du riz, placé dans un mouchoir, était posé dessus. Vingt-quatre hommes portaient ce pesant fardeau sur des perches énormes; on changeait souvent les porteurs, qui se relayaient bruyamment, tantôt en riant, tantôt en se disputant.

Dans le reste du public, il ne régnait ni tristesse ni recueillement; on causait, on fumait, on mangeait, et quelques hommes portaient du thé froid dans des seaux pour rafraîchir ceux qui avaient soif. Le fils seul s'abstenait de toute distraction et ne prenait part à rien : il marchait, selon la coutume, à côté du cercueil dans une affliction profonde.

Lorsque le convoi arriva à la rue qui conduisait au lieu du repos, le fils se jeta à terre, se couvrit le visage et poussa de violents gémissements. Quelque temps après il se releva et marcha en chancelant derrière le cercueil. Deux hommes furent obligés de le conduire, il semblait profondément affecté et très souffrant; mais cette tenue n'est, la plupart du temps, qu'une feinte, parce que la coutume exige que celui qui conduit le deuil soit brisé et malade de douleur — ou du moins qu'il paraisse l'être. — Quand on fut arrivé près de la tombe, creusée à plus de deux mètres de profondeur, sur la pente d'une colline, les porteurs ôtèrent le drap, les fleurs et le riz, jetèrent beaucoup de papier d'or et d'argent dans la tombe et y descendirent le cercueil, qui était bien façonné, verni et fermé hermétiquement.

Tout cela demanda bien une demi-heure. Les parents se prosternèrent d'abord à terre, puis s'enveloppèrent la figure et poussèrent d'horribles lamentations; mais finalement, comme cette cérémonie leur paraissait par trop longue, ils s'assirent en cercle autour de la tombe, se firent donner leurs petits paniers remplis de bétel, de chaux et de noix d'arec, et se mirent à mâchonner tout tranquillement.

Quand le cercueil eut été descendu, un des Chinois se plaça au haut de la tombe, ouvrit le petit paquet de riz et disposa dessus une espèce de boussole. Le cercueil fut ensuite recouvert de plusieurs grandes feuilles de papier blanc, et le Chinois, tenant toujours son riz en main, prononça un petit discours pendant lequel les enfants du mort se prosternèrent devant la tombe. Après quoi l'orateur jeta quelques poignées de grains de riz sur le cercueil, et en lança jusqu'à la place où se tenaient les enfants. Ceux-ci relevèrent leurs robes pour attraper autant de grains que possible; mais comme, en dépit de leurs efforts, ils n'en recevaient que très peu, l'orateur leur en octroya encore deux ou trois pincées. Ils les nouèrent avec soin dans le coin de leurs vêtements et les emportèrent.

La tombe fut enfin recouverte de terre pendant que les parents poussaient d'affreux gémissements, qui n'empêchaient pas que les yeux restassent parfaitement secs.

Après cette cérémonie, on mit en deux rangées, sur la tombe, des poulets, des canards, du porc, des fruits, de la pâtisserie, et une douzaine de tasses remplies de thé avec la théière. On alluma six cierges peints et on les enfonça dans la terre à côté des mets, puis on fit brûler une grande quantité d'or et d'argent.

Le fils aîné s'approcha de nouveau de la tombe, se prosterna plusieurs fois en touchant la terre de son front. On lui présenta tout allumés six petits cierges de papier parfumé; après les avoir élevés en l'air à plusieurs reprises, il les rendit. On les planta également en terre, et tous les parents répétèrent à leur tour la même cérémonie.

Pendant tout ce temps, le prêtre s'était tenu, sans se mêler de rien, loin de la tombe, assis à l'ombre d'un énorme parasol. Il s'approcha en ce moment, fit une courte prière, sonna plusieurs fois avec une clochette, et son service se trouva achevé.

On enleva les mets, on versa le thé sur la tombe, et le cortège rentra gaiement, au son de la musique, qui avait aussi joué plusieurs fois. Quant aux mets, ils furent, paraît-il, distribués aux pauvres.

Le lendemain on célébra la fameuse fête chinoise des *lanternes*. A toutes les maisons, au coin des toits, à des pieux élevés, on avait attaché des lanternes de gaze et de papier de couleur, ornées de la manière la plus élégante et peintes de figures de dieux, de guerriers et d'animaux.

Dans les cours et dans les jardins, ou, à défaut, dans les rues, devant les maisons, on avait étalé sur de grandes tables des pyramides de mets et de fruits, au milieu de fleurs, de lumières et de lampes. Le peuple circula jusqu'à minuit dans les rues, les cours et les jardins. Ce n'est qu'à ce moment que les pyramides de provisions furent attaquées par les propriétaires et par leurs parents.

La réserve et la modération de ce peuple en cette occasion sont vraiment admirables. Il examine toutes les provisions avec des yeux de connaisseur, mais sans se laisser jamais tenter de toucher avant l'heure à la moindre des choses.

Le climat de Singapoor, bien que très chaud, est très agréable, la brise de mer venant chaque matin en tempérer les ardeurs. La chaleur dépasse rarement 23° Réaumur dans les appartements et 38° à 40° au soleil. Cette température change peu pendant le cours de l'année, ce qui tient au voisinage de la ligne. Le lever et le coucher du soleil ont toujours lieu à six heures, et immédiatement après il fait grand jour ou nuit profonde. Le crépuscule dure à peine dix minutes.

XIII.

CEYLAN.

LE CURRI. — CEYLAN. — POINTE-DE-GALLE. — COLOMBO. — COSTUMES. — ARRIVÉE A CANDY.

Ce fut bien à contre-cœur que Mme Pfeiffer quitta Singapoor sur un vapeur anglais, où, du reste, comme elle l'avait prévu, elle ne se trouva guère mieux que la première fois.

L'équipage du navire, composé de soixante-dix-neuf personnes, était intéressant à observer pour une femme de la tournure d'esprit de notre voyageuse. Elle ne s'en fit pas faute.

Il y avait là des Chinois, des Malais, des Cingalais, des Bengalais, des Hindous et des Européens. Aux heures des repas, les hommes du même pays se groupaient ordinairement ensemble. Ils avaient tous devant eux d'énormes plats de riz et de petites écuelles avec du curri.

Ce curri, mets national d'une partie des Asiatiques, consiste en un assaisonnement d'un goût très fort, mélangé de gingembre, de poivre rouge, d'ail et d'oignons. Ces divers ingredients sont écrasés sur une table de pierre, au moyen d'un cylindre également de pierre, et réduits en une pâte très fine. Inutile d'ajouter que cela emporte la bouche.

Quelques petits morceaux de poissons séchés tenaient lieu de pain à tous ces hommes qui versaient leur curri sur le riz, le pétrissaient avec les mains et en formaient de petites boules, qu'ils se fourraient dans la bouche avec un petit morceau de poisson. D'ordinaire la moitié retombait dans le plat.

Les costumes de ces hommes étaient excessivement simples, pour ne pas dire plus. Beaucoup n'avaient sur le corps que de courts pantalons. Un sale turban leur couvrait la tête, ou, à défaut de cette coiffure, un chiffon de couleur ou une vieille casquette de matelot.

Seuls, les Malais avaient de longues écharpes roulées autour du corps et rejetées par-dessus l'épaule.

Les Chinois ne s'écartaient en rien du costume ni du genre de vie de leur pays. Il n'y avait que les domestiques de couleur des officiers du vaisseau qui fussent parfois habillés avec beaucoup de goût et d'élégance. Ils portaient des pantalons blancs, de larges robes de dessus blanches, avec des écharpes de même couleur, des vestes en soie bleue et de petites calottes blanches brodées ou bien de beaux turbans.

Une remarque générale s'appliquait à tous : il n'y avait pas de jalousie, pas de préférence. Ils étaient uniformément maltraités en paroles et en actions par tous ces Européens civilisés qui se piquent si fort de mériter l'amour et le respect.

On relâcha quelques heures à Pinang, qui rappelle beaucoup Singapoor, sauf qu'il y existe de fort jolies montagnes et une chute d'eau qui mérite d'être vue; ce qui était impossible dans le court espace de liberté laissé à notre passagère.

Huit jours plus tard, le *Braganza* approchait de la côte de Ceylan; de Ceylan qui est dépeint comme un éden. Une antique tradition veut même qu'Adam, le père du genre humain, après avoir été chassé du paradis, y établît son domicile, et l'on en donne pour preuve que plusieurs endroits de l'île portent son nom, comme le pic d'Adam, le pont d'Adam, etc.

A l'approche de cette île enchantée, Mme Pfeiffer aspirait l'air avec délices, espérant, sur la foi d'autres voyageurs, ses devanciers, respirer les parfums embaumés de ses riches plantations d'épices, les plus belles du monde entier.

L'île sortait des flots dans sa beauté merveilleuse, et les grandes montagnes qui traversent Ceylan en tous sens se déroulaient au regard dans toute leur magnificence. Les cimes les plus élevées étaient encore éclairées par les rayons du soleil couchant, tandis que les bois de cocotiers, les collines et les plaines étaient déjà perdues dans une profonde obscurité; mais les brises parfumées firent défaut, et Mme Pfeiffer continua à ne respirer que les effluves moins appréciées du goudron, du charbon de terre, de la fumée et de l'huile.

Le lendemain de bonne heure, le navire touchait Pointe-de-Galle, petit port dont la position est extrêmement agréable et qui est le point de jonction des vapeurs de Chine, de Bombay, de Calcutta et de Suez.

Les voyageurs de ces trois derniers points ne séjournent à Ceylan que douze à vingt-quatre heures au plus; tandis que ceux de Chine à Calcutta sont obligés d'attendre de dix à quinze jours le vapeur qui doit les transporter plus loin. Mme Pfeiffer profita de ce délai pour visiter Candy, où nous la suivrons.

La route qui y conduit est splendide et parfaitement entretenue. On y remarquait de distance en distance de petits toits de palmiers, sous lesquels étaient placés à la disposition des passants de grands vases de terre remplis d'eau et à côté des coupes de coco. Une disposition non moins hospitalière et utile, ce sont de petits hangars en pierre, ouverts sur les côtés, couverts d'un toit et garnis de bancs. Beaucoup de voyageurs en profitent pour y passer la nuit.

Un flot incessant de Cingalais, d'Indiens, de Mahométans, de Malais, de Malabares, de Juifs, de Maures et d'Hottentots, à pied, à cheval ou dans des véhicules de toutes formes, constituait un va-et-vient au milieu duquel on n'avait pas le temps de s'ennuyer.

Les enfants et les jeunes gens cingalais offraient une étude agréable, car ils se distinguent par leur beauté. Ils ont les traits si fins et si délicats et sont si sveltes et si bien faits, qu'on pourrait facilement se tromper et les prendre pour des filles : leur coiffure contribue beaucoup à produire cette illusion.

Types de Cingalais.

Ils réunissent tous leurs cheveux en arrière en un gros nœud qu'ils attachent avec un peigne, dont l'écaille plate et large a bien dix centimètres de haut; ils sont généralement tête nue. Cette mode, seyante à l'extrême jeunesse, ne l'est pas pour les hommes mûrs.

Les femmes, qui sortent moins encore ici qu'ailleurs, ont un vêtement très sommaire : un tablier autour des hanches, une petite jaquette qui laisse le buste nu, plutôt qu'elle ne le couvre, et un lambeau sur la tête leur suffisent. Elles portent en plusieurs endroits des oreilles, des pieds, des bras et du cou, des chaînes, des boucles et des bracelets d'argent ou d'autre métal. Ce déshabillé primitif ne convient guère, ni aux vieilles qui sont horribles, ni aux jeunes dont la gorge pend presque sur les hanches !

Une chose amusante est la peur que tous ces gens ont de l'eau, qu'elle soit pluviale ou autre. La pluie les prend-elle en chemin, on les voit sauter et courir comme des acrobates pour chercher un refuge dans la hutte la plus voisine. S'ils sont forcés de continuer leur route, on les voit déployer gravement, en guise de parapluies, des feuilles de palmier éventail, appelé aussi talibot. Ces feuilles ont près d'un mètre et demi de diamètre et se déploient facilement comme des éventails. Une de ces feuilles colossales suffit, on le comprend, pour garantir deux personnes contre la pluie.

Mme Pfeiffer ne fit que traverser Colombo, jolie ville dans les environs de laquelle commencent les plantations de cannelle. En la traversant le lendemain matin, dès cinq heures, Mme Pfeiffer fut très surprise de se trouver dans de larges et longues rues, bordées de jolies maisons, entourées de vérandahs et de colonnades. Mais sous chacune de ces vérandahs elle apercevait des corps morts, recouverts de longs suaires blancs. L'impression produite n'avait rien de récréatif, vous en conviendrez. Elle se demandait quelle dixième plaie d'Egypte avait jonché de cadavres la jolie petite cité, lorsqu'elle vit un de ces cadavres repousser son linceul, s'étirer en bâillant et se lever en interrogeant l'horizon, comme un ouvrier matinal qui craint de s'être attardé.

Mme Pfeiffer s'amusa beaucoup de sa méprise, car tous ces défunts n'étaient autres que des dormeurs ayant déserté leur couchette intérieure pour jouir de la fraîcheur de la nuit.

Plus on approche de Candy, plus les tableaux pittoresques changent d'aspect et de nature. Tantôt les montagnes se resserrent autour du voyageur, tantôt les cimes semblent s'entasser les unes sur les autres et rivaliser de beauté et de hauteur. Les pics sont couverts d'une riche végétation jusqu'à une altitude de mille mètres. Plus haut, il n'y a que le roc nu.

Les attelages de Ceylan sont bien faits pour attirer l'attention. L'île étant riche en éléphants, on les capture en grand nombre et on les emploie à toutes sortes de travaux. On les attelle par deux ou trois à de grandes voitures et on leur fait transporter des pavés pour l'entretien des routes. Un véhicule tout particulier à Ceylan est une charrette en bois à deux roues, recouverte d'un toit de palmier qui dépasse la voiture de plus d'un mètre par derrière et par devant. Ces espèces d'auvent préservent le cocher contre la pluie et le soleil, de quelque côté qu'ils viennent.

Les bœufs sont toujours accouplés par deux et attelés à une telle distance, que le cocher peut marcher très commodément entre eux et la voiture.

A quatre milles de Candy, on passe le Mahavilaganga sur un pont superbe et d'une seule arche. Le pont et le faîtage sont entièrement faits du précieux bois de satin, ce qui le rend très curieux et très intéressant, alors même qu'il n'aurait pas sa légende.

Voici cette légende : Les indigènes, vaincus par les Anglais, ne renonçaient pas à l'espoir de recouvrer leur liberté, un de leurs oracles ayant prédit qu'il serait aussi impossible de réunir par un chemin les deux rives du Mahavilaganga que d'établir chez eux d'une manière durable une domination étrangère. Ils commencèrent par sourire en voyant entreprendre la construction de ce pont, bien certains qu'elle ne réussirait jamais.

Aujourd'hui ils ne songent plus à secouer le joug.

XIV.

CEYLAN (suite)

PREMIÈRE IMPRESSION SUR LA VILLE. — AVENTURE DÉSAGRÉABLE. — TEMPLE DE DAGOHA. — DENT DE BOUDDHA. — VALLÉE DU MAHAVILAGANGA. — PIC D'ADAM. — CHASSE A L'ÉLÉPHANT. — LE CANNELLIER — L'HUILE DE CANNELLE. — CORBEAUX. — PÊCHE DES PERLES.

Quoi qu'en disent les personnes qui trouvent que les montagnes entre lesquelles s'élève Candy sont trop rapprochées et encaissent la ville comme dans le fond d'une gorge, la position de cette cité est ravissante, et la végétation qui l'entoure d'une beauté, d'une luxuriance inouïes.

Le malheur, c'est que la ville elle-même ne répond pas au cadre séduisant dans lequel elle s'épanouit. Ce n'est qu'un assemblage de vilaines rues et de maisons plus laides encore. La seule chose un peu curieuse, ce sont de grands bassins creusés par la main de l'homme dans une partie de la vallée, et qui, entourés de murs sculptés à jour, sont ombragés par des allées de superbes tulipiers.

Une aventure désagréable attendait notre voyageuse à son arrivée à Candy. Au sortir de la diligence, un de ses compagnons de voyage eut la complaisance de lui indiquer le meilleur hôtel et d'appeler un indigène pour lui expliquer où il devait la conduire. Mais quand elle arriva à l'hôtel indiqué, il n'y avait plus de place, et on mit beaucoup d'obligeance à lui enseigner un autre gîte.

Son guide l'entraîna alors hors de la ville, lui montrant une colline voisine et lui affirmant que l'hôtel devait se trouver derrière. Elle n'avait point de raison pour ne pas le croire, et elle le suivit.

Une fois en ce lieu cependant, en place d'une maison, Mme Pfeiffer vit se dérouler une contrée déserte bornée par une forêt. Elle voulut rebrousser chemin; mais son homme, sans plus s'inquiéter d'elle, filait à grandes enjambées vers le bois. Notre voyageuse dut courir après lui pour rentrer en possession de sa valise, et une lutte assez inégale avait lieu entre eux, lorsque, par bonheur, elle aperçut non loin de là deux soldats anglais qu'elle appela à son secours.

Le fripon n'attendit pas l'arrivée du renfort. Il se sauva à toutes jambes, sans toutefois emporter la valise, objet de son ambition, et cette fois-là, notre voyageuse fut escortée à l'hôtel par la force armée; car, les deux soldats l'ayant conduite à la caserne, l'officier de service ne permit pas qu'on la quittât avant de l'avoir vue installée dans un bon hôtel.

La première visite de Mme Pfeiffer fut pour le temple de Dagoha, qui renferme une relique précieuse : une des dents de Bouddha.

Le temple, avec ses dépendances, est entouré de murs, qui le font paraître considérable; mais le principal temple ne présente qu'une étendue très restreinte, et le sanctuaire dans lequel se trouve la dent de Bouddha est une petite pièce ayant à peine sept mètres de largeur. Il y règne une profonde obscurité, car elle n'a pas de fenêtres, et devant la porte intérieure il y a un rideau pour intercepter la lumière. Les parois et le plafond sont revêtus de tapis de soie, qui n'ont d'autre mérite que celui de l'antiquité. Ils sont, il est vrai, brodés de franges d'or, mais ils ne semblent pas avoir jamais été bien riches, et l'on a de la peine à se figurer qu'ils aient produit l'effet éclatant dont parlent plusieurs voyageurs.

La moitié de la pièce est occupée par une grande table, espèce d'autel incrusté de plaques d'argent et garni sur les bords de pierres précieuses. Au-dessus de cette table, il y a une sorte de tabernacle en forme de cloche, qui a un mètre de largeur à sa base et autant de hauteur. Il est en argent, recouvert d'une épaisse dorure, et est orné de beaucoup de pierres précieuses. Dans le milieu se trouve un paon formé de semblables pierres ; mais ces grosses pierres, malgré leur valeur, ne font pas un très bel effet, car elles sont enchâssées lourdement et sans grâce.

Sous le grand tabernacle, il s'en trouve six plus petits qu'on dit en or pur, et dont le dernier renferme la dent de la toute-puissante divinité. Le tabernacle extérieur est fermé par trois serrures ; deux clefs sont à la garde du gouverneur anglais, la troisième entre les mains du grand-prêtre. Mais le gouvernement venait de restituer aux indigènes, avec de grandes solennités, les deux clefs dont il avait le dépôt, et qui, aujourd'hui, se trouvent entre les mains d'un des rajahs ou princes de l'île.

Pour voir la relique, il faut être un souverain ou un puissant de la terre ; les autres mortels doivent se contenter des paroles du prêtre, qui, pour une petite rétribution, a la complaisance d'en décrire la grosseur et la beauté. Sa blancheur, dit-on, éclipse l'éclat de l'ivoire. Sa forme surpasse tout objet semblable jusqu'ici connu, et sa grosseur répond à une grosse dent de bœuf.

Une foule de fidèles viennent tous les ans en pèlerinage offrir leurs adorations à cette dent divine.

Dans le péristyle, se trouvent encore plusieurs statues de dieux en pierre, avec d'autres fragments, mais qui sont tous d'un travail assez grossier. Au milieu, est un petit monument en simple maçonnerie, ressemblant à une cloche renversée ; il renferme, dit-on, le tombeau d'un brahmane. Sur les murs extérieurs du principal temple, on voit de misérables fresques qui représentent les châtiments de la vie future. Elles montrent des hommes qu'on grille, qu'on déchire avec des tenailles ardentes, qu'on fait rôtir, ou à qui on fait avaler du feu. On en voit d'autres serrés et écrasés entre les rochers ; enfin, il y en a auxquels on arrache des lambeaux de chair. Mais chez les bouddhistes, c'est toujours le feu qui semble jouer le principal rôle dans les punitions de l'autre vie.

Les portes du principal temple sont en métal, et les montants en ivoire. Sur les unes on a sculpté de magnifiques arabesques, des fleurs et des ornements en ronde bosse ; sur les autres, on a incrusté les figures les plus variées. La principale entrée est ornée de quatre dents d'éléphants, les plus grosses qu'on ait jamais trouvées.

Dans la cour, sont les tentes des prêtres. Ceux-ci ont toujours la tête nue et entièrement rasée. Leur costume se compose d'un habit jaune clair qui couvre à peu près tout le corps. Autrefois ce temple était desservi par cinq cents prêtres ; aujourd'hui la divinité est obligée de se contenter d'une cinquantaine de ministres.

Les dévotions des bouddhistes consistent particulièrement en offrandes de fleurs. Tous les matins et tous les soirs en exécute devant la porte du temple une horrible musique, appelée tam-tam, avec des tambours et des fifres qui retentissent au loin. Bientôt après, on voit affluer de toutes parts des gens portant dans des paniers les plus belles fleurs. Les prêtres en parent les autels avec une élégance parfaite et un goût inimitable.

A côté des temples, il y a souvent des écoles où les prêtres remplissent les fonctions d'instituteurs. Près de celui-ci, il y avait encore une douzaine de garçons (car on ne permet pas aux filles de fréquenter les écoles) occupés à écrire. Les modèles étaient parfaitement bien tracés sur des feuilles de palmier au moyen d'un crayon. Les enfants écrivaient de même sur des feuilles de palmier.

Une promenade à la grande vallée coupée par le Mahavilaganga offre beaucoup de charme. Cette vallée est parsemée de nombreuses collines ondulées, dont plusieurs sont divisées en terrasses régulières et plantées de riz ou de café. La nature est ici jeune et pleine de sève, et récompense largement l'activité du planteur. Le paysage est ombragé par des bois épais de palmiers et d'autres arbres. Au fond du tableau, on aperçoit de hautes montagnes revêtues d'une brillante verdure veloutée, ou des rochers gigantesques, nus et sombres, d'un aspect sauvage et romantique.

Mme Pfeiffer ne manqua pas cette occasion d'escalader les principales montagnes de Ceylan, qui ont près de trois mille mètres de hauteur. Malheureusement elle n'a pas vu la plus célèbre, *le pic d'Adam*. Ce pic, haut de 2,175 mètres, est, dit-on, si escarpé au sommet, que, pour en rendre l'ascension possible, il a fallu tailler de petites marches dans le roc et établir une rampe de fer. Mais celui qui est assez hardi pour gravir ce pic est amplement dédommagé de sa peine. Sur le plateau, on trouve l'empreinte délicate d'un *petit pied* de près de *deux mètres* de long. Les mahométans attribuent ce signe surnaturel à notre robuste père Adam, tandis que les bouddhistes en font honneur à leur Bouddha aux grosses dents. Les deux peuples s'y rendent tous les ans en pèlerinage par milliers, pour y faire leurs dévotions.

Si Mme Pfeiffer fût arrivée quinze jours plus tôt, elle eût pu assister à une chasse aux éléphants, ou, pour mieux dire, à la capture d'un de ces énormes pachydermes. Elle le regretta d'autant plus, qu'elle se fit mieux renseigner sur les émotions de cette chasse unique.

Il faut, au préalable, découvrir, sur les bords du fleuve, l'endroit où ces animaux ont l'habitude d'aller s'abreuver. On entoure de pieux un grand espace auquel viennent aboutir plus de vingt sentiers entrecroisés et entourés de fortes palissades. Un éléphant dressé et attaché au milieu de cet espace vide attire par ses cris ses malheureux congénères, qui, sans méfiance, pénètrent dans ce labyrinthe d'où ils ne peuvent plus sortir, les traqueurs étant derrière eux et les effarouchant par des cris surhumains.

Chasse à l'éléphant par le fusil.

Les éléphants qui se distinguent par leur grosseur sont pris vivants; on les force à jeûner, ce qui les rend si dociles, qu'il devient possible de leur jeter sans peine un lasso autour du cou et de les emmener à la suite de l'éléphant apprivoisé.

Les autres sont tués ou rendus à la liberté, selon qu'ils ont de plus ou moins belles défenses.

D'autres fois on chasse l'éléphant au fusil; mais cela est dangereux; car cet animal, on le sait, ne peut être blessé à mort qu'en un lieu du crâne. Si on l'atteint au bon endroit, on abat l'énorme pièce du premier coup; mais malheur au pauvre chasseur qui a manqué l'ennemi! C'en est fait de lui. Il est foulé aux pieds de la bête furieuse et broyé par elle.

Hormis le cas de légitime défense, l'éléphant est très pacifique et n'attaque jamais l'homme.

En repassant à Colombo, Mme Pfeiffer s'arrêta pour voir de près les plantations de cannelle, qui l'intéressèrent vivement.

Le cannellier est planté par rangées; il n'atteint guère plus de trois mètres, et porte des fleurs blanches qui sont sans odeur. En écrasant le fruit, qui est plus petit qu'un gland, et en le faisant bouillir, on en tire de l'huile qui surnage sur le liquide. On mêle cette huile à celle du coco, et on s'en sert pour l'éclairage.

La récolte de la cannelle a lieu deux fois par an : l'une, la plus considérable, se fait du mois d'avril au mois de juillet; l'autre dure depuis le mois de novembre jusqu'au mois de janvier. On détache l'écorce des branches les plus minces à l'aide d'un couteau, puis on la sèche au soleil, ce qui lui donne une couleur jaunâtre ou brune. La cannelle la plus fine est d'un jaune clair, et tout au plus de l'épaisseur d'une carte à jouer.

L'huile fine de cannelle, employée comme médicament, se tire de la cannelle même. On la verse dans un vase de bois rempli d'eau, et on l'y laisse reposer pendant huit ou dix jours. On passe ensuite la masse dans un alambic, et on la distille à petit feu. Sur l'eau qu'on obtient, il s'amasse, au bout de quelque temps, de l'huile qu'on enlève avec le plus grand soin.

Outre les éléphants, Mme Pfeiffer remarqua beaucoup les corbeaux de Ceylan, très nombreux et apprivoisés. Ils y jouent un rôle considérable en dévorant toutes les immondices. On les rencontre par bandes innombrables qui viennent jusqu'aux portes et aux fenêtres des maisons. Rien ne résiste à la puissance de leur bec.

La pêche aux perles se fait sur la côte occidentale de Ceylan et seulement aux mois de février et de mars. Les hommes se précipitent au fond de la mer pour aller chercher les coquillages précieux. Mais les indigènes ont déjà trouvé le moyen de surprendre la bonne foi des Européens, en leur vendant des perles fausses, et l'on ne saurait trop se méfier de ce qu'ils vous offrent.

XV.

HINDOUSTAN.

MADRAS. — ARRIVÉE A CALCUTTA. — PALANQUINS. — TRAIN DE MAISON DANS L'INDE. — HINDOUS. — DESCRIPTION DE CALCUTTA. — HABITATIONS. — PALAIS DU GOUVERNEUR. — LE TOWNHALL. — L'HÔPITAL. — LE MUSÉE. — LE MONUMENT D'OCHTERLONY. — L'HÔTEL DE LA MONNAIE. — LA CATHÉDRALE. — LE TROU NOIR. — JARDIN BOTANIQUE. — BANYANS. — ACCUEIL FAIT A Mme PFEIFFER.

Après dix-neuf jours de séjour dans cette île ravissante, et grâce à ses montagnes d'un climat beaucoup plus tempéré que les endroits qu'elle avait précédemment visités, Mme Pfeiffer s'embarqua sur un nouveau vapeur, *le Bentink*.

Parmi les passagers se trouvait le prince indien Shadathan, prisonnier des Anglais pour avoir rompu la paix conclue avec eux.

Sa captivité lui était douce. Il était traité suivant son rang; on lui avait laissé ses deux suivants, son *mundschi*, ou secrétaire, et six de ses serviteurs. Tous étaient vêtus à l'orientale; mais, au lieu de turbans, ils portaient des bonnets hauts et ronds en carton raide, recouverts d'une étoffe d'or ou d'argent. Ils avaient d'abondantes boucles de cheveux noirs et de la barbe.

Les suivants du prince mangeaient avec les domestiques. On leur étalait un tapis sur le pont et l'on y déposait deux grands plats ; sur l'un, il y avait des poulets cuits ; sur l'autre, du pilau. Ils mangeaient avec les mains.

Trois jours après on jeta l'ancre à une distance de cinq milles marins de Madras, dont l'ancrage est extrêmement dangereux. La mer y est si violente, qu'à aucune époque de l'année on ne peut en approcher avec un grand navire. Il se passe souvent des semaines avant que les barques mêmes puissent y aborder. Aussi les grands navires ne s'attardent-ils jamais dans le voisinage de ce port redouté, et voit-on des bateaux armés de dix ou douze rameurs venir en toute hâte prendre les passagers, les lettres et les marchandises.

Le bateau à vapeur devait stationner devant Madras huit heures, pendant lesquelles les passagers avaient l'autorisation de visiter la ville. Néanmoins, comme les vents sont très changeants dans ces parages, on court quelquefois le risque de ne pas pouvoir rejoindre son bateau. Mme Pfeiffer, qui voulut descendre à terre, ne put rien voir, grâce à une pluie torrentielle. Ce ne fut que le soir, par un splendide coucher de soleil, qu'elle aperçut, le long du rivage, les habitations européennes qui ressemblent à de véritables palais ; elles sont d'un style moitié grec et moitié italien, et, dans la ville ou au bord du golfe, toujours situées dans de splendides jardins.

Les indigènes de Madras ne tiennent guère à leur toilette. Peu leur importe d'être presque nus, pourvu qu'ils puissent consacrer tous leurs soins à leur tête et la couvrir de toute espèce de chiffons, de turbans, de petits bonnets de drap ou de paille, ou bien de chapeaux très hauts et fort pointus.

Leur couleur est bronze foncé ou brun de café.

Quatre jours après, le *Bentink* approchait de l'opulente cité de Calcutta, et vingt-quatre heures avant l'arrivée, la mer avait déjà changé sa belle teinte claire contre celle des eaux fangeuses du Gange.

On jeta l'ancre à Gardenrich, à quatre milles de Calcutta.

Rien n'est plus difficile que de trouver à se caser dans ce port, si l'on ne parvient pas à faire comprendre aux indigènes l'endroit où l'on veut aller. Un des mécaniciens du *Bentink* eut la bonté d'intervenir en faveur de l'étrangère, qui commençait à éprouver un certain malaise. Il la transporta au rivage, loua un palanquin et désigna aux indigènes l'endroit où ils auraient à la déposer.

L'impression de Mme Pfeiffer, en se trouvant pour la première fois installée dans son palanquin, fut loin d'être agréable. Elle se sentait humiliée d'employer à son service des êtres humains comme des animaux.

Les palanquins ont près de deux mètres de long et un mètre de haut. Ils sont munis de portes à coulisse et de jalousies, de matelas et de coussins, de sorte qu'on y est couché comme dans un lit. Comme ils sont uniformément peints en noir, il semble au nouveau débarqué que ce soient autant de moyens de transport réservés pour porter des mourants à l'hôpital ou des morts au cimetière.

C'était à l'époque où trois années consécutives de stérilité venaient de désoler presque toute l'Europe et avaient amené une crise commerciale qui menaçait de ruiner Calcutta. Chaque bâtiment apportait la nouvelle de quelques-unes de ces faillites qui entraînent la chute des maisons les mieux posées.

Ces catastrophes frappent bien plus cruellement des hommes habitués, comme on l'est dans ce pays, au luxe le plus effréné. Qu'on se figure le train d'un Européen dans une situation ordinaire aux Indes. Chaque famille habite un palais et occupe de vingt à trente domestiques au moins, qui se répartissent ainsi : deux cuisiniers, un marmiton, deux porteurs d'eau et quatre domestiques pour la table, quatre hommes de peine pour nettoyer les appartements, un lampiste et une demi-douzaine de garçons d'écurie (un par cheval), deux cochers, deux jardiniers, une bonne et un domestique pour chaque enfant, une femme de chambre pour madame, une fille pour servir les bonnes, deux tailleurs pour le service de la maison, deux pour tirer les punkas (ventilateurs), et un concierge. S'il y a beaucoup d'enfants et plus de chevaux, vous voyez dans quelle proportion cela augmente un personnel.

Le blanchissage constitue en outre une dépense considérable, car rien ne se blanchit à la maison, et il est extraordinaire de voir combien il se consomme journellement de linge. Tout se porte blanc, et on change d'habillement au moins deux fois par jour.

Il y a telle maison qui entretient de soixante à soixante et dix domestiques et de quinze à vingt chevaux. On s'imagine aisément quels revenus il faut avoir pour soutenir ce luxe extraordinaire. Cela tient, dit-on, aux castes infinies des Hindous, parce que tel qui consent à habiller un enfant, trouverait au-dessous de sa dignité de vider la baignoire dans laquelle ce même enfant a pris son bain, ou celui qui fait les chambres ne consentirait pas à servir à table. Mais Mme Pfeiffer, dans son bon sens bourgeois, l'explique par une raison tout aussi plausible : « Les Européens, dit-elle, ayant vu les rajahs et les riches du pays entourés d'une multitude de fainéants, n'ont voulu le céder en rien aux Asiatiques. »

Les Hindous sont d'une taille moyenne, élancée, et d'une complexion délicate ; leur physionomie est agréable et porte le cachet de la bonté. Ils ont la figure ovale, le nez éminent et fin ; leurs yeux sont beaux et doux, leurs cheveux lisses et noirs. Leur teint varie, selon les pays, du brun foncé au brun clair. Dans les hautes classes, on trouve même des individus presque blancs, surtout parmi les femmes.

Les hommes excellent dans les travaux fins et délicats qui, en d'autres pays, sont l'apanage exclusif des femmes. Ils font de la broderie en laine blanche, en soie de couleur et en or, et des coiffures de dames. Ils lavent, repassent, raccommodent le linge, et remplissent à merveille les fonctions de bonne d'enfants.

Calcutta, capitale du Bengale, compte près de six cent mille habitants, sur lesquels il n'y a guère que deux mille Européens ou Américains (exception faite des troupes anglaises, bien entendu).

La ville est divisée en plusieurs parties : la ville commerçante, la ville noire et le quartier des Européens. La ville commerçante et la ville noire sont laides, coupées par des rues étroites et tortueuses, où se coudoient la hutte misérable, les magasins et les comptoirs de commerce. De petits canaux en maçonnerie traversent toutes les rues, car il faut beaucoup d'eau aux Hindous pour leurs ablutions de chaque jour.

Mais en revanche, la ville européenne, ou ville des palais, est aussi belle que les autres le sont peu. Néanmoins, à l'exception de celui du gouverneur, aucune de ces habitations si somptueusement qualifiées ne peut rivaliser avec les palais de Rome, de Florence et de Venise, pour le style d'architecture, pour l'éclat et pour la magnificence.

La plupart ne se distinguent de ce qu'on appelle en Europe *maison* que par un joli portail avec des colonnes et par des toits en terrasse.

A l'intérieur les pièces sont très grandes et très hautes. Les escaliers, dont la cage est très simple, sont en marbre gris ou en bois. On ne voit nulle part de belles statues, ni de sculptures dans l'intérieur ou au dehors des palais.

Le palais du gouverneur est à l'extérieur un superbe édifice dont toute capitale d'Europe s'honorerait ; il est construit en forme de fer à cheval, et au milieu s'élève un dôme magnifique. Le portail,

Vue du port de Calcutta.

comme les ailes, repose sur un grand nombre de colonnes. Par contre, l'intérieur est disposé de la manière la plus maladroite : ainsi il faut monter un escalier pour aller de la salle de danse à la salle à manger, qui sont, l'une et l'autre, ornées sur les côtés de deux rangs de colonnes. Le parquet de la salle à manger est en marbre d'Agra. Les colonnes et les murs sont revêtus d'un ciment blanc qui a l'éclat du marbre. Les appartements ne valent pas la peine d'être vus ; ils offrent tout au plus l'occasion d'admirer l'incapacité de l'architecte qui, avec tant d'espace, a produit si peu de chose.

Calcutta offre au touriste un certain nombre de monuments intéressants :

Le *Townhall*, haute et belle construction qui renferme quelques monuments en marbre blanc, consacrés à la mémoire d'hommes distingués des temps modernes, et dont les vastes salles servent de lieu de réunions publiques pour la discussion des grandes affaires, comme aussi pour les concerts, les bals, etc., donnés à l'occasion des fêtes.

L'*hôpital*, composé de plusieurs petites maisons entourées de palmiers, et où les malades sont répartis en trois catégories distinctes, les hommes, les femmes et les enfants, et les fous.

Le *musée*, dont l'architecture est belle, et où l'on coudoie une foule d'indigènes examinant les collections avec une intelligence et une attention surprenantes.

Le monument d'*Ochterlony*, haute colonne de maçonnerie de cinquante mètres de haut, placée au beau milieu d'une vaste prairie vide en l'honneur du général du même nom.

La *Monnaie*, qui est en pur style grec, sauf qu'elle n'est pas entourée de colonnes de tous côtés et dont la disposition intérieure est si remarquable, que rien en Europe, dit-on, ne saurait lui être comparable.

La *cathédrale* anglaise, en style gothique, avec sa grande tour qui domine une demi-douzaine de tourelles.

Le fameux *trou noir*, dans lequel, en 1756, lors de la prise de Calcutta, le rajah Suraja Dowla fit jeter et mourir de faim cent cinquante des principaux prisonniers, qui est aujourd'hui transformé en magasin. A l'entrée s'élève un obélisque d'environ vingt mètres, sur lequel sont inscrits les noms des victimes.

Jeune banyan.

On remarque encore : la promenade de la Grève, rendez-vous quotidien de toute la haute aristocratie de Calcutta, bordée d'un côté par l'Hugly, ce bras du delta du Gange qui arrose Calcutta, et de l'autre par des prés magnifiques ; et le jardin botanique, qui, lors du passage de Mme Pfeiffer, n'était pas aussi riche en spécimens qu'il l'est devenu depuis.

Ce qui l'intéressa le plus dans ce jardin, ce furent deux banyans. Ces arbres appartiennent à l'espèce des figuiers et atteignent une hauteur de plus de douze mètres. Une fois le tronc arrivé à cinq mètres environ, beaucoup de ses branches s'étendent de tous côtés dans une direction horizontale, et au bas de ces branches poussent des racines ou roseaux filandreux qui tendent perpendiculairement vers la terre et finissent par pénétrer dans le sol. Quand ces nouvelles tiges sont devenues fortes, elles poussent des rameaux comme le tronc principal, et cela continue toujours ainsi. On conçoit facilement qu'un seul tronc forme à la fin tout un bois, où des milliers d'hommes trouvent de frais ombrages.

Ces arbres sont sacrés pour les Hindous ; ils élèvent sous leurs branches des autels au dieu Rama, et le brahmine réunit ses disciples pour recevoir ses leçons. Le plus âgé des deux arbres décrits plus haut couvrait déjà avec sa famille un cercle de plus de deux cents mètres; le principal tronc a plus de seize mètres de circonférence.

Mme Pfeiffer reçut à Calcutta un accueil enthousiaste. Bien que n'ayant point de lettre d'introduction pour lady Cameron, femme d'un des membres du conseil législatif des Indes, elle fut recherchée par cette femme distinguée avec un empressement bien flatteur pour elle. Les meilleures sociétés se firent honneur de l'admettre dans leur sein.

XVI.

HINDOUSTAN (suite).

VISITE AU NABAB. — TOILETTE DES HINDOUS. — MŒURS ET COUTUMES. — LE NATSCH EN L'HONNEUR DE LA DÉESSE DURGA. — LA DÉESSE KALLY. — LES MAISONS MORTUAIRES. — NOCES DES MAHOMÉTANS.

Un jour, Mme Pfeiffer rendit visite à un riche nabab, dont la fortune était estimée à trente-sept millions et demi de francs. Le maître de la maison vint lui-même la recevoir à la porte et l'introduisit dans la salle de réception.

Il était enveloppé d'un grand morceau de mousseline bien blanche, sur laquelle il avait jeté un superbe châle des Indes, qui, venant en aide à la mousseline transparente, couvrait décemment le corps depuis les hanches jusqu'aux pieds; une partie du châle était drapée d'une manière très pittoresque sur une des épaules.

La salle de réception était disposée à l'européenne. Un grand et bel orgue était placé dans un des angles; dans un autre, on voyait une bibliothèque remplie des ouvrages des principaux poètes ou philosophes anglais. Mais ces livres étaient là plutôt pour la forme que pour l'usage. Quelques gravures et quelques tableaux, destinés à orner les murs, valaient certes moins que les cadres dorés qui les entouraient.

Le nabab fit venir ses fils et présenta à sa visiteuse deux jolis garçons, dont l'un avait sept ans et l'autre quatre. Quoique ce fût contraire à l'usage, Mᵐᵉ Pfeiffer lui demanda des nouvelles de sa femme et de ses filles. Selon l'opinion des Hindous, le sexe féminin occupe une place si humble dans la société, que c'est presque faire insulte au père ou au mari que de s'informer de ses filles ou de sa femme.

Cependant le nabab, en considération de ce qu'il avait affaire à une Européenne, ne prit pas trop mal la question et fit aussitôt venir ses filles. La plus jeune, une charmante enfant de six mois, avait la peau presque blanche et de grands et beaux yeux, dont l'éclat était encore rehaussé par des cercles d'un bleu noir peint tout autour. La figure de l'aînée, âgée de neuf ans, était commune et grossière ; le père, qui parlait assez bien l'anglais, la présenta comme fiancée et invita Mᵐᵉ Pfeiffer à la noce, qui devait avoir lieu dans six semaines. Mᵐᵉ Pfeiffer fut tellement étonnée de ce mariage précoce, qu'elle se récria, supposant que le père parlait des *fiançailles* et non pas des noces ; mais il assura au contraire que la jeune fille allait s'unir pour tout de bon à son mari et être remise entre ses mains.

Mᵐᵉ Pfeiffer demanda alors si la jeune fille aimait son fiancé. Il lui fut répondu que les jeunes gens ne se voyaient pour la première fois qu'à la célébration des noces.

Le nabab lui raconta que, chez son peuple, chaque père se met le plus tôt possible en quête d'un gendre ; car, disait-il, il faut que toutes les filles se marient, et plus elles se marient jeunes, plus c'est honorable pour elles. Une fille non mariée est un déshonneur pour son père et semble lui reprocher son manque d'affection.

Quand le chef de la famille a trouvé un gendre à son goût, il dépeint à sa femme les qualités physiques et intellectuelles du prétendant, l'état de sa fortune, etc. La femme doit se contenter de cette description, car elle ne voit son gendre ni comme fiancé, ni comme mari de sa fille. Du reste, le gendre n'est jamais considéré comme membre de la famille de la fiancée, qui, une fois mariée, passe tout à fait dans celle de son mari.

La jeune femme a le droit de voir les parents mâles de son mari et de leur parler ; elle peut même se montrer sans voile aux domestiques de sa maison ; mais quand elle veut visiter sa mère ou sa belle-mère, il faut qu'elle se fasse porter dans un palanquin hermétiquement fermé.

Mme Pfeiffer vit aussi la femme du nabab et une de ses belles-sœurs. La première avait vingt-cinq ans et était très corpulente ; la dernière en avait quinze ; elle était élancée et jolie de figure. On lui en expliqua bientôt la cause. Les filles hindoues, quoique mariées excessivement jeunes, ne deviennent guère mères avant l'âge de quatorze à quinze ans et gardent jusque-là leur taille de demoiselle. Après la naissance de leur premier enfant, elles restent enfermées dans leurs chambres de six semaines à deux mois, ne prennent aucun exercice et se nourrissent abondamment des mets les plus succulents et de toute espèce de friandises. En général, cette nourriture leur profite.

Il faut savoir que les Hindous, comme les mahométans, n'aiment que les femmes très grasses.

Les deux femmes n'étaient pas précisément vêtues de la manière la plus décente. De grands morceaux de mousseline bleue et blanche, brodée d'or et bordée de tresses d'or larges comme la main, leur enveloppaient tout le corps, y compris la tête. Mais ce mince tissu était trop transparent et il dessinait par trop les contours du corps. Elles apportent plus de soin à se couvrir les cheveux ; car on les voyait toujours occupées à ramener la mousseline par-dessus leur tête. Tant qu'elles sont filles, elles peuvent aller sans coiffure.

Celles qui nous occupent portaient sur elles tant d'or, de perles et de pierres précieuses, qu'elles en avaient véritablement leur charge. De grosses perles, mêlées à des pierres fines perforées, leur couvraient le cou et la poitrine. Toutes ces parures étaient entremêlées de lourdes chaînes d'or et de monnaie d'or enchâssée. L'oreille, entièrement percée à son extrémité et dans son lobe d'une douzaine de trous, était si chargée de ces ornements, qu'on la découvrait à peine. On ne voyait que de l'or, des perles et des pierres précieuses.

A chaque bras, elles portaient huit ou dix lourds bracelets, dont le principal joyau, enchâssé d'or massif, avait dix centimètres de large et était entouré de six rangées de petits brillants. On le mit entre les mains de Mme Pfeiffer pour le lui faire mieux admirer; il pesait bien une demi-livre. De lourdes chaînes d'or faisaient trois fois le tour de leurs cuisses. Elles avaient aussi aux chevilles des anneaux et des chaînes d'or, et les pieds eux-mêmes étaient peints d'orpiment d'un brun rouge.

Les femmes apportèrent leurs écrins et firent voir à la visiteuse beaucoup d'autres objets précieux. Du reste, elles étaient en grande toilette. On leur avait annoncé la visite d'une Européenne, et elles avaient voulu se montrer dans tous les atours de leur pays.

Le nabab conduisit ensuite Mme Pfeiffer dans les appartements intérieurs, dont les fenêtres donnaient sur la cour. Dans quelques pièces, on ne voyait que des tapis et des coussins ; car, en général, l'Hindou n'aime pas les sièges et les lits. Dans d'autres, il y avait quelques meubles européens. On lui montra avec une joie toute particulière une boîte vitrée qui renfermait des poupées, des voitures, de petits chevaux et autres jouets qui amusaient singulièrement les enfants et les femmes. Cependant ces dernières jouent aux cartes avec plus de passion.

Aucune femme ne peut entrer dans les chambres qui donnent sur la rue, car elles pourraient être aperçues par un homme des croisées qui sont vis-à-vis. La jeune fiancée mettait encore sa liberté à profit ; elle sautait rapidement partout où elle voyait une fenêtre ouverte pour jeter un regard sur les rues animées.

Les femmes des Hindous riches ou des castes supérieures sont aussi enchaînées à leurs demeures que les Chinoises. Le seul plaisir qu'un époux rigide leur accorde de loin en loin, est de se faire porter dans un palanquin bien fermé chez une amie ou une parente.

Un Hindou peut prendre plusieurs femmes, mais il use très rarement de ce droit.

Les parents du mari habitent autant que possible dans la même maison que lui. Chaque famille a cependant son ménage particulier. Les garçons déjà assez grands peuvent manger avec leur père ; il est défendu aux femmes, aux filles et aux petits enfants, d'assister aux repas des hommes.

Hommes et femmes aiment beaucoup le tabac et le fument dans un jonc appelé huka.

Vers la fin de la visite, on offrit beaucoup de bonbons, de fruits, de raisins secs. Les bonbons se composaient en grande partie de sucre, d'amande et de graisse ; mais ils n'avaient pas une saveur très agréable, parce que ce dernier goût y dominait.

Dans cette visite, Mme Pfeiffer obtint des détails très intéressants sur la cérémonie religieuse appelée natsch, qui est la plus grande fête des Hindous. Elle a lieu au commencement d'octobre et dure quinze jours.

Pendant ce temps, ni le riche ni le pauvre ne se livrent à aucun travail. Le maître ferme sa boutique et son magasin ; le serviteur fournit des remplaçants, qu'il trouve d'ordinaire parmi les mahométans ; puis le temps se passe, sinon à jeûner, du moins à ne rien faire.

Cette fête se célèbre en l'honneur de la déesse Durga aux dix bras, faite en argile ou en bois, peinte des couleurs les plus brillantes et surchargée d'oripeaux en or et en argent, de fleurs et de rubans, souvent même de riches parures. Des prêtres servent la déesse et des danseuses déploient devant elle tous leurs talents au son du tam-tam.

Le dernier jour de la fête, la déesse est portée à l'Hugly en grande pompe et aux accords de la musique. On la dépose dans un bateau, on la conduit au milieu du fleuve et on la précipite dans l'eau, pendant que retentissent les cris d'allégresse du peuple qui se tient sur le rivage.

Au temps jadis, les atours de la déesse étaient livrés aux flots avec Durga elle-même ; mais comme, sans doute, il est arrivé que les prêtres ne pouvaient pas la repêcher aussi facilement qu'ils l'eussent désiré, on remplace aujourd'hui la parure par des diamants faux ; toutefois il est bon d'éviter que le peuple s'aperçoive de cette substitution.

Des fêtes en l'honneur de la déesse Kally aux quatre bras ont lieu plusieurs fois par an. On place alors devant chaque hutte une quantité de petites idoles d'argile, peintes de la manière la plus baroque et représentant les traits les plus horribles. Au milieu se voit la déesse elle-même, de grandeur naturelle, tirant la langue de toute sa longueur hors de sa bouche béante, et richement couronnée de guirlandes de fleurs.

Le temple de cette séduisante divinité est un misérable édifice, ou, pour mieux dire, un trou sombre, dont le petit toit en forme de coupole est surmonté de quelques tourelles. La statue qui ornait ce temple se distinguait par une tête énorme et par une langue excessivement longue. Sa figure était peinte en rouge cramoisi, en jaune et

Procession de la déesse Kally.

en bleu de ciel. Il n'est pas permis aux femmes de pénétrer dans ce trou divin. Elles doivent se contenter d'admirer de la porte, et surtout de confiance.

Les maisons mortuaires et les bûchers où l'on brûle les morts offrent des tableaux émouvants et épouvantables. Comme on a beaucoup parlé ailleurs des bûchers, nous nous contenterons d'esquisser ici les maisons mortuaires.

Les Hindous eux-mêmes conviennent que la manière dont on agit avec les mourants équivaut presque à un homicide; mais que voulez-vous? Leur religion a déclaré qu'une fois que le médecin a prononcé qu'il n'y a plus d'espoir, il faut que le malade meure; on l'y aide, voilà tout. De là les maisons mortuaires. On y trouve un nombre plus ou moins grand de couchettes sur lesquelles on vient déposer les mourants. Quand il n'y a plus de place, on les expose devant la maison, aux rayons d'un soleil brûlant. Les parents s'asseyent autour des moribonds, attendant en silence qu'ils rendent le dernier soupir; si cela tarde trop, on leur donne de loin en loin une gorgée d'eau du Gange. Malheur à celui dont la constitution plus robuste triompherait d'une heure de crise! Il aurait perdu sa caste, aucun de ses parents ne le reconnaîtrait plus; en un mot, il serait rayé du nombre des vivants, et les parias eux-mêmes le repousseraient de leur sein.

Mme Pfeiffer n'eut pas le temps de se rendre un compte bien exact des mœurs et coutumes des Hindous; mais elle vit quelques cérémonies relatives aux noces des mahométans.

Le jour des noces, le lit nuptial, bien paré, est porté au son de la musique à la demeure du fiancé. Assez tard dans la soirée, la fiancée y arrive aussi dans un palanquin soigneusement fermé, accompagnée de musiciens, de torches et d'une grande suite. Plusieurs parents portent des pyramides, et le superbe feu si connu sous le nom de feu de Bengale ne saurait manquer en cette occasion. Quand le cortège arrive à la maison du marié, les deux époux y entrent seuls; la suite reste devant la porte, fait de la musique, crie et chante, quelquefois jusqu'au matin.

Mme Pfeiffer ne voulut pas quitter Calcutta sans avoir vu une mosquée. Elle en avait remarqué une dont les tourelles et les coupoles innombrables sont ornées de boules de métal doré qui brillent et étincellent comme des étoiles au firmament.

La mosquée est précédée d'un joli péristyle. Pour pénétrer à l'intérieur, on est obligé de quitter sa chaussure. Mme Pfeiffer se conforma à cet usage; mais elle ne se trouva pas dédommagée de sa soumission, car elle ne vit rien qu'une petite salle vide, dont le plafond reposait sur quelques colonnes en maçonnerie. Des lampes de verre étaient suspendues au plafond et fixées aux murs, et le parquet était incrusté de marbre gris d'Agra. Ce marbre est très commun à Calcutta; car il est transporté d'Agra par le Gange.

XVII.

HINDOUSTAN (suite).

COURS DU GANGE. — FANATISME DES HABITANTS DE BÉALÉAH. — RADSCHMAHAL, RUINES DE L'ANCIENNE GUR. — FORÊTS DE COCOTIERS. — LE SURR OU TODDY. — LE JUNGHERA. — PATNA. — BAILIS. — MANIÈRE COMMODE DES ANGLAIS DE COMMERCER AVEC LES HINDOUS. — GHAZIPUR ET L'ESSENCE DE ROSES.

Après un séjour de cinq semaines à Calcutta, Mme Pfeiffer résolut de traverser l'Inde dans toute sa largeur. C'était le meilleur moyen de bien connaître ce pays intéressant.

Pour gagner Bénarès, sa première étape, il y a deux routes : celle de terre et celle par eau. Mme Pfeiffer prit cette dernière, à cause de la beauté tant vantée des rives du Gange.

Les premiers jours du voyage furent excessivement monotones ; on ne rencontrait ni villes ni villages. Les bords restèrent toujours plats, et de toutes parts le pays était couvert de hauts buissons épais que les Anglais appellent jungles, c'est-à-dire forêt vierge ; ce qui indignait Mme Pfeiffer, habituée aux splendides forêts vierges du Brésil et de Singapoor, et pour qui ce mot-là était synonyme de beaux et grands arbres.

Cependant la nuit on entendait rugir des tigres, et l'on apercevait çà et là un lambeau d'étoffe attaché à un arbre, pour montrer qu'en cet endroit un indigène avait été dévoré.

Les rives du Gange.

Mais ces fauves redoutables ne sont pas les seuls ennemis de l'homme sur les rives du Gange ; on y rencontre aussi les voraces crocodiles que l'on voit se chauffer au soleil par bandes de six ou huit. Ils ont de deux à cinq mètres de long. A l'approche du vapeur bruyant, ils s'enfonçaient en toute hâte sous les flots jaunes et sales du fleuve.

A Commercolly, on fit halte assez longtemps pour permettre aux voyageurs de se procurer quelques provisions que la maigre chère du bateau rendait bien nécessaires.

A Béaléah, se trouvent de nombreuses prisons destinées à garder les criminels; mais les habitants sont tellement fanatiques, que Mme Pfeiffer, ayant enfilé une ruelle conduisant à un temple hindou, fut attaquée par une foule en délire et ne dut son salut qu'à la fuite.

A Radschmahal, qui était au xviie siècle la capitale du Bengale, Mme Pfeiffer commença à apercevoir un horizon de montagnes. C'était la première fois depuis Madras.

C'est ici que s'élevait Gur, une des plus grandes villes de l'Inde, qui occupait un espace de trente-deux kilomètres carrés et renfermait environ deux millions d'habitants. Les voyageurs racontent qu'on y trouve encore beaucoup de belles ruines, dont la plus remarquable est la Mosquée d'Or, édifice magnifique incrusté de marbre, avec des portes célèbres par leurs grandes arches et la solidité de leurs murs.

Sur la foi de ces récits, Mme Pfeiffer se mit, en dépit des tigres et autres fâcheuses rencontres qu'elle pouvait avoir à redouter, à fouiller les bois et les marais pour y admirer ces ruines.

Grande fut sa déception. Elle trouva deux simples portes de ville, construites de pierres de grès et ornées de quelques jolies sculptures, mais dépourvues de hautes voûtes et de cintres; un temple insignifiant, flanqué de tourelles aux quatre coins, des fragments d'édifices, de colonnes, etc. Mais toutes les ruines réunies n'occupent pas une surface de trois kilomètres carrés.

Sur la lisière de la forêt, ou à quelques centaines de pas plus loin, on apercevait de nombreuses cabanes d'indigènes, où l'on arrivait par les plus jolis chemins, sous de sombres allées ombragées.

Si, à Béaléah, les habitants étaient très fanatiques, ici les maris étaient très jaloux. Comme deux ou trois voyageurs passaient près des habitations, les hommes les aperçurent et crièrent à leurs femmes de se réfugier dans les cabanes. Elles coururent aussitôt à droite et à gauche avec le plus louable empressement, mais elles s'arrêtèrent tranquillement sur leurs portes pour voir passer les intrus et oublièrent totalement de se voiler la figure.

Cabanes d'indigènes, sous de sombres allées ombragées.

C'est dans cette région que l'on trouve des forêts entières de cocotiers. L'Inde est la véritable patrie de cet arbre, qui y atteint plus de vingt-cinq mètres de haut et qui porte des fruits dès sa dixième année. Dans les autres pays il n'atteint guère plus de quinze mètres et ne rend pas son fruit avant douze ou quinze ans.

Cet arbre est peut-être le plus utile qu'il y ait au monde. Il fournit un fruit nourrissant, un lait délicieux, de grandes feuilles qui servent à couvrir et à enclore les cabanes, les câbles les plus forts, l'huile à brûler la plus pure, des nattes, des étoffes tissées, des matières colorantes, et même une boisson, le *surr*, appelée aussi *toddy*, ou l'eau-de-vie de palmier, que l'on obtient en faisant des entailles dans la couronne de l'arbre.

Pendant un mois entier, les Hindous grimpent matin et soir jusque sous la couronne du palmier, font quelques entailles dans le tronc et attachent au-dessous des pots pour recueillir le suc qui en découle. Comme l'écorce de l'arbre est très rugueuse, l'Hindou trouve beaucoup de facilité à grimper. Pour cela, il passe un fort lacet autour du tronc de l'arbre et du milieu de son corps, et un second autour de ses pieds qu'il appuie contre l'arbre ; puis il s'élance en haut en tirant la partie inférieure du lacet avec la main et avec la pointe de ses pieds. Il ne met pas plus de deux minutes pour atteindre le sommet des arbres les plus élevés. Il est muni d'une courroie passée autour de son corps et à laquelle sont suspendus un couteau et un ou deux pots.

Le suc tiré de l'arbre est d'abord clair, doux et agréable ; mais au bout de six à huit heures, il devient blanchâtre et prend un goût dur et âcre. En y ajoutant un peu de riz, on peut en faire de l'arack très fort. Un bon arbre fournit en vingt-quatre heures plus de deux pintes de ce suc ; mais dans l'année où l'on extrait ce toddy, il ne porte pas de fruits.

Quelques jours plus tard, le navire qui portait notre voyageuse passa près de ce merveilleux groupe de rochers, le Junghera, qui sort comme une île féerique des eaux du fleuve. Cet endroit était autrefois vénéré comme le lieu le plus sacré du Gange ; aucun Hindou ne serait mort tranquille s'il n'y avait fait un pèlerinage ; mais aujourd'hui ce lieu a perdu son prestige, et l'on n'y trouve plus que deux ou trois faquirs qui y végètent misérablement.

Le soir, on fit halte près de Monghyr, surnommé le Birmingham de l'Inde, à cause de ses nombreuses fabriques d'acier et d'armes et de ses coutelleries. On y remarque un cimetière offrant les tombeaux en briques les plus massifs qui se puissent voir, des temples, des pyramides, d'énormes catafalques, des kiosques, etc., dont la grandeur n'est nullement en rapport avec le petit nombre des Européens établis dans la ville. Mais c'est, paraît-il, l'endroit le plus malsain des grandes Indes, si bien qu'un Européen qui y est envoyé pour plusieurs années prend d'ordinaire congé de sa famille pour toujours ; car neuf fois sur dix il ne revient pas.

A Patna, une des plus grandes et des plus anciennes villes du Bengale, Mme Pfeiffer trouva un aspect misérable qui faisait mal au cœur. C'est pourtant un endroit extrêmement important pour le commerce de l'opium, qui enrichit beaucoup l'indigène. Seulement celui-ci ne fait généralement pas parade de sa richesse ni dans ses habits, ni dans son habitation. Aussi n'y a-t-il que deux costumes : celui de l'homme aisé, semblable à celui des Orientaux, et celui de l'indigène, composé d'un morceau d'étoffe passé autour des hanches.

La principale rue de la ville est excessivement animée ; on y voit aller et venir une grande quantité de voitures et de piétons. L'Hindou est, comme le juif, si ennemi déclaré de la marche, que, plutôt que d'aller à pied, il se contente de la plus mauvaise place dans un char misérable.

Le véhicule le plus ordinaire consiste en une charrette étroite sur deux roues entourées de quatre pieux et de perches transversales. Ces perches sont garnies d'une étoffe en laine de couleur, et une espèce de baldaquin les garantit contre le soleil. Dans cette charrette il n'y a, à proprement parler, place que pour deux personnes ; mais on en voit souvent trois ou quatre pressées les unes contre les autres ; ce qui fait songer aux Italiens, qui savent si bien s'entasser dans leurs voitures, assis et debout, et ne laissent même pas les marchepieds libres. Ces véhicules s'appellent des bailis. Ils sont fermés de rideaux épais, quand il y a des femmes dedans.

Mme Pfeiffer vit à cette occasion la manière dont les Européens entendent le commerce avec l'indigène; son bon sens et son bon cœur de femme et de chrétienne en furent révoltés.

Un des machinistes, ayant voulu acheter une paire de souliers, — la cordonnerie indigène de cet endroit étant exceptionnellement belle, solide et bon marché, — offrit le quart du prix demandé. Le vendeur n'accepta pas cette offre dérisoire et reprit sa marchandise; mais le machiniste la lui arracha des mains, lui jeta quelques *beis* ou centimes de plus que la somme offerte et retourna dans sa cabine. Le cordonnier courut après lui et réclama ses souliers; mais on lui allongea à la place quelques bons coups de poing, en le menaçant de l'expulser immédiatement du bateau, s'il ne se tenait pas tranquille, et le pauvre diable s'en retourna à ses marchandises.

Le même soir, un jeune garçon hindou apporta pour un des voyageurs une boîte dont on l'avait chargé; il réclama une bagatelle pour sa peine. On n'y fit aucune attention; le garçon ne s'en alla pas et renouvela sa demande à plusieurs reprises; alors on le chassa, et, comme il tardait à s'en aller, on le rudoya. Par hasard, le capitaine survint et demanda ce qu'il y avait; le garçon raconta en sanglotant sa mésaventure; le capitaine haussa les épaules, et le petit malheureux fut expulsé du bateau.

Comment, avec de tels fruits de la civilisation, les peuples que nous appelons barbares et païens ne nous haïraient-ils pas? Partout où arrive l'Européen il ne veut pas payer, mais seulement régner et commander; et d'ordinaire sa domination est bien plus vexatoire que celle des indigènes.

Mme Pfeiffer, qui s'attachait à contrôler *de visu* les récits qu'elle avait entendu faire, ou les relations de voyages qu'elle avait lues, trouva que les bords du Gange offraient moins d'exposition de morts et de mourants qu'elle ne l'avait supposé. Il y avait déjà quinze jours qu'elle naviguait avant d'avoir été témoin de ce lugubre spectacle. Enfin elle vit un mourant étendu tout près de l'eau ; autour de lui étaient plusieurs hommes, probablement des parents, qui attendaient le moment où il expirerait. On puisa avec la main de l'eau ou de la vase dans le fleuve, et l'on en toucha le nez et la bouche du mourant. L'Hindou croit que s'il meurt la bouche pleine d'eau sacrée, et près du fleuve même, il ne peut manquer d'entrer au ciel. Les parents ou les amis restent auprès du moribond jusqu'au coucher du soleil, ensuite ils rentrent et l'abandonnent à son sort. D'ordinaire il devient la proie d'un crocodile. Mme Pfeiffer ne vit que très rarement des cadavres flottant sur l'eau. La plupart des corps sont brûlés.

Ghazipur se distingue particulièrement par ses immenses champs de roses, et l'huile ou l'essence qu'on y fabrique.

Cette huile se fait de la manière suivante : sur quarante livres de roses avec leurs calices, on verse soixante litres d'eau et on distille sur un feu lent. On en tire trente litres d'eau de rose. Celle-ci est jetée de nouveau sur quarante livres de roses fraîches, et on en distille tout au plus vingt litres d'eau, qu'on expose ensuite à l'air frais pendant une nuit. Le lendemain on trouve l'huile figée sur la surface de l'eau et on l'enlève. De quatre-vingts livres de roses (environ deux cent mille fleurs) on tire tout au plus une once et demie d'huile. Une once de véritable huile de roses coûte à Ghazipur même 40 roupies (soit 101 fr. 20).

Somme toute, l'impression de notre voyageuse par rapport au Gange est que sa réputation a été considérablement surfaite. Durant cette navigation de près de seize cent quarante kilomètres, pas un seul endroit ne l'a frappée comme ayant une vue réellement pittoresque ou une grande beauté. Ses rives sont plates ou bordées de berges de quatre à sept mètres ; et dans l'intérieur du pays, des plaines de sable alternent avec des plantations ou des prés desséchés, ou bien de misérables jungles. Les villes et bourgades, qui, à la vérité, sont en grand nombre, ne sont que des amas de huttes et de baraques indignes du nom d'habitations.

Le fleuve lui-même est souvent divisé en plusieurs bras ; quelquefois il est si large, qu'il ressemble plus à un lac qu'à une rivière et que l'œil peut à peine en distinguer les bords.

XVIII.

HINDOUSTAN (suite).

BÉNARÈS. — RELIGION. — HABITATIONS ET PALAIS. — TEMPLES. — DESCRIPTION DE LA VILLE. — TEMPLE DE VISVISHA. — TAUREAUX SACRÉS. — FONTAINE SACRÉE. — LA MANKARNIKA. — MOSQUÉE D'AURENG-ZEB. — OBSERVATOIRE. — SINGES SACRÉS. — L'INDIGOTIER. — LE RAJAH DE BÉNARÈS.

Mme Pfeiffer était enfin arrivée à Bénarès, la ville sacrée de l'Inde. Elle est à l'Hindou ce que la Mecque est au mahométan et Rome aux catholiques.

La croyance de l'Hindou à la sainteté de cette ville est si grande, que, selon lui, tout homme, de quelque religion qu'il soit, qui y a passé vingt-quatre heures, doit être un jour admis à la félicité éternelle. Cette noble croyance, qui confond le fanatisme religieux de bien des sectes chrétiennes, est un des plus beaux traits de la religion et du caractère de ce peuple intéressant, dont le fond est un des meilleurs.

Le nombre des pèlerins s'élève tous les ans de trois à quatre cent mille, et leur séjour, leurs offrandes et leurs dons ont fait de Bénarès la ville la plus riche du pays.

164   VOYAGE AUTOUR DU MONDE.

Plaçons ici quelques observations empruntées à Zimmermann dans son *Journal des Voyages*.

Vue de Bénarès.

« Le fond de la religion hindoue est la croyance à un Être premier et suprême, à l'immortalité de l'âme et à la récompense de la vertu. Leur idée de Dieu est si grande et si belle, leur morale si pure et si sublime, qu'on n'en saurait trouver de pareilles chez aucun peuple.

« Leurs préceptes sont : d'adorer l'Etre suprême, d'invoquer les dieux tutélaires ; de se montrer bienveillants pour leurs semblables ; d'avoir pitié des malheureux, de les soutenir, de supporter patiemment les peines de la vie ; de ne pas mentir ; de ne pas commettre d'adultère ; de lire et d'écouter lire l'histoire divine ; de parler peu, de jeûner, de prier et de se baigner aux heures déterminées. Ce sont les devoirs généraux auxquels les livres sacrés obligent tous les Hindous, sans distinction de caste ni de race.

« Leur véritable et unique Dieu s'appelle Brahm, qu'il ne faut pas confondre avec Brahma, créé par lui. C'est la vraie lumière, qui est la même, éternelle et bienheureuse, dans tous les temps et dans tous les lieux. Le mal est puni et le bien récompensé. De l'essence immortelle de Brahm est émanée la déesse Bhavani, c'est-à-dire la nature, et une légion de onze cent quatre-vingts millions d'esprits. Parmi ces esprits il y a trois demi-dieux ou génies supérieurs : Brahma, Vichnou et Siva, la trinité des Hindous, appelée chez eux *Trimourti*.

« Longtemps la concorde et la félicité régnèrent entre les esprits. Mais ensuite éclata parmi eux une révolte, et plusieurs refusèrent d'obéir. Les rebelles furent précipités du haut des cieux dans l'abîme des ténèbres. Alors eut lieu la métempsychose : chaque être, chaque plante fut animée par un ange déchu. Cette croyance explique la bonté infinie des Hindous pour les animaux. Ils les considèrent comme leurs semblables et n'en veulent tuer aucun.

« L'Hindou adore, avec le sentiment le plus pur et le plus religieux, le grand but de la nature, la procréation des corps organiques. Toutes les parties qui concourent à ce but sont sacrées à ses yeux et dignes de son respect ; c'est la seule raison qui lui fait offrir un culte au *Lingam*.

« On est tenté de croire que ce n'est qu'à la longue que tout ce qu'il y a d'extraordinaire dans cette religion mal comprise et faussée dans la bouche du peuple, est descendu au rang de folle jonglerie.

« Il suffira d'indiquer les attributs de quelques-unes des principales divinités des Hindous pour expliquer l'état actuel de leur religion.

« Brahma, comme créateur du monde, est représenté avec quatre têtes d'hommes et huit mains; dans une main il tient le code; dans les autres il a différents emblèmes. Il n'est point adoré dans une pagode (temple); il a perdu cette prérogative par son orgueil, car il avait voulu pénétrer la nature de l'Être suprême. Cependant, après s'être repenti de sa folie, il obtint que les brahmanes, en son honneur, institueraient des fêtes solennelles appelées *poutsché*.

« Vichnou, comme conservateur de l'univers, est représenté sous vingt et une figures différentes : à moitié poisson, à moitié homme, comme tortue; à moitié lion, à moitié homme, Bouddha, nain, etc. La femme de Vichnou est adorée comme la déesse de la fécondité, de la richesse, de la beauté, etc. C'est en son honneur qu'on regarde la vache comme sacrée.

« Siva est le destructeur, le vengeur, le réformateur, le vainqueur de la mort. Aussi a-t-il un double caractère : il est bienfaisant ou redoutable, il récompense ou il punit. Ordinairement on le représente sous des traits horribles, tout entouré d'éclairs, avec trois yeux, dont le plus grand est sur le front; en outre, il a huit bras, dont chacun tient quelque chose.

« Quoique ces trois divinités soient hiérarchiquement aussi haut placées l'une que l'autre, la religion des Hindous ne se divise réellement qu'en deux sectes : les adorateurs de Vichnou et ceux de Siva. Brahma n'a pas de secte, à proprement parler, parce qu'il n'a ni temples, ni pagodes; on pourrait cependant considérer toute la caste des prêtres, les brahmanes, comme attachés à son culte, puisqu'ils prétendent être sortis de sa tête.

« Les adorateurs de Vichnou portent sur le front ou sur la poitrine, peint en rouge ou en jaune, le signe de la Jani. Les adorateurs de Siva portent au front le signe du Lingam, ou d'un obélisque, ou d'un triangle, ou du soleil.

« On admet trois cent trente-trois millions de divinités inférieures ; ce sont les dieux des éléments, des phénomènes de la nature, des passions, des arts, des maladies, etc. On les représente sous différentes formes et avec toutes sortes d'attributs.

« Il y a en outre des génies, de bons ou de mauvais démons. Le nombre des bons dépasse celui des mauvais de trois millions.

« D'autres objets encore ont, aux yeux des Hindous, un caractère sacré, comme les fleuves, parmi lesquels le Gange occupe le premier rang; on le dit formé de la sueur de Siva. L'eau du Gange jouit d'une si haute réputation, qu'on en fait un commerce considérable et qu'on la transporte à plusieurs milles dans l'intérieur du pays.

« Parmi les animaux, les Hindous adorent surtout la vache, le bœuf, l'éléphant, le singe, l'aigle, le cygne, le paon et le serpent.

« Parmi les plantes, le nénuphar, le banyan et le manguier.

« Les brahmanes ont une très haute vénération pour une pierre, qui est, d'après Sonnerat, une corne d'Ammon pétrifiée en roche schisteuse.

« Ce qui est excessivement remarquable, c'est qu'on ne trouve pas dans tout l'Hindoustan une seule image de l'Être suprême. Il leur paraît trop grand ; toute la terre, disent-ils, est son temple, et ils l'adorent sous toutes les figures.

« Les adorateurs de Siva enterrent les morts ; les autres sectes les brûlent ou les jettent dans le fleuve. »

Celui qui ne connaîtrait l'Inde que pour être allé à Calcutta ne pourrait pas se faire une juste idée de ce pays. Calcutta a presque le caractère d'une ville européenne. Les palais et les équipages ressemblent à ceux de l'Europe. On y voit des promenades, des réunions, des bals, des concerts, qui peuvent presque rivaliser avec ceux de Paris et de Londres ; et si l'on ne rencontrait pas dans la rue l'indigène au teint jaune foncé, et dans les maisons l'Hindou qui fait le service, on pourrait bien oublier qu'on se trouve dans une autre partie du monde.

Il en est tout autrement de Bénarès. L'Européen s'y trouve isolé. Des costumes et des usages étrangers lui rappellent à chaque pas qu'il n'est qu'un intrus toléré. Bénarès compte trois cent mille habitants, parmi lesquels il y a à peine cent cinquante Européens.

La ville est belle, surtout vue du côté de l'eau, où l'on n'aperçoit pas ses défauts. De superbes escaliers en pierres colossales conduisent du rivage aux maisons, aux palais et aux magnifiques portes de la ville. Dans la belle partie de la ville, ces escaliers forment une chaîne non interrompue de deux milles de longueur. Ils ont coûté des sommes énormes, et, avec les pierres employées à leur construction, on aurait pu bâtir une immense cité.

Le beau quartier de Bénarès renferme beaucoup d'anciens palais de style mauresque, gothique ou hindou. Les portails sont grandioses, les façades sont couvertes de superbes arabesques, de bas-reliefs et de sculptures ; les divers étages sont ornés de belles colonnes, de piliers en saillie, de vérandahs, de balcons, de frises et de corniches. Les fenêtres sont basses, étroites, et rarement régulières. Tous les palais et toutes les maisons ont des toits très larges ou inclinés ; quelquefois ils n'ont que des terrasses.

D'innombrables temples donnent une preuve de la richesse et du caractère religieux des habitants. Tout riche Hindou construit près de sa maison un temple, c'est-à-dire une tourelle qui souvent n'a guère plus de six ou sept mètres de haut.

Le temple hindou se compose d'une tour haute de dix à vingt mètres, sans fenêtres, et avec une petite entrée. Il se présente très bien et a l'air très original, surtout vu de loin, car il est taillé avec beaucoup d'art et beaucoup de goût, ou bien richement chargé d'ornements extérieurs, tels que flèches, petites colonnes ou pyramides, feuilles, niches, etc.

Temples et palais de Bénarès.

Mais il y a malheureusement aussi beaucoup de ruines parmi ces belles constructions. Le Gange mine fréquemment le sol, et les palais et les temples se tassent ou s'écroulent tout à fait. Dans quelques endroits on a construit sur leur emplacement de misérables bicoques, qui forment un contraste choquant avec le bel aspect de ce qui les entoure; les ruines du moins ont encore leur beauté.

Quand on arrive près du fleuve au lever du soleil, on voit un spectacle que l'on ne peut comparer à rien au monde. Le pieux Hindou y vient faire ses dévotions; il entre dans le Gange, se tourne du côté du soleil, s'asperge trois fois la tête avec l'eau qu'il a puisée dans le creux de sa main, et récite en même temps ses prières.

Si l'on tient compte du chiffre élevé de la population de Bénarès, on ne sera pas taxé d'exagération en évaluant à environ cent cinquante mille le nombre des fidèles, non compris les pèlerins, qui viennent chaque jour prier dans le fleuve.

Beaucoup de brahmanes sont assis dans de petits kiosques ou bien sur des blocs de pierre, sur les escaliers, tout près de l'eau, pour recevoir les dons des riches et des pèlerins, et pour leur donner en échange l'absolution de leurs péchés.

Tout Hindou doit se baigner au moins une fois par jour, et cela le matin. S'il est très dévot, et s'il en a le temps, il répète la même cérémonie le soir. Quant aux femmes, elles font leurs ablutions chez elles.

Pendant le temps des fêtes, appelées *Méla*, où l'affluence des pèlerins est incalculable, les marches des escaliers peuvent à peine contenir la masse des fidèles, et le fleuve est comme tout semé de points noirs qui représentent les têtes des baigneurs.

Il s'en faut de beaucoup que l'intérieur de la ville soit aussi beau que la partie qui s'étend le long du Gange. On y trouve encore une grande quantité de palais, mais ils n'ont ni beaux portails, ni colonnes, ni vérandahs. Plusieurs de ces édifices sont revêtus d'un ciment fin, et d'autres sont couverts de misérables fresques.

Les rues sont laides et sales pour la plupart, et il y en a de si étroites, qu'on ne peut pas y passer en palanquin. Dans tous les coins, presque devant chaque maison, on retrouve l'emblème du dieu Siva.

Le plus beau temple de Bénarès est celui de Visvisha; ses deux tours sont unies l'une à l'autre par des colonnades, et les flèches sont revêtues de lames d'or. Le temple est entouré d'un mur. On voit à l'intérieur quelques emblèmes de Vichnou et de Siva, couronnés de fleurs et couverts de riz, de froment et d'autres graines. Dans les péristyles on aperçoit de petits taureaux en métal ou en pierre, et des taureaux blancs vivants se promènent librement; ces derniers, regardés comme sacrés, peuvent circuler partout, et il ne leur est pas même interdit d'assouvir leur faim avec les fleurs et les fruits déposés comme offrande.

Ces animaux sacrés ne se tiennent pas seulement dans les temples, mais se promènent aussi dans les rues. Tout le monde leur fait respectueusement place, et on leur jette quelquefois même à manger. Mais on ne les laisse plus, comme autrefois, toucher aux grains exposés en vente. Un de ces taureaux sacrés vient-il à mourir, il est jeté dans le fleuve ou brûlé. Il jouit à cet égard des mêmes honneurs que l'Hindou.

Près du temple de Visvisha se trouvent les lieux les plus vénérés des Hindous de Bénarès, la *fontaine sacrée* et la *Mankarnika*, ou grand bassin d'eau.

Voici ce qu'on raconte de la fontaine sacrée :

Les Anglais, s'étant emparés de Bénarès, braquèrent un canon à l'entrée d'un temple pour détruire le dieu Mahadeo. Les brahmanes, exaspérés, cherchèrent à soulever le peuple, qui se porta en effet au temple en grandes masses. Les Anglais, pour prévenir la lutte, dirent aux Hindous : « Si votre dieu est plus fort que celui des chrétiens, le boulet ne lui fera aucun mal; mais, dans le cas contraire, il tombera à terre brisé. » Ce fut naturellement cette dernière chose qui arriva. Mais les brahmanes ne se reconnurent pas pour vaincus, et ils déclarèrent qu'avant l'explosion du coup de canon, ils avaient vu l'esprit de leur dieu quitter l'image de pierre et se jeter dans la fontaine voisine. Depuis ce temps, la fontaine passe pour sacrée.

La Mankarnika est un bassin profond, recouvert intérieurement de pierres ; il a vingt mètres de large et autant de long. Des escaliers spacieux conduisent à l'eau des quatre côtés. On raconte ici une histoire analogue du dieu Siva.

Les dieux Mahadeo et Siva résident encore aujourd'hui, l'un dans la fontaine et l'autre dans la Mankarnika. Tout pèlerin venant à Bénarès doit, à son arrivée, se baigner dans cet étang sacré et offrir un petit don aux brahmanes ; ils s'en trouvent toujours là pour les recevoir. Les brahmanes ne se distinguent pas par leurs habits des gens de la classe aisée ; ils ont seulement un teint plus clair, et plusieurs ont de très nobles figures.

A cinquante pas de cet étang, sur les bords du Gange, s'élève un temple de toute beauté, avec trois tours. Malheureusement le sol fléchit il y a quelques années ; les tours se déjetèrent : l'une penche à gauche, l'autre à droite, et la troisième est presque enfoncée dans le Gange.

La place où l'on brûle les morts est également tout près de l'étang sacré.

La mosquée d'*Aureng-Zeb* est surtout digne de l'attention du voyageur. Elle est célèbre par ses deux minarets, qui ont cinquante mètres de haut et passent pour les plus effilés qu'il y ait au monde. Ils ressemblent à deux aiguilles, et méritent certainement ce nom plutôt que les minarets de Cléopâtre, à Alexandrie. D'étroits escaliers tournants, pratiqués dans l'intérieur, conduisent jusqu'au faîte, où l'on a ménagé un petit rebord avec un garde-fou d'un pied de hauteur. Heureux celui qui n'est point sujet au vertige ! Il peut se placer sur la plate-forme et embrasser à vol d'oiseau l'océan des palais et des maisons entremêlés de temples et de pagodes ! Le Gange aussi se déroule à ses pieds avec ses innombrables quais en escaliers.

Une construction extrêmement curieuse est l'observatoire élevé il y a plus de deux cents ans par Dscheising, sous le règne du spirituel Akbar. On n'y trouve ni longues-vues ni télescopes ordinaires ; tous les instruments ont été composés artificiellement au moyen de pierres de taille massives. On y rencontre des brahmanes sérieusement occupés à faire des calculs et à rédiger des mémoires.

Du reste, Bénarès est le principal siège de l'érudition hindoue. Parmi les six mille brahmanes qui y demeurent, il y en a beaucoup qui professent l'astronomie, le sanscrit et diverses sciences.

Une autre curiosité de Bénarès, ce sont les singes sacrés, établis particulièrement sur quelques mangliers énormes du faubourg *Durgakund*.

Ces animaux s'approchent des voyageurs sans la moindre crainte ; et lorsqu'on les appelle pour les inviter à manger, c'est un plaisir de les voir accourir, en sautant et en gambadant, des toits, des arbres, des maisons et des rues d'alentour. En un clin d'œil, on est entouré de quelques centaines de singes qui se disputent de la manière la plus plaisante les fruits et les grains qu'on leur a jetés. Le plus grand ou le plus âgé d'entre eux impose son autorité à toute la bande ; partout où il y a rixe ou dispute, il arrive, donne des coups, montre les dents et pousse des cris de colère. Aussitôt les combattants se séparent et s'enfuient. C'est vraiment la société de singes la plus amusante qui se puisse voir. Ils ont plus d'un demi-mètre de haut et sont d'un jaune sale.

Ce fut là que Mme Pfeiffer se trouva pour la première fois à même de visiter des plantations d'indigotiers, qui l'intéressèrent vivement.

L'indigotier est un arbuste de cinquante centimètres à un mètre de haut, à petites feuilles délicates d'un vert bleu. La récolte d'indigo se fait d'ordinaire au mois d'août. La plante est coupée assez près du tronc, liée en fascicules, et placée dans de grandes tonnes en bois. On recouvre l'indigo de planches chargées de grosses pierres, et on verse de l'eau par-dessus. Au bout de seize heures, ce mélange commence à fermenter ; c'est là le moment critique de l'opération ; car il faut que la fermentation ne soit ni trop longue ni trop courte.

Quand l'eau prend une couleur vert foncé, on la fait couler dans d'autres cuves de bois, on y mêle de la chaux, et on l'agite avec des pelles de bois, jusqu'à ce qu'on obtienne un précipité bleu. Puis on laisse déposer la masse et on fait écouler l'eau ; la substance qui reste au fond, c'est-à-dire l'indigo, est mise dans des sacs de lin, à travers lesquels l'eau dégoutte entièrement. Dès que l'indigo est sec et durci, on le casse par morceaux et on l'emballe.

Mme Pfeiffer fut présentée au rajah de Bénarès. Il était en compagnie de son frère, jeune homme de dix-neuf ans, qu'il avait déjà adopté par suite d'une coutume établie dans l'Inde. Lorsqu'un Hindou n'a pas de fils, il adopte un de ses parents, pour avoir, lors de ses funérailles, quelqu'un qui remplisse envers lui les devoirs d'un fils.

Les deux princes étaient très richement vêtus ; ils avaient de longs pantalons, de longs vêtements de dessous avec de courtes robes par-dessus, le tout en satin brodé d'or avec une garniture de diamants. L'aîné, qui avait trente-cinq ans, avait aux doigts quelques grosses bagues en brillants ; ses souliers en soie étaient surchargés de riches broderies d'or. C'était un bel homme, dont la physionomie dénotait à la fois la bonté et l'esprit.

Le plus jeune portait un turban blanc avec une superbe agrafe de diamants et de perles. Aux oreilles il avait de grands pendants de perles, et autour des poignets de riches et lourds bracelets.

Dès le commencement de la réception on apporta de grands bassins d'argent avec des *narghilés* élégants, et l'on pria les étrangers, car Mme Pfeiffer n'était pas seule, de fumer. Ils déclinèrent cet honneur; le prince dut fumer seul; il ne tirait que quelques bouffées du même narghilé; un autre plus beau remplaçait toujours celui dont il venait de se servir.

La conduite du prince fut pleine de noblesse et d'empressement; il fit demander par l'interprète à Mme Pfeiffer si elle avait vu un *natch* (danse de fête); et sur sa réponse négative, il donna les ordres nécessaires pour la faire jouir de ce spectacle.

Au bout d'une demi-heure parurent deux danseuses et trois musiciens. Les danseuses étaient vêtues en mousseline brodée d'or, portaient de larges pantalons en tissu de soie broché d'or, qui descendaient jusqu'à terre et qui couvraient leurs pieds non chaussés. L'un des musiciens frappait sur deux tambourins; les deux autres râclaient des instruments à quatre cordes, semblables à nos violons. Ils se tenaient derrière les danseuses, et jouaient sans aucune mélodie. Les danseuses faisaient des mouvements très vifs avec les bras, les mains et les doigts, mais moins avec les pieds. A ces derniers étaient attachés des grelots d'argent, qu'elles faisaient résonner de temps à autre. Elles savaient prendre de belles poses, et se drapaient de la manière la plus gracieuse avec leurs robes de dessous. Cette représentation dura à peu près un quart d'heure; ensuite elles accompagnèrent la danse de chants; mais les deux sylphides poussaient des cris si stridents, que les oreilles en étaient écorchées.

Pendant la représentation, on leur offrit des bonbons, des fruits et des sorbets.

Quand la danse fut achevée, le prince fit demander à Mme Pfeiffer si elle désirait voir le jardin, éloigné d'un mille du palais. Elle accepta cette proposition avec empressement; accompagnés du jeune prince, l'illustre voyageuse et les étrangers qui étaient venus avec elle se rendirent sur la grande place du palais, où des éléphants bien parés les attendaient. La monture favorite du prince aîné, d'une grosseur et d'une beauté rares, était préparée pour Mme Pfeiffer et un de ses compagnons. Une housse écarlate avec houppes, franges et bordure d'or, couvrait presque toute la bête. Sur le large dos de l'éléphant, on avait dressé un siège commode, qu'on pourrait comparer à un phaéton sans roues. L'éléphant se coucha par terre ; on appuya contre lui une large échelle, et les cavaliers s'assirent sur cette masse énorme.

Derrière eux était placé un serviteur chargé de tenir au-dessus de leur tête un grand parasol. Le cornac était assis sur le cou de l'éléphant, et le piquait de temps en temps entre les oreilles avec une baguette de fer pointue.

Le jeune prince, les hommes de sa suite et ses serviteurs, prirent place sur les autres éléphants. Quelques officiers à cheval se tenaient à leurs côtés ; deux soldats, le sabre nu, ouvraient la tête du cortège pour faire faire place ; quelques cavaliers fermaient la marche.

Arrivés au terme de leur course, le regard orgueilleux du prince parut demander à ses visiteurs s'ils n'étaient pas enchantés de la magnificence du jardin. Leur enchantement ne fut que simulé ; car le jardin était par trop simple pour mériter beaucoup d'éloges. Au fond se trouvait un palais d'été royal qui commençait à tomber en ruines.

Au moment où ils allaient quitter cette résidence, les jardiniers leur apportèrent de beaux bouquets de fleurs et des fruits délicieux, suivant la coutume établie dans toute l'Inde.

Le rajah de Bénarès reçoit du gouvernement anglais une pension annuelle d'un lack, ce qui équivaut à 253,238 fr. Il retire pareille somme de ses terres, ce qui ne l'empêche pas d'être criblé de dettes. Ce n'est pas étonnant, grâce à son luxe effréné, qui porte indifféremment sur toutes choses. On racontait que ce prince avait quarante femmes, mille serviteurs et soldats, cent chevaux, cinquante chameaux et vingt éléphants.

Non content de tant de gracieuseté, le rajah fit le lendemain prendre des nouvelles de Mme Pfeiffer, et demander comment elle s'était trouvée de sa promenade. Il lui envoya par la même occasion de la pâtisserie, des bonbons et les fruits les plus exquis.

Pour terminer le récit de cette visite, ajoutons que depuis bien des années il n'est mort personne dans le palais habité par le rajah. Voici la raison qu'on en donne. Un des maîtres de ce palais demanda un jour à un brahmane ce que deviendrait l'âme de celui qui viendrait à y mourir. Le brahmane répondit qu'elle irait au ciel. Le rajah, ayant répété quatre-vingt-dix-neuf fois la même question, reçut toujours la même réponse. Mais à la centième fois le brahmane perdit patience, et déclara qu'elle entrerait dans un âne.

A partir de ce moment, chacun, depuis le prince jusqu'au dernier serviteur, fuit le palais dès qu'il se sent indisposé. Personne ne veut continuer, après sa mort, le rôle dans lequel il a peut-être débuté en maître pendant sa vie.

XIX.

HINDOUSTAN (suite).

LE FORT D'ALLAHABAD. — CAUNIPOOR. — UN PASSAGE DE TROUPES DANS L'INDE. — LES BONGOLOS OU HÔTELLERIES PRIMITIVES. — AGRA. — MAUSOLÉE DU SULTAN AKBAR. — FORTIFICATIONS D'AGRA. — HABITATIONS. — FATTIPOOR-SIKRI. — LE PAON. — LE SULTAN AKBAR. — TOUR DES ÉLÉPHANTS.

De Bénarès, Mme Pfeiffer se rendit en poste avec M. Lau, le nouveau compagnon de route qu'elle s'était adjoint, à Agra.

En route, elle fit halte à Allahabad.

Il existe une légende sur la création de ce fort.

Quand le sultan Akbar en commença la construction, les murs s'écroulaient à mesure qu'on les élevait. Un oracle ayant déclaré que le fort ne s'achèverait pas heureusement, si un homme ne se dévouait à la mort, il se présenta un individu du nom de Brog, qui exigea, pour seul prix de son sacrifice, que le fort et la ville portassent son nom. Aussi les Indiens nomment-ils encore aujourd'hui plus souvent la ville Brog qu'Allahabad.

On a consacré à la mémoire de cet homme héroïque un temple souterrain, près du fort, où il a été enterré. Ce temple, visité tous les ans par beaucoup de pèlerins, est tout à fait sombre; on n'y pénètre qu'avec des flambeaux et des torches. En somme, il ressemble à une grande et belle cave, dont le plafond reposerait sur de simples piliers de pierre. Il ne contient rien de remarquable, si ce n'est un arbre dépouillé de ses feuilles, qui a poussé dans le temple et qui s'est frayé un passage à travers la voûte.

On y visite également un grand et beau jardin, dans lequel se trouvent quatre mausolées mahométans. Le plus grand renferme un sarcophage en marbre blanc, entouré de galeries en bois avec des incrustations en nacre aussi riches qu'élégantes. C'est là que repose le sultan Koshru, fils de Jéhan Puira. Dans des sarcophages plus petits sont les enfants du sultan. Les murs sont peints de fleurs raides et d'arbres misérables, parmi lesquels se trouvent aussi des inscriptions.

On voit sur un de ces murs un petit rideau que le guide écarte avec un profond respect pour montrer l'empreinte de la paume d'une main colossale. On raconte qu'anciennement un arrière-neveu de Mahomet était venu en ce lieu pour y faire ses dévotions. Il était d'une taille et d'une corpulence extraordinaires; en se levant, il s'appuya contre le mur et y laissa l'empreinte de sa main sacrée.

Ce jardin renferme les plus beaux tamarins du monde. La terre et le climat de l'Inde semblent favoriser cette espèce d'arbres, qui n'atteignent nulle part un semblable développement.

Après avoir vu tout ce que cette ville offrait d'intéressant, Mme Pfeiffer reprit la direction d'Agra.

Jusqu'à Caunipoor, petite ville près du Gange, qui se distingue par ses établissements européens, l'uniformité de la route ne fut coupée que par quelques colonnes militaires.

Un passage de troupes dans l'Inde ressemble à une petite migration. La plupart des soldats indigènes sont mariés ; il en est de même des officiers, qui sont Européens; aussi, quand un régiment se met en mouvement, il y a presque autant de femmes et d'enfants que de soldats.

Les femmes et les enfants voyagent par deux ou par trois, sur des chevaux, sur des bœufs, sur des charrettes, ou ils cheminent à pied, portant des paquets sur leur dos. Leurs bagages sont chargés sur des voitures, et ils conduisent devant eux leurs chèvres et leurs vaches. Les officiers suivent, avec leur famille, à de petits intervalles, dans des voitures européennes, dans des palanquins, ou à cheval. Leurs tentes, leurs meubles et leurs ustensiles, etc., sont portés par des chameaux ou des éléphants qui ferment ordinairement la marche. On dresse les camps des deux côtés de la route; d'un côté sont les hommes, de l'autre les animaux.

A Beura, la station suivante, les voyageurs ne trouvèrent pour se loger qu'un *bongolo*, c'est-à-dire une maisonnette avec deux ou quatre chambres, à peine pourvues des meubles les plus simples et les plus nécessaires. Ces bongolos, situés le long des routes de poste, servent d'hôtels; ils ont été créés par le gouvernement et placés sous la direction d'un inspecteur indigène, qui fait le service des voyageurs. Quand il n'y a pas de voyageurs dans un bongolo, on peut y rester tant qu'on veut; mais s'il en survient, il faut quitter la place au bout de vingt-quatre heures.

Après un voyage de trois nuits et deux jours et demi, les voyageurs arrivèrent à Agra, l'ancienne résidence des grands Mogols de l'Inde.

Comme la plupart des autres villes de l'Inde, Agra n'a point d'hôtels. Mme Pfeiffer dut accepter la gracieuse hospitalité d'un missionnaire qui s'offrit à l'accompagner dans les excursions qu'elle ne manquait pas de projeter.

La première fut une visite au superbe mausolée du sultan Akbar, à Sécundra, à six kilomètres et demi de la ville. La porte par laquelle on pénètre dans le jardin est déjà un chef-d'œuvre, on ne saurait trop l'admirer. C'est une imposante construction placée sur une terrasse en pierres, à laquelle conduisent de larges escaliers. La porte est élevée et surmontée d'un dôme magnifique. Aux quatre coins il y a des minarets en marbre blanc à trois étages; malheureusement les parties supérieures sont déjà un peu dégradées. Au-dessus de la porte, on voit encore les débris d'un mur en pierre sculpté à jour.

Le mausolée est au milieu du jardin; il forme un carré de quatre étages, qui va en se rétrécissant vers le haut comme une pyramide. Le premier aspect de ce monument n'est pas très important; car on a encore trop présente à la mémoire la beauté de la porte d'entrée; mais l'admiration augmente à mesure que l'on s'initie aux détails.

Le premier étage est entouré de belles arcades; les pièces sont simples, les murs sont revêtus de ciment blanc brillant qui pourrait remplacer le marbre. Il s'y trouve quelques sarcophages.

Le second étage se compose d'une grande terrasse qui recouvre la construction inférieure; au milieu s'élève un appartement ouvert et aéré, porté par des colonnes et surmonté d'une légère toiture. Beaucoup de petits kiosques, dans les coins et sur les côtés de la terrasse, donnent à l'ensemble un aspect un peu bizarre, mais plein de goût. Les jolies coupoles des kiosques doivent avoir été autrefois très riches et très brillantes; car aujourd'hui encore on voit sur plusieurs de beaux restes de peintures vernies et de filets de marbre blanc incrustés.

Le troisième étage ressemble au second.

Le quatrième et dernier est le plus beau; il est tout entier en marbre blanc; les autres ne sont qu'en grès rouge. De larges arcades couvertes, dont les grilles de marbre extérieures sont d'une beauté inimitable, forment un carré ouvert, au-dessus duquel s'étend la plus belle voûte, le ciel bleu. Ici se trouve le sarcophage qui renferme les ossements du sultan. Au-dessus des arcs des colonnades, on a incrusté des maximes du Coran en caractères de marbre noir. C'est le seul monument mahométan où le sarcophage se trouve sur le faîte de l'édifice, dans un espace non couvert.

Les fortifications ont une étendue de plus de trois kilomètres et se composent d'une double et triple enceinte de murs. L'intérieur est divisé en trois cours principales. Dans la troisième, tout est en marbre blanc. Les murs des chambres sont incrustés de mosaïques, faites de pierres de prix, comme agates, onyx, jaspes, carnioles, lapis-lazuli; elles représentent des vases de fleurs, des oiseaux, des arabesques et d'autres figures. Deux pièces sans fenêtres sont exclusivement destinées à produire un grand effet par l'éclairage. Les murs, les plafonds voûtés sont ornés de micaschistes qui forment d'étroites bordures argentées. Des cascades se précipitent par-dessus des murs de verre, derrière lesquels on peut placer des globes lumineux, et des jets d'eau s'élèvent au milieu des appartements. Sans lumières même, tout étincelle et brille d'un éclat extraordinaire. Que ne doit-ce pas être quand d'innombrables feux s'y reflètent mille et mille fois! A la vue de ces splendeurs, on conçoit facilement les merveilleuses descriptions des Orientaux et des contes des *Mille et une Nuits.*

De semblables palais, de semblables appartements, peuvent réellement passer pour de véritables féeries.

A côté du palais, il y a une petite mosquée également en marbre blanc et ornée avec le plus grand art d'arabesques et de bas-reliefs.

Les maisons d'Agra, d'un à quatre étages, sont presque toutes en grès rouge, la plupart petites; mais plusieurs sont entourées de colonnes, de piliers, de galeries; il y en a qui se distinguent par de beaux portails. Tous les alentours sont remplis de ruines ; les personnes qui veulent faire bâtir n'ont que la peine de faire ramasser les matériaux. Bien des Européens y habitent des maisons délabrées, qui, avec un peu de peine et de soin, seraient aisément transformées en jolis palais.

Une des plus intéressantes excursions de Mme Pfeiffer fut une course à la ville en ruines de *Fattipoor-Sikri*. On s'y rend en voiture. La route passe de temps en temps par d'immenses plaines couvertes de bruyères. Dans l'une de ces plaines courait un petit troupeau d'antilopes. Plus petites que les daims, elles sont, comme les gazelles, d'une grande légèreté et d'une délicatesse extraordinaire. Elles ont le long du dos de petites raies d'un brun foncé ; elles traversaient la route sans trop de crainte, en faisant par-dessus les fossés et les buissons des sauts de plus de sept mètres, et il y avait dans tous leurs mouvements tant de grâce, qu'elles semblaient danser à travers les airs.

Les voyageurs aperçurent également deux paons sauvages. Le paon, dans son état naturel, est ici un peu plus grand qu'en Europe. Les couleurs et l'éclat de son plumage sont plus beaux et plus vifs. L'Hindou a pour cet oiseau presque autant de vénération que pour la vache. Les paons, de leur côté, semblent comprendre le culte que l'on a pour eux ; car on les voit, comme les bêtes domestiques des basses-cours, se promener tranquillement dans les villages, ou bien se reposer à leur aise sur les toits des maisons.

Dans quelques contrées, les Hindous ont tant de tendresse pour les paons, qu'un Européen s'exposerait aux plus mauvais traitements, s'il avait le malheur de tirer sur un de ces oiseaux. Peu de temps auparavant, deux soldats anglais avaient péri pour ne pas avoir respecté cette superstition de l'Hindoustan et pour avoir tué quelques paons. Les Hindous se précipitèrent avec fureur sur les meurtriers et les maltraitèrent si cruellement, qu'ils en moururent.

Fattipoor-Sikri est située sur une colline ; aussi voit-on de loin les murs du fort, les mosquées et d'autres édifices qui constituent les plus belles ruines du monde. Malheureusement, les indigènes ne se font aucun scrupule de tailler dans des blocs couverts des plus riches sculptures les éléments de leurs misérables huttes.

On entre par de belles portes dans le fort et dans la ville, au milieu d'éboulements et de ruines. Le tableau qui s'offre ici aux regards est bien plus saisissant que celui de Pompéi, près de Naples. A Pompéi, il est vrai, la destruction est bien complète aussi, mais c'est une destruction très régulière ; les rues et les places ont l'air aussi propres que si elles n'avaient été désertées que la veille ; les maisons, les palais et les temples ont été débarrassés de leurs décombres ; les ornières mêmes des voitures sont restées intactes. De plus, Pompéi est dans une plaine ; on ne l'embrasse pas d'un seul coup d'œil, et elle n'a pas l'étendue de la moitié de Sikri. Les maisons sont plus petites, les palais sont moins nombreux, et ils offrent un caractère moins grandiose.

A Sikri, un immense espace se déroule à vos yeux ; partout il y a des édifices magnifiques, des mosquées et des kiosques, des palais, des colonnades et des arcades ; en un mot, tout ce que l'art peut produire. Et pas un seul morceau n'a échappé entier à la destruction du temps ! tout est tombé en ruines ! On peut à peine se défendre de l'idée d'un terrible tremblement de terre ; et il n'y a guère que deux siècles que la ville était debout, dans toute sa richesse et sa splendeur. Elle n'a pas été, il est vrai, couverte, comme Pompéi, d'une lave protectrice, mais exposée sans défense à tous les orages et à toutes les tempêtes.

Sa principale mosquée surpasse pour la grandeur et pour l'architecture les plus belles d'Agra. La porte d'entrée qui conduit au vestibule passe pour la plus grande du monde; le cintre de la porte a vingt-quatre mètres de haut; la hauteur de tout le monument est de quarante-sept mètres, et dépasse en élévation plus de quatorze de nos étages modernes. Le péristyle de la mosquée est également des plus grands; sa longueur est de cent quarante-cinq mètres et sa largeur de cent trente-six. Il est entouré de belles arcades et de petites cellules.

Ce péristyle était, dit-on, presque aussi sacré que la mosquée elle-même, parce qu'Akbar le juste avait l'habitude d'y faire ses dévotions. Cet Akbar, le plus excellent prince de son temps, non seulement dans l'Inde, mais dans l'Asie entière, naquit en 1542 et monta sur le trône à l'âge de quatorze ans. Sa bonté et sa justice exemplaires, ainsi que sa haute intelligence, l'ont fait aimer et presque adorer à l'égal d'une divinité. Aussi, après sa mort, la place où il avait coutume de se prosterner pour prier fut marquée par une espèce d'autel en marbre blanc merveilleusement travaillé.

Le sultan Akbar passait, chaque jour, plusieurs heures dans la salle de justice, et donnait audience au dernier comme au premier de ses sujets. Une colonne placée au milieu de la salle, et dont le haut représente une plate-forme, indique l'endroit où se trouvait le divan de l'empereur. Cette colonne, dont le chapiteau est taillé de la manière la plus admirable, s'élargit vers le haut et est entourée d'une belle grille en pierre, environ d'un pied. De l'intérieur de cette salle, quatre larges galeries et de petits ponts de pierre conduisent dans les pièces contiguës au palais.

Une partie curieuse et assez bien conservée est la *tour des Eléphants*. Elle est en pierre; elle a vingt mètres de haut, et les dents y sont fixées depuis le haut jusqu'en bas, comme de gigantesques épines.

Cette tour était un trophée, à ce qu'il paraîtrait, car la légende affirme, ce qui est bien possible, que toutes ces dents représentent autant d'éléphants enlevés à l'ennemi par Akbar, ou bien tirés dans des chasses de la main même de ce sultan. C'était, du reste, son lieu de prédilection, et il s'asseyait sur le faîte de cette tour pour tirer aux oiseaux,

Des centaines de petits perroquets verts ont établi leurs nids dans les fentes et les fissures de cet édifice, qui constitue un spectacle à la fois déchirant et étonnant, quand on compare une destruction aussi complète, aussi terrible, à une magnificence tellement grande, qu'elle éclipse les rêves mêmes de l'imagination la plus vagabonde!

XX.

HINDOUSTAN (suite).

DELHI — LUXE ORIENTAL. — LES JONGLEURS. — LE PALAIS IMPÉRIAL. — LE GRAND MOGOL. — HISTOIRE DE LA PRINCESSE BIGEM — MAUSOLÉE DE NIZAM-ULDIN. — MOSQUÉE DU VIZIR SAFDAR-DSCHANG. — KOTAB-MINAR. — MADRISSA. — FEROZE-SHAH.

Mme Pfeiffer se rendait cette fois à Delhi, ville encore plus célèbre, s'il est possible, et située à deux cents kilomètres d'Agra. Cette grande ville impériale, sur laquelle étaient jadis fixés tous les regards, non seulement de l'Hindoustan, mais aussi de presque toute l'Asie, a partagé le sort des autres cités de l'Inde, et de son ancienne splendeur, elle n'a conservé que son nom.

L'ancien Delhi fut, de son temps, pour l'Inde, ce qu'Athènes fut pour la Grèce, et ce que Rome est encore pour l'Europe.

Le Delhi existant s'appelle le nouveau Delhi, quoique la ville soit bâtie déjà depuis deux siècles ; c'est la continuation des anciennes villes, qui ont été, à ce qu'on pense, au nombre de sept, et dont chacune s'appelait Delhi. Toutes les fois que les palais, les mosquées, les fortifications commençaient à se dégrader, on les laissait tomber en ruines, et on élevait de nouvelles constructions à côté des anciennes. De cette manière les ruines s'entassaient sur les ruines, et ont fini par occuper un espace qui a, dit-on, plus de dix kilomètres de largeur sur vingt-six de longueur. Si une mince couche de terre ne couvrait pas déjà une partie de ces ruines, elles seraient, sans contredit, les plus étendues de l'univers.

Le nouveau Delhi est situé sur la Jumna. Les rues sont larges et belles. Mme Pfeiffer s'en étonna, d'autant plus qu'elle n'avait encore rien vu de pareil dans l'Inde. La principale rue, Tschandni-Tschank, ferait honneur à toutes les capitales de l'Europe; elle a douze cents mètres de long et est large de plus de trente mètres; elle est coupée, dans toute sa longueur, par un canal étroit et sans eau, à moitié comblé. Les maisons de cette rue ne se distinguent ni par la grandeur ni par la magnificence; elles n'ont, en général, qu'un étage. Au rez-de-chaussée elles sont garnies de misérables auvents où sont exposées des marchandises de peu de prix.

Les jolies maisons et les somptueux magasins se trouvent dans les rues adjacentes au bazar. Les produits de l'art qu'on y admire consistent en objets d'orfèvrerie et de bijouterie, en étoffes d'or et en châles. Les bijoux et autres chefs-d'œuvre de joaillerie sont faits par les indigènes avec tant de goût, qu'on aurait de la peine à trouver quelque chose de plus beau à Paris. Les étoffes tissées d'or, les broderies d'or et de soie sur étoffes et les châles de Cachemire les plus fins coûtent ici 4,000 roupies; or, la roupie valant environ 2 fr. 53 c., on voit à quel chiffre atteignent ces merveilles de l'art du tissu. Ce qui mérite encore plus d'admiration peut-être, c'est l'habileté des artisans, lorsqu'on voit avec quelles faibles ressources et avec quels outils ils arrivent à produire toutes ces merveilles.

Il est fort agréable de se promener le soir dans les principales rues de Delhi. On y voit parfaitement la vie des grands et des riches de l'Inde. On ne trouve nulle part tant de princes et de grands seigneurs.

Indépendamment de l'empereur pensionné de l'Angleterre et de ses parents, dont le nombre s'élève à plusieurs milliers, il y vit encore d'autres souverains et ministres destitués, et également pensionnés. Ils répandent beaucoup de vie dans la ville; ils aiment à se montrer en public, font souvent de grandes et de petites parties, se promènent (toujours sur des éléphants) dans les jardins voisins, ou le soir dans les rues. Pour les excursions de jour, les éléphants sont richement ornés de tapis et de belles étoffes, de tresses d'or et de houppes; les sièges, appelés *haudas*, sont même couverts de châles de Cachemire; des baldaquins somptueusement décorés garantissent les cavaliers contre le soleil, ou bien des serviteurs tiennent au-dessus d'eux d'immenses parasols ouverts. Les princes et les grands personnages, très richement habillés à l'orientale, sont assis par deux ou par quatre dans ces haudas.

Le soir, on déploie moins de pompe. Un éléphant et quelques serviteurs suffisent, ou bien les plus habiles cavaliers font cabrer de nobles coursiers arabes, dont l'élégant aspect est encore rehaussé par des housses brodées d'or, par des mors d'argent et des brides garnies d'argent. Entre les cortèges marchent gravement des chameaux pesamment chargés, venant de contrées lointaines. Il y a aussi beaucoup de bailis, attelés de superbes bisons blancs, dont se servent les gens moins riches.

Les bailis, comme leur attelage, sont recouverts de housses écarlates. Les cornes et la partie inférieure des pieds des bisons sont peintes de couleur brune; autour du cou ils ont un beau ruban auquel sont attachés des grelots ou des clochettes.

Au nombre de toutes les curiosités qu'on voit dans les rues, il faut encore ajouter les jongleurs, les prestidigitateurs, les dompteurs de serpents, qui courent partout, et qui sont toujours entourés de curieux.

Ces jongleurs font des tours réellement inconcevables. Ils crachent du feu accompagné de beaucoup de fumée; ils mélangent des poudres blanche, rouge, jaune et bleue, avalent le mélange et crachent ensuite chaque poudre séparément, sans qu'elle soit mouillée; ils baissent les yeux, et, lorsqu'ils vous regardent à nouveau, la prunelle paraît comme de l'or; puis, ils inclinent la tête, et, quand ils la relèvent, la prunelle a repris sa couleur naturelle; mais les dents sont en or.

Ces jongleurs font des tours réellement inconcevables.

D'autres se font une petite entaille dans la peau et tirent de cette ouverture plusieurs aunes de fil, de coton, de soie, et de petits rubans. Les dompteurs de serpents traînent ces bêtes par la queue, les font tourner autour de leurs bras, de leur cou et de leur corps; ils touchent à de grands scorpions et les font passer sur leurs mains. On voit aussi quelques combats entre de grands serpents et des ichneumons. Ce dernier animal, un peu plus grand qu'un furet, vit, comme on sait, de reptiles et d'œufs de crocodiles; il sait prendre sa proie si habilement par la nuque, qu'elle succombe toujours. Quant aux œufs de crocodiles, il les suce.

A l'extrémité de la grande rue est le palais impérial, qui est regardé comme un des plus beaux édifices de l'Asie. Il occupe, avec ses dépendances, plus de trois kilomètres et demi en carré, et il est entouré d'un rempart de plus de treize mètres de hauteur.

A l'entrée principale, plusieurs portes qui se succèdent forment une belle perspective terminée par un joli portique. Ce portique est petit, en marbre blanc et incrusté de belles pierres ; le plafond, qui forme une voûte, est en verre de Moscovie avec de petites étoiles peintes. Mais malheureusement il perdra bientôt tout son éclat ; car la plus grande partie du verre est déjà tombée, et ce qui reste ne tardera pas à se détacher aussi. Au fond du portique est une porte de métal doré, ornée de beaux dessins gravés à l'eau-forte. C'est dans ce portique que l'ex-monarque avait l'habitude de se montrer au peuple, qui visitait encore quelquefois le palais par curiosité ou par un ancien respect ; c'est là aussi qu'il recevait les visites des Européens.

Les plus belles parties du palais impérial sont la superbe salle d'audience (le divan), admirée du monde entier, et la mosquée. Le divan est au milieu d'une grande cour et forme un long carré ; le plafond est supporté par trente colonnes ; la salle est ouverte de tous côtés ; quelques marches y conduisent, et elle est entourée d'une jolie galerie de marbre d'un mètre et demi de haut.

Le grand Mogol de l'époque de Mme Pfeiffer avait si peu de goût, qu'il avait fait couper ce divan par une misérable cloison en bois. Une autre cloison semblable se joint sur le devant aux deux côtés de la salle, et ainsi on peut dire qu'elle est tout à fait encadrée de planches. Il y a dans ce lieu un magnifique trésor : le plus gros cristal du monde. C'est un bloc de plus d'un mètre de long, de soixante-quinze centimètres de large et de trente centimètres d'épaisseur; il est très transparent. Il servait aux empereurs de trône ou de siège dans le divan. Maintenant le cristal est caché derrière la gracieuse cloison, et on ne le montre qu'aux voyageurs qui demandent à le voir.

La mosquée est petite; mais, comme la salle de justice, elle est en marbre blanc, avec de belles colonnes et des sculptures.

Dès son entrée dans le palais, Mme Pfeiffer vit un groupe d'hommes assemblés dans une des cours. Une heure plus tard, comme elle terminait sa visite, ces mêmes hommes étaient encore réunis à la même place. Elle s'approcha pour voir ce qui fixait ainsi leur attention : c'étaient quelques douzaines de petits oiseaux apprivoisés, posés sur des perchoirs, et qui prenaient leur nourriture des mains des gardiens ou bien se la disputaient entre eux. Les spectateurs étaient presque tous des princes. Plusieurs étaient assis sur des chaises, d'autres se tenaient debout avec des gens de leur suite. Quand ils sont en négligé, les princes ne se distinguent que très peu, par le costume, de leurs domestiques, sur lesquels ils ne l'emportent pas beaucoup non plus par l'instruction et les connaissances.

L'empereur affectionnait un divertissement qui ne valait guère mieux que celui des oiseaux : c'étaient ses soldats, composés de garçons de huit à quatorze ans. Ils portaient de misérables uniformes qui, par la coupe et la couleur, ressemblaient à ceux des Anglais; leurs exercices étaient dirigés en partie par de vieux officiers, en partie par des enfants. D'ordinaire le monarque s'asseyait, chaque jour, pendant quelques heures, dans la petite salle de réception, et s'amusait aux manœuvres de ses jeunes guerriers. C'était dans ces moments qu'on avait le plus de chance d'être présenté à Sa Majesté. Mais le vieux monarque, âgé de quatre-vingt-cinq ans, était indisposé le jour de la visite de Mme Pfeiffer; ce qui la priva du bonheur de le voir.

L'empereur reçoit du gouvernement anglais une pension de 14 lacks ou 1,400,000 roupies, plus de 3 millions de francs. Il avait conservé, en outre, les revenus de plusieurs vastes domaines qui lui rapportaient encore bien près de 2 millions; cependant, toujours aux expédients, il n'était pas plus à son aise que le rajah de Bénarès. Avec ces revenus, il devait pourvoir à l'entretien de plus de trois cents descendants de la famille impériale, d'une centaine de femmes et de plus de deux mille serviteurs. Qu'on ajoute à ces dépenses celles que nécessitaient le service de ses écuries, une grande quantité de chevaux, de chameaux et d'éléphants, et on comprendra facilement que, malgré ses millions, il fût presque toujours dans une pénurie extrême.

Le premier de chaque mois, le monarque recevait sa pension, qui était portée au trésor sous la garde de soldats anglais; car, autrement, elle eût été pillée en route par les créanciers du sultan. Aussi, pour augmenter ses ressources pécuniaires, avait-il recours à toutes sortes de moyens fort ingénieux et assez lucratifs. Il vendait des titres honorifiques, il mettait aux enchères des fonctions publiques, et les bons Hindous, pleins de respect pour Sa Majesté déchue, s'empressaient à l'envi d'acquérir, avec quelques sacs de roupies, la gloire d'occuper une place près du magnanime empereur. Les uns achetaient quelques signes de distinction, quelques hochets; d'autres, qui le croirait? des emplois et des charges d'officier pour un de leurs enfants. Le commandant des troupes impériales, au moment de la visite de Mme Pfeiffer, avait été doté de son haut grade par ses généreux parents; il était à peine âgé de dix ans.

Ce qu'il y avait de plus curieux, c'est que le ministre des finances, chargé des recettes et des dépenses de l'empereur, non seulement ne recevait pas de traitement, mais encore payait tous les ans à son souverain 10,000 roupies pour avoir l'honneur de le servir. En présence d'un désintéressement si large, n'est-on pas tenté de se demander à quel chiffre devaient s'élever les détournements?

Cet habile empereur se donnait le plaisir d'avoir un journal, qui jouissait du privilège d'être excessivement comique et du dernier ridicule. Cette honnête et véridique feuille ne parlait ni du régime constitutionnel, ni des événements politiques du monde; elle se bornait à relater les faits et gestes de la maison impériales, ses actes de munificence, hélas! aussi ses misères. C'est ainsi que ce *Moniteur officiel* rapporta un matin le fait suivant :

« La blanchisseuse du palais est venue réclamer à la sultane 3 roupies qui lui étaient dues. La sultane a fait prier son impérial époux de lui donner cette somme. L'empereur l'a demandée à son trésorier, qui a répondu que, comme on était à la fin du mois, la caisse était entièrement vide; et la blanchisseuse a été renvoyée pour le payement de sa note au mois suivant. »

Ce journal intéressant donnait encore des nouvelles de ce genre :

« Le prince C*** est venu voir à telle ou telle heure le prince D*** ou le prince F***; il a été reçu dans telle ou telle pièce, et est resté tant et tant de temps. La conversation a roulé sur tel sujet, etc. »

Le palais de la princesse Bigem mérite une mention, quand ce ne serait qu'à cause de l'histoire romanesque de sa propriétaire défunte. D'un style moitié italien, moitié mogol, il est assez grand et se distingue par ses salons d'une beauté vraiment remarquable. Un joli jardin, assez bien entretenu, l'entoure de tous côtés. Voici pour le palais.

Passons à l'histoire de la princesse.

Du temps où Delhi n'était pas encore sous la domination anglaise, la princesse Bigem fit beaucoup de sensation par sa haute intelligence, son esprit entreprenant et sa bravoure. D'origine hindoue, elle fit, dans sa jeunesse, la connaissance d'un Allemand, nommé

Sombar. Devenue éprise de lui, elle embrassa la religion chrétienne pour pouvoir l'épouser. M. Sombar leva quelques régiments d'indigènes, et, quand ils furent bien dressés et bien exercés, il les amena à l'empereur. Dans la suite, il sut si bien se mettre dans les bonnes grâces du souverain, que celui-ci le dota de grands biens et l'éleva au rang de prince. Sa femme lui prêta en toute occasion un concours énergique et dévoué. Après la mort de son mari, elle fut nommée commandante des régiments, fonction qu'elle remplit honorablement pendant plusieurs années. Elle est morte, vers le milieu de ce siècle, à l'âge de quatre-vingts ans.

On ne saurait s'imaginer les préparatifs qu'occasionnent les excursions aux environs des grandes villes. Il ne faut pas seulement s'occuper des vivres et du cuisinier, mais aussi songer à la vaisselle, à la batterie de cuisine, à la literie, aux domestiques. Il faut se pourvoir de tout un petit ménage ; tout cela s'envoie à l'avance et ressemble à un déménagement.

Pendant son séjour à Delhi, Mme Pfeiffer avait eu la chance de descendre dans une aimable famille qui para à toutes les éventualités de ses excursions. C'est ainsi qu'elle visita le tombeau de Nizam-Uldin, mahométan très vénéré pour sa sainteté.

Il se trouve dans une petite cour dont le sol est dallé en marbre blanc. Un revêtement carré, également en marbre, avec quatre jolies petites portes, entoure le beau sarcophage. Il est si idéalement beau, qu'on comprend à peine comment il a été possible de produire un tel chef-d'œuvre. Les portes, les piliers, les arcades, sont surchargés des bas-reliefs les plus délicats. Il n'en existe pas de plus achevés dans les plus belles villes de l'Italie. Le marbre dont on s'est servi est parfait de blancheur et de pureté, et tout à fait digne du chef-d'œuvre.

Dans la mosquée du vizir Safdar-Dschang, ce qui frappe le plus la voyageuse, ce furent des incrustations de marbre blanc dans le grès rouge des quatre minarets ; elles étaient si variées, si délicates et exécutées avec tant de pureté, que le dessinateur le plus habile ne pourrait pas les tracer sur le papier d'une manière plus fine et plus exacte. C'est ce qu'on peut dire aussi du sarcophage du principal temple, qui est taillé d'un seul bloc de beau marbre blanc.

Le lendemain, Mme Pfeiffer se dirigeait avec le savant docteur Sprenger, qui s'était constitué son guide, vers Kotab-Minar, une des plus anciennes et des plus magnifiques constructions des Patans, peuple dont les Afghans tirent leur origine. Le morceau le plus remarquable de ce monument est la *colonne du géant*, polygone de vingt-sept côtés ou de bords à moitié arrondis, avec cinq étages ou galeries, qui ont dix-huit mètres de diamètre à la base, et soixante-quinze mètres de hauteur. On y arrive par un escalier tournant de trois cent quatre-vingt-six marches. Cette construction, à ce qu'on prétend, date du XIIIe siècle, et a été élevée par Kotab-ut-Dun.

La colonne est de grès rouge, et il n'y a que la partie supérieure qui soit revêtue de marbre blanc ; de merveilleuses sculptures tournent tout autour en larges bandes ; elles sont exécutées avec tant de finesse et d'élégance, qu'elles ressemblent à de jolies dentelles. Toutes les descriptions qu'on pourrait faire d'un travail si délicat resteraient bien au-dessous de la réalité. La colonne est par bonheur aussi bien conservée que si elle avait un siècle d'existence. La partie supérieure penche un peu en avant (on ignore si cette inclinaison est artificielle, comme celle de la tour de Pise) ; elle se termine par un toit en forme de terrasse, ce qui ne s'accorde pas bien avec le reste de la construction. On ne sait pas s'il y avait autrefois quelque chose au-dessus. Quand les Anglais firent la conquête de Delhi, la colonne était dans le même état qu'aujourd'hui.

De la pointe la plus élevée s'offre aux regards l'aspect surprenant de tout ce monde de ruines, du nouveau Delhi, de la Jumna et de ses immenses plaines. Dans les ruines des villes impériales, entassées successivement les unes sur les autres, on pourrait étudier l'histoire des peuples qui ont régné sur l'Hindoustan.

C'était autrefois un spectacle grand et saisissant. Beaucoup d'endroits où jadis s'élevèrent des palais et des monuments superbes, sont aujourd'hui en pleine culture; partout où l'on remue la terre, on rencontre des décombres et des ruines.

L'observatoire du célèbre astronome Jey-Singh, en tous points semblable à celui de Bénarès, mais extrêmement dégradé, forme une des curiosités des environs.

Près de l'observatoire est l'ancienne Madrissa (école), grand édifice contenant beaucoup de petites pièces pour les maîtres et pour les élèves, des galeries et des salles ouvertes où les maîtres donnent leurs leçons, assis au milieu de leurs disciples. Cet édifice, assez délabré, était encore habité dans quelques parties par des particuliers.

Il y a encore le palais de Feroze-Shah, ruine splendide, où se retrouve une colonne de marbre sur laquelle on lit une inscription qui établit que cette colonne existait déjà cent ans avant Jésus-Christ. Elle peut donc être considérée comme un des plus anciens monuments de l'Inde; elle fut apportée de Lahore à Delhi à l'époque de la construction de ce palais.

On conçoit aisément que si l'on voulait énumérer ici toutes les ruines intéressantes qui se rencontrent autour de Delhi, on n'en finirait plus. Pour des savants, des archéologues et des historiens, elles sont du plus grand intérêt; mais pour le touriste, et surtout le lecteur, on doit se contenter de faire un choix parmi les plus curieuses et les plus rares.

XXI.

HINDOUSTAN (suite).

DE DELHI A KOTTAH. — LES TUGGS. — LES PAONS. — LE COTONNIER. —
PRÉCAUTIONS CONTRE LES TIGRES.

A Calcutta, on avait généralement dissuadé Mme Pfeiffer de poursuivre son voyage au delà de Delhi. C'était l'époque où l'on parlait beaucoup des Tuggs ou étrangleurs, qui formaient une société à part, vivaient de meurtres et de brigandages, et, comme les bandits italiens, étaient prêts, si on les payait, à commettre tous les crimes.

Chose étrange! il ne leur était pas permis de répandre le sang, et c'était en les étranglant qu'ils faisaient périr leurs victimes. En ce cas, ils n'encouraient pas de peine grave, et le meurtrier se purifiait par un petit cadeau offert à son prêtre, tandis que s'il répandait une seule goutte de sang, il tombait dans le plus profond mépris, était banni de sa caste et abandonné même par ses compagnons.

Ces étrangleurs avaient besoin pour leur épouvantable métier d'une adresse extraordinaire, et aussi d'une patience et d'une persévérance infatigables. Ils poursuivaient souvent leur victime durant un mois entier et l'étranglaient dans son sommeil, ou bien ils lui jetaient par derrière autour du cou un mouchoir tordu ou une corde qu'ils tiraient si brusquement et avec tant de force, que la mort était instantanée.

Les uns voulaient voir dans ces gens une secte religieuse, ne tuant que pour accomplir un acte méritoire, et non par cupidité ou par vengeance ; mais la version la plus accréditée était tout à fait contraire à cet ordre d'idées.

Mme Pfeiffer prit de sérieuses informations à Delhi, partagée qu'elle était entre le désir de poursuivre son voyage et la crainte de s'exposer gratuitement à une mort misérable et sans profit pour personne.

On la rassura presque entièrement, en lui affirmant, ce qui était vrai, que les Tuggs n'osaient guère s'attaquer aux Européens, certains qu'ils étaient, en ce cas, que le gouvernement anglais dirigerait contre les coupables les poursuites les plus sévères.

Si tranquillisée qu'elle fût sur les dangers, restait à considérer la question des privations et des fatigues sans nombre qu'elle aurait à endurer dans ce parcours. Heureusement qu'on sait combien cette question était secondaire pour l'intrépide voyageuse, qui n'avait pas de plus grand plaisir que d'affronter l'inconnu.

Elle avait à choisir entre deux routes : l'une la conduirait par Simla aux montagnes avancées de l'Himalaya, l'autre aux célèbres temples d'Adjunta et d'Elora. La première l'aurait menée à la chaîne principale de l'Himalaya, jusqu'à Lahore et à l'Indus, mais il lui eût fallu différer trois mois la continuation de son voyage, les montagnes étant alors couvertes d'une neige épaisse. Elle ne pouvait attendre aussi longtemps, et fut par conséquent obligée de se décider pour la seconde route.

Elle se dirigea d'abord vers Kottah ; c'était une traite de quatre cent soixante-quinze kilomètres. Elle avait le choix entre trois modes de transport : le palanquin, le chameau ou le baili à bœufs. Elle était prévenue d'avance et savait que d'aucune façon on n'irait vite. Il n'y a ni route de poste, ni relais. Il faut garder les mêmes hommes et les mêmes bêtes jusqu'à la fin du voyage, et on fait au plus trente-deux à trente-six kilomètres par jour. Pour un palanquin il faut huit porteurs, sans compter ceux qui sont nécessaires pour le voyage. Bien que chacun ne reçoive par mois que 8 roupies, sur lesquelles il pourvoit à son entretien, les frais s'élèvent encore assez haut, parce qu'il faut emmener un grand nombre de serviteurs et qu'on doit encore leur payer le retour.

Avec des chameaux, le voyage revient également très cher et est fort incommode. Elle se décida donc pour le mode de transport le moins coûteux : le chariot attelé de bœufs.

Comme elle s'engageait seule dans ce périlleux voyage, le docteur Sprenger s'occupa de tout pour elle. Il dressa avec le *tschaudrée* (voiturier) un contrat écrit en hindoustan, par lequel elle devait lui payer immédiatement la moitié du prix du transport, 15 roupies, et il devait recevoir l'autre moitié à Kottah, où il prenait l'engagement de la conduire en quinze jours. Pour chaque jour de retard, le traité passé réservait le droit de lui retenir 3 roupies.

Le docteur Sprenger lui donna en outre un de ses plus fidèles tscheprasses. Ces gens-là sont les domestiques de l'administration anglaise ; ils portent des écharpes rouges et sur l'épaule une plaque de métal où est gravé le nom de la ville à laquelle ils appartiennent. Tous les hauts fonctionnaires anglais ont à leur service un ou plusieurs de ces hommes de confiance, que le peuple respecte beaucoup plus que des serviteurs ordinaires.

La bonne Mme Sprenger pourvut notre voyageuse d'une moelleuse et chaude couverture et de provisions de toute nature ; et ce fut le cœur bien gros que Mme Pfeiffer prit congé des aimables compatriotes qui lui avaient rendu le séjour de Delhi si agréable.

Le premier jour de son voyage, elle fit peu de chemin, neuf loos — trente kilomètres — jusqu'à Paridabad. Il fallait d'abord que les bêtes se missent en train. Le soir, il lui fallut de toute force s'arrêter dans un *seraï*, sorte d'auberge indigène. Elle n'avait ni tente, ni palanquin, et il n'y avait pas de bongolos sur cette route.

Mme Pfeiffer dans un seraï indien.

Mais, hélas! les seraïs des petits endroits ne sont pas à comparer à ceux des grandes villes. Les cellules, faites de terre séchée au soleil, n'ont guère plus de deux mètres de long et de large, et l'entrée, étroite, haute de deux mètres trente, est sans porte; l'intérieur est vide. Au grand étonnement de Mme Pfeiffer, elle trouva toujours les seraïs très propres. On lui apporta dans chacun une sorte de tréteau en bois, revêtu d'un filet et de cordes, sur lequel elle jetait sa couverture; ce qui lui faisait, disait-elle, une couche superbe.

Le tscheprasse se plaçait devant l'entrée de la cellule, comme les Mamelouks de Napoléon ; mais il y goûtait un sommeil bien plus profitable que le leur ; car, dès la première nuit, il n'entendit rien d'un débat très animé que la voyageuse commise à sa garde soutint avec un très fort chien, attiré par le fumet alléchant du panier de provisions bien garni.

Le lendemain, Mme Pfeiffer traversait la bourgade de Balamgalam pour joindre la petite ville de Palwal, où elle devait passer la nuit.

Dans ce pays, les paons sont très communs ; on voyait tous les matins des douzaines de ces beaux oiseaux sur les arbres, dans les champs, et même dans les villes, où ils vont demander aux indigènes leur nourriture.

La station suivante fut Cossé, où se tenait un marché important, qui offrait l'image de la plus grande confusion. Les animaux étaient disséminés de tous côtés, au milieu d'un nombre infini de meules de blé et de foin. Les marchands criaient et vantaient sans discontinuer leurs marchandises ; ils tiraient à droite et à gauche les acheteurs, usant moitié de persuasion, moitié de force ; et ceux-ci ne faisaient pas moins de bruit. C'était un tumulte vraiment étourdissant.

Mme Pfeiffer fut surtout étonnée de la quantité prodigieuse de cordonniers qui, au milieu des bottes de foin et de paille entassées, avaient dressé leur simple établi, une toute petite table chargée de poix, de fil et de cuir, et qui raccommodaient à l'envi la chaussure de leurs pratiques. Ici comme ailleurs, Mme Pfeiffer put se convaincre que l'indigène est loin d'être aussi paresseux qu'on veut bien le dire, et qu'il saisit au contraire toutes les occasions de gagner quelque monnaie.

A l'entrée de la ville, notre voyageuse trouva tous les seraïs combles ; il lui fallut traverser Cossé d'un bout à l'autre pour se loger à son extrémité. La porte de la ville semblait promettre beaucoup ; elle s'élançait fièrement dans les airs avec une voûte élevée ; on pouvait s'attendre à y trouver des édifices proportionnés. Erreur ! il n'y avait que de misérables cabanes en terre glaise et des rues si étroites, que les piétons étaient forcés de se ranger sous les portes des cabanes pour laisser passer l'attelage.

A Natara, où elle devait coucher le soir, Mme Pfeiffer trouva une jolie petite ville, avec une charmante mosquée, de larges rues et des maisonnettes en maçonnerie, dont plusieurs même sont ornées de galeries, de piliers ou de sculptures de grès rouges.

Le paysage ne variait pas. C'étaient toujours de vastes plaines, où des bruyères succédaient aux champs de blé, des champs de blé aux bruyères, brûlées par le soleil. Les épis étaient déjà très hauts, mais entremêlés de tant de fleurs jaunes, qu'on pouvait se demander si c'était du blé ou de l'ivraie qu'on avait semé.

La culture du coton est très considérable en ce pays. Le cotonnier de l'Inde n'a ni la couleur ni la grosseur de celui de l'Egypte ; mais la bonté du coton ne dépend pas de la grosseur de l'arbuste, et c'est justement le coton de ce pays que l'on dit le plus beau et le plus fin.

Dans ces immenses plaines on apercevait de temps en temps des maisonnettes élevées d'une manière artificielle, sur des buttes de terre glaise et hautes de deux à trois mètres. On n'y arrivait pas par des escaliers, mais on y montait par des échelles que l'on pouvait retirer la nuit. Autant que Mme Pfeiffer en put juger par les explications de son domestique, qu'elle ne comprenait qu'à moitié, ce genre de constructions sert à garantir des familles isolées contre les visites des tigres, qui se trouvent ici en grande quantité.

XXII.

HINDOUSTAN (suite).

CONTINUATION DU VOYAGE DE DELHI A KOTTAH. — CARACTÈRE PACIFIQUE DES HINDOUS. — L'OPIUM. — LES SUTTIS — ALARMES MATERNELLES DES GUENONS. — TÉMOIGNAGES D'HUMANITÉ. — HÔPITAUX D'ANIMAUX.

Dans le seraï de Baratpoore, comme elle le dit elle-même avec une naïveté et une bonne foi charmantes, la voyageuse fut *bien près* d'avoir peur. Elle s'y rencontra avec une quantité d'indigènes, plusieurs soldats, surtout quelques hommes à l'air féroce, qui menaient avec eux des faucons dressés. N'étant plus sur le territoire qui relève de l'Angleterre, elle se trouvait livrée à cette multitude; mais, loin de l'insulter, tous lui montrèrent beaucoup de politesse et de déférence, et lui firent, le soir et le matin, un *salam*, salut très amical en portant la main du front à la poitrine. C'est à se demander si, dans nos pays d'Europe, des hommes de cette classe eussent témoigné à une étrangère sans protection les mêmes respects.

Ce fut avec plaisir que la voyageuse, après une longue succession de plaines, salua, près de la petite ville de Biana, une basse chaîne de montagnes monotones.

De l'autre côté de Biana, à deux pas de la porte, elle vit deux beaux monuments : c'étaient des temples ronds avec de hautes coupoles ; les barreaux des fenêtres étaient en pierre et artistement ciselés. Elle rencontra également une nouvelle espèce d'oiseaux qui, par la forme et la grosseur, ressemblaient aux *flamingos*. Ils avaient de belles ailes, leur plumage reflétait le gris blanc le plus délicat, et leur tête était ornée de plumes pourpres.

Elle passa la nuit dans la ville de Hindon, où elle fut frappée par la vue d'un palais dont les fenêtres étaient si petites, qu'elles paraissaient devoir servir plutôt à des poupées qu'à des êtres humains.

Au moment de quitter le seraï, le lendemain matin, trois hommes armés vinrent se planter devant le baili de la voyageuse, et, malgré les cris de ses gens, l'empêchèrent de sortir. Enfin, au milieu des clameurs, celle-ci devina qu'il s'agissait de quelques *beis* que ces hommes réclamaient pour avoir passé la nuit devant la porte de sa chambre à coucher et que ses gens refusaient de leur donner. Sans doute le seraï n'avait pas inspiré assez de confiance au tscheprasse, et il avait demandé la veille au *serdar* (juge) une garde de sûreté.

Ces hommes pouvaient avoir dormi tout à leur aise dans quelque coin du vestibule et avoir rêvé qu'ils veillaient, car Mme Pfeiffer était certaine d'avoir, dans cette nuit périlleuse, jeté plus d'une fois les yeux sur la cour, et de n'y avoir jamais aperçu aucun de ces gardiens. Mais que peut-on demander pour la valeur de quelques beis ?

Elle s'empressa de leur faire elle-même le petit don qu'ils réclamaient avec tant d'insistance ; aussitôt ils firent militairement demi-tour à gauche, et, après force salam, ils lui laissèrent continuer sa route.

Si elle eût été d'une disposition à être facilement intimidée, il y a déjà plusieurs jours que la vue des indigènes eût pu la remplir de transes continuelles, car ils étaient tous, jusqu'aux bergirs, armés de sabres, d'arcs et de flèches, de fusils avec mèches allumées, de gros gourdins ferrés et même de petits boucliers de fer laminé.

Mais rien n'était capable de lui arracher sa sécurité d'âme, pas même ce débat bruyant, dont on ne pouvait prévoir l'issue, et auquel elle assistait aussi tranquillement que s'il se fût agi de toute autre personne. Ignorant la langue du pays et n'ayant à côté d'elle que son vieux tscheprasse, elle n'en avait pas moins la conviction intime que sa dernière heure n'avait pas sonné.

Cependant elle convient qu'elle ne fut pas fâchée de passer en plein jour par les affreuses gorges et les profondes crevasses qu'elle eut à franchir, elle et son petit cortège, pendant plusieurs heures après son départ de Hindon.

De ces gorges, elle pénétra dans une grande vallée à l'entrée de laquelle se trouvait un fort bâti sur une montagne isolée. Une lieue et demie plus loin, elle arriva en vue d'un groupe d'arbres au milieu desquels s'élevait une petite terrasse de pierre, haute d'un mètre soixante-quinze centimètres, sur laquelle on avait placé la statue en pierre d'un cheval de grandeur naturelle. A côté, on avait creusé un grand puits, espèce de citerne revêtue intérieurement de gros blocs de grès rouge, où l'on arrivait par trois escaliers.

On trouve souvent dans l'Inde, surtout dans les contrées où, comme ici, on n'a pas de bonnes sources, des citernes de ce genre et beaucoup plus grandes encore, entourées de superbes manguiers et de tamariniers. Les Hindous et les mahométans vivent dans cette belle croyance qu'ils s'assureront plus facilement la félicité future, s'ils construisent des travaux d'utilité publique. Quand ce sont des Indiens qui ont établi ces réservoirs d'eau et planté ces groupes d'arbres, on voit d'ordinaire s'élever à côté quelques emblèmes de leurs divinités taillés en pierre, ou bien des pierres peintes en rouge.

Auprès de certains de ces puits et citernes se trouve posté un homme, chargé d'aller chercher de l'eau ou d'en puiser pour le voyageur fatigué.

Cette institution a son bon côté ; mais, d'autre part, on se sent pénétré de dégoût quand on voit les voyageurs descendre dans ces réservoirs pour s'y laver et y faire leurs ablutions. A quoi cependant la soif ne nous réduit-elle pas ? Mme Pfeiffer fit comme tout le monde, remplit sa cruche de cette eau, et trouva le courage d'en boire.

Près de la station de Dungerkamalurna, elle eut à traverser un vrai désert d'Arabie.

Notons, à cette occasion, que les sables de l'Inde ont l'avantage incalculable de pouvoir être cultivés. On n'a qu'à creuser à un ou deux mètres, et partout on trouve assez d'eau pour arroser les cultures. Dans ce petit désert, se balançaient au soleil de nombreux épis de froment d'une très belle venue.

Ce jour-là, Mme Pfeiffer crut être obligée de faire usage de son pistolet. Son voiturier demandait sans cesse que tout le monde lui fît place ; quand on ne l'écoutait pas, et cela arrivait fréquemment, il jurait et pestait. Dans l'après-midi, il rencontra cinq ou six voituriers, armés jusqu'aux dents, qui ne prirent pas garde à ses cris ; à la longue, pris de fureur, il leva son fouet et menaça de les en frapper.

Si l'on en était venu aux mains, le cortège de la voyageuse eût infailliblement eu le dessous, malgré l'intervention armée de celle-ci. Heureusement, on s'en tint de part et d'autre à des injures et l'on fit droit aux justes réclamations de l'irascible automédon.

En général, l'Hindou n'épargne ni les cris, ni les menaces ; mais il ne se porte jamais à des voies de fait. Les rixes lui sont presque inconnues ; quand une dispute se prolonge, les indigènes poussent le flegme jusqu'à s'asseoir pour la terminer. Les gamins même ne se chamaillent et ne se battent ni pour jouer ni pour tout de bon. Une seule fois, Mme Pfeiffer vit deux gamins se quereller sérieusement. L'un d'eux s'oublia au point de donner un soufflet à l'autre ; mais il le fit avec autant de ménagement que si le coup lui eût été destiné à lui-même. Le battu se frotta la joue avec la manche, et tout en resta là ; d'autres garçons étaient restés spectateurs, mais aucun n'avait pris fait et cause pour l'un ou l'autre des deux champions.

Cette douceur peut provenir en partie de ce que le peuple mange peu de viande, et que sa religion lui impose beaucoup de compassion pour les animaux ; mais à ce sentiment se mêle aussi un peu de lâcheté. On a beaucoup de peine à décider un Hindou à entrer sans lumière dans une chambre obscure. Un cheval ou un bœuf fait-il le moindre saut, le moindre écart, grands et petits se dispersent effrayés et en poussant des cris. Cependant les cipayes (soldats indigènes au service des Anglais) sont assez braves. Cette bravoure leur vient-elle avec l'habit ou bien par l'exemple des conquérants ?

Mme Pfeiffer vit dans cette région beaucoup de plantations de pavots d'un aspect merveilleux ; leurs feuilles sont grasses et luisantes, leurs fleurs larges et de diverses couleurs. On recueille l'opium d'une manière très simple, mais en même temps très pénible. On fait le soir plusieurs entailles aux têtes de pavots avant qu'elles soient arrivées à une pleine maturité. De ces entailles jaillit l'opium le plus pur ; c'est un suc blanc et visqueux, qui s'épaissit aussitôt à l'air, et qui forme de petites bulbes. On les enlève le matin avec un couteau, et on les met dans des vases qui ont la forme de petits gâteaux. On obtient un opium d'une nature inférieure en pressant et en faisant cuire les têtes et les tiges de pavot.

Dans les environs d'Indergor, Mme Pfeiffer remarqua sur la cime de quelques arbres de petits kiosques consacrés à la mémoire des suttis : c'est ainsi qu'on appelle les femmes qui se font brûler vives sur les corps de leurs maris. Au dire des Hindous, elles n'y sont point forcées ; mais quand elles ne le font pas, les parents les raillent et les méprisent ; aussi la crainte de se voir repousser de toute société les fait-elle consentir à cet horrible sacrifice. Habillées et parées magnifiquement, étourdies et rendues à moitié folles par l'abus de l'opium, elles sont conduites, au milieu de chants et de cris d'allégresse, à l'endroit où le corps du mari, enveloppé de mousseline blanche, est placé sur le bûcher.

Au moment où la victime se jette sur le cadavre, le bûcher est allumé de tous côtés. En même temps, on entend résonner une musique bruyante. Tout le monde se met à crier et à chanter pour couvrir les gémissements de la pauvre femme. Après l'auto-da-fé, les ossements sont recueillis, mis dans une urne et enterrés sur quelque éminence au-dessous d'un petit monument. Il n'y a que les épouses des riches ou des gens distinguées (et entre elles seulement l'épouse favorite) qui jouissent du bonheur d'être ainsi brûlées vives. Depuis la conquête de l'Hindoustan par les Anglais, ces scènes d'horreur sont défendues.

Après avoir passé Notara, la route traversait des vallées si étroites et était si pierreuse, que notre voyageuse, si peu petite maîtresse de sa nature, pouvait à peine supporter les cahots de son véhicule, et pensait à chaque instant que son baili allait se briser en mille morceaux. Tant que les rayons du soleil ne lui tombèrent pas verticalement sur la tête, elle dut marcher à pied ; mais bientôt, quoiqu'on ne fût encore qu'en février, elle fut forcée de se réfugier sous la toile qui couvrait le baili. Elle s'enveloppa le front, et, se cramponnant aux deux coins de la charrette, elle se résigna à son sort.

Le pays était couvert de maigres taillis, que son voiturier gratifiait pompeusement du nom de jungle. Néanmoins elle y trouva quelques distractions, car ils étaient animés par des singes sauvages. Ces animaux étaient assez grands, avaient le poil d'un jaune foncé, des figures noires et de longues queues très peu velues.

Singes sauvages.

Les inquiétudes de la guenon, lorsqu'on effarouche ses petits, sont extrêmement divertissantes. Aussitôt elle en prend un sur son dos, l'autre s'accroche par-devant sur sa poitrine, et, chargée de ce double fardeau, elle ne saute pas seulement de branche en branche, mais d'arbre en arbre.

Indépendamment de ces joyeuses et amusantes troupes de singes, beaucoup de choses curieuses attirèrent l'attention de la voyageuse. Les rochers qui gisaient en masse sur la gauche du chemin affectaient les formes les plus variées et les plus étranges ; quelques-uns figuraient des ruines de maisons ou de temples, d'autres des arbres. Elle distingua, entre toutes ces formes fantastiques, une figure qui ressemblait tellement à une femme avec un petit enfant sur le bras, que l'on avait de la peine à se défendre de compassion en la voyant ainsi morne et sans vie !

Plus loin était un immense portique si imposant et dont le caractère causa à notre voyageuse une telle illusion, qu'elle fut longtemps à chercher les ruines de la ville à laquelle elle semblait conduire.

Comme il n'y avait pas de seraï à Notara, Mme Pfeiffer se trouva forcée d'aller chercher un abri de rue en rue. Mais personne ne voulut recueillir la chrétienne ; ce n'était pas par manque de bonté, mais à cause d'une superstition qui fait regarder comme souillée toute maison visitée par une personne d'une autre croyance. On étend même cette opinion à une foule d'autres objets.

Mme Pfeiffer se trouva donc réduite à passer la nuit dans une vérandah ouverte.

Dans la même ville, la voyageuse assista à une scène qui dénote la bonté de ce peuple. Un âne estropié, soit de naissance, soit par accident, se traînant avec beaucoup d'efforts, mit plusieurs minutes à traverser la rue. Quelques hommes, arrivant avec leurs bêtes de somme, s'arrêtèrent et attendirent avec la plus grande patience, sans proférer le moindre cri et sans lever la main pour exciter la pauvre bête à presser le pas. Plusieurs habitants sortirent même de leurs cabanes et lui jetèrent de la nourriture ; chaque passant s'empressa de lui faire place.

Dans quelques grandes villes de l'Inde, il y a même des hôpitaux fondés pour des animaux vieux ou invalides ; on les y soigne jusqu'à la fin de leur vie. Notre voyageuse visita deux de ces établissements et y trouva des bêtes à qui l'on aurait certainement rendu service en les tuant, pour les délivrer des plus cruelles souffrances et d'infirmités incurables. Mais les Hindous ne tuent aucune bête.

Enfin le treizième jour de son voyage, Mme Pfeiffer arriva à Kottah.

Elle n'avait qu'à se féliciter de son domestique et de son voiturier, comme en général de tout le voyage. Les propriétaires des seraïs ne lui avaient pas demandé plus qu'aux indigènes, et ils avaient eu pour elle toutes les complaisances qui pouvaient se concilier avec les sévères préceptes de leur religion. Elle avait passé les nuits dans des cellules ouvertes de toutes parts, et quelquefois même sous la voûte du ciel, entourée des gens de la dernière classe, et elle n'avait jamais été offensée ni par des paroles outrageantes, ni par des gestes menaçants. On ne lui avait rien enlevé, et quand elle avait donné une bagatelle à un enfant, un morceau de pain, du fromage ou quelque autre chose de semblable, les parents avaient aussitôt cherché à lui témoigner leur reconnaissance en lui faisant d'autres dons et en lui rendant toute espèce de petits services. Ah! si les Européens savaient combien il est facile de s'attacher par de bons procédés ces hommes si doux, véritables enfants de la nature! Mais malheureusement ils veulent régner par la violence, et ils traitent ce pauvre peuple avec un mépris et une dureté qui ne leur font certainement pas honneur.

XXIII.

HINDOUSTAN (suite).

ARRIVÉE A KOTTAH. — L'ÉLÉPHANT DU ROI. — DESCRIPTION DE KOTTAH. — PALAIS DU ROI. — UN TEMPLE SANS IDOLE. — POURQUOI LES JONGLEURS PEUVENT MANIER IMPUNÉMENT LES SERPENTS VENIMEUX. — DANSEUSES. — COSTUMES DES FEMMES DE RADSCHPATAD. — KESHO-RDE-PATUM.

Kottah est la capitale du royaume de Radschpatad, dont le roi nominal n'a pas même le droit de franchir la frontière de ses Etats sans l'autorisation du *résident*, fonctionnaire que les Anglais ont établi auprès de tous les princes indigènes, maintenus par grâce spéciale. Ce royaume est dévoré d'impôts; le roi, étant obligé de payer un tribut considérable pour acheter le droit de gouverner d'après la volonté du résident, paye annuellement environ 800,000 fr. au gouvernement anglais, et les puise naturellement dans la bourse de ses sujets.

Le résident de Kottah, le capitaine Burdon, était un ami du docteur Sprenger, qui l'avait prévenu de l'arrivée de l'illustre visiteuse. Malheureusement, la santé de la famille Burdon avait obligé son chef à solliciter un congé pour procurer aux siens le changement d'air indispensable aux Européens qui doivent séjourner longtemps aux Indes.

Néanmoins, M. Burdon avait chargé le docteur Rolland, son remplaçant, de veiller à la bonne réception de Mme Pfeiffer. Tout était prêt pour le plus grand confort de la voyageuse. Ses désirs mêmes avaient été prévenus. On poussa l'obligeance jusqu'à envoyer au-devant d'elle, à la dernière station de nuit, des journaux, des livres et des domestiques, dont toutefois elle ne profita pas, son voiturier, pour abréger le voyage, ayant coupé au plus court.

Quand donc elle arriva, la maison vide, les domestiques, les cipayes, le palanquin et l'équipage du capitaine étaient à sa disposition, et le docteur Rolland se mettait gracieusement à ses ordres pour la guider dans ses excursions.

Dès que le roi de Ram-Singh fut instruit de son arrivée, il lui envoya de grands paniers de fruits et de douceurs, et en même temps, ce qui lui causa un plaisir bien plus vif, son éléphant favori, richement paré, avec un officier à cheval et quelques soldats. Bientôt elle se trouva assise avec le docteur Rolland sur la haute hauda (siège installé sur le dos de l'éléphant), et elle se rendit à la ville voisine.

L'intérieur de la ville est divisé par trois portes en trois parties. La première est habitée par les classes pauvres et a l'air très misérable; les deux autres, où demeurent les marchands et les gens aisés, offrent un aspect infiniment supérieur.

La construction des maisons est excessivement originale. Déjà à Bénarès, la petitesse des croisées avait frappé la voyageuse. A Kottah, elles sont si étroites et si basses, que c'est à peine si on peut y passer la tête. La plupart ont, au lieu de vitres, des barreaux de fer délicatement travaillés. Beaucoup de maisons ont de grands balcons; d'autres, aux premiers étages, de grandes galeries qui reposent sur des colonnes et occupent toute la façade de la maison; beaucoup de ces galeries sont divisées par des cloisons en grands et petits salons ouverts; aux deux coins se trouvent de jolis pavillons, et au fond des portes conduisant dans l'intérieur de la maison.

C'est dans ces galeries surtout que se traitent les affaires et que se font les ventes ; elles sont aussi le rendez-vous des gens oisifs qui, accroupis sur des nattes et des tapis, fument leur huka et s'amusent à voir passer la foule.

Maisons de Kottah.

Dans d'autres maisons, les murs extérieurs étaient couverts de peintures à fresques représentant de terribles géants, des tigres, des lions, deux ou trois fois grands comme nature, qui montraient la langue en faisant d'affreuses grimaces, ou bien des divinités, des fleurs, des arabesques, etc., tout cela jeté pêle-mêle, sans goût et sans esprit, dessiné pitoyablement et souvent barbouillé des couleurs les plus grotesques.

Mais ce qui fait le plus bel ornement de la ville, ce sont les nombreux temples hindous, qui s'élèvent tous sur des terrasses de pierre et qui sont infiniment plus hauts, plus étendus et plus beaux que ceux de Bénarès, à l'exception du *Visvisha*.

Sous les portiques, il y a de vilaines idoles et des emblèmes dont plusieurs sont peints d'un rouge clair. Les parties latérales des terrasses sont ornées d'arabesques, d'éléphants et de chevaux taillés en bas-reliefs.

Le palais du roi est situé à l'extrémité de la troisième partie de la ville, et forme une ville dans la ville. Si le résident se fût trouvé à Kottah, Mme Pfeiffer eût été présentée à la cour; mais, en son absence, l'étiquette s'opposait à ce qu'elle vit le roi.

De la ville, le docteur Rolland la conduisit à Armoneras, un des petits châteaux de plaisance de Sa Majesté déchue. Le chemin était excessivement mauvais, rempli de masses de rochers et de grosses pierres; aussi Mme Pfeiffer ne pouvait-elle assez admirer l'habileté de l'éléphant, qui savait trouver une place pour ses pieds massifs, et trotter avec autant de vitesse que s'il avait suivi la plus belle route. Comme elle exprimait sa surprise au docteur Rolland de ce que le roi, qui allait fréquemment à son château, ne fît pas ouvrir une route plus praticable, il lui répondit en souriant que c'était un principe, chez tous les souverains de l'Inde, de ne pas établir de trop bonnes voies de communication, parce qu'à leur avis, des routes frayées facilitaient trop à l'ennemi les moyens de pénétrer dans le pays.

Le château est petit et insignifiant, et son jardin est tellement rempli d'orangers, de citronniers et d'autres arbres, qu'il n'y avait pas la moindre place pour le plus petit parterre de fleurs ou la plus petite pelouse de gazon. Du reste, on trouve toujours très peu de fleurs dans les jardins hindous, et elles sont toujours à l'entrée.

Un peu plus loin, en amont du fleuve Tschumbal, on a établi sur de basses collines des tourelles qui servent à la chasse aux tigres. Ces animaux, traqués de toutes parts, sont amenés peu à peu vers l'eau et toujours resserrés de plus en plus jusqu'à ce qu'ils se trouvent à portée des fusils des tourelles. Le roi, avec sa société, est assis en toute sûreté sur le plateau de la tourelle, et fait bravement feu sur les bêtes.

Près du château, on venait d'achever la construction d'un petit temple de bois, où il ne manquait plus que la chose essentielle, l'idole elle-même.

Grâce à cette heureuse circonstance, Mme Pfeiffer et son aimable guide purent pénétrer dans le sanctuaire. Il était composé d'un petit kiosque de marbre placé au milieu du portique. Le temple et les colonnes étaient barbouillés d'assez mauvaises peintures à couleurs excessivement tranchantes. Il est singulier que les Hindous et les mahométans ne se soient jamais appliqués à la peinture ; car aucun de ces peuples ne nous a donné de bons tableaux ni de bons dessins, tandis qu'ils ont fait des choses remarquables en architecture, en bas-reliefs et en mosaïques.

La soirée fut remplie par toutes sortes de divertissements.

Le bon docteur voulut faire connaître à sa visiteuse les divers tours de force des Hindous, dont cependant la plupart n'étaient pas neufs. C'est ainsi qu'un jongleur exhiba devant eux sa petite troupe de singes, dont les tours les amusèrent infiniment.

Un autre laissa ramper de grands scorpions sur ses bras et sur ses jambes, et se passa autour du corps les serpents les plus venimeux.

On dit à cela que la dent creuse dans laquelle se trouve la glande à venin a été arrachée au serpent, ce qui empêche que sa morsure n'ait des suites funestes.

A la fin parurent quatre danseuses élégantes, vêtues de mousseline brodée d'or et d'argent et surchargées de parures. Toutes les parties du corps, les oreilles, le front, le cou, la poitrine, les cuisses, les mains, les bras, les pieds, étaient couverts d'or, d'argent et de pierreries; les doigts de pied même en étaient ornés, et du nez pendait jusque par-dessus la bouche un grand cercle avec trois pierres précieuses.

Deux danseuses entrèrent d'abord en scène; elles exécutèrent les mêmes figures que Mme Pfeiffer avait déjà vues à Bénarès; seulement elles les faisaient bien plus vite et tournaient de toutes manières les doigts, les mains et les bras. Certes, on aurait pu dire d'elles, à juste titre, qu'elles dansaient avec les bras et non avec les pieds. Elles dansèrent dix minutes sans chanter, puis elles se mirent à pousser des cris aigus et discordants; leurs mouvements devinrent peu à peu plus rapides et plus désordonnés, jusqu'à ce qu'au bout d'une demi-heure la voix et la force leur manquèrent. Epuisées, elles abandonnèrent la place à leurs sœurs, qui répétèrent la même scène.

Le docteur Rolland assura à notre voyageuse qu'elles représentaient une histoire d'amour, où toutes les vertus, comme la douceur, la fidélité et la confiance, et toutes les passions, comme la haine, la vengeance et le désespoir, avaient un rôle. Les musiciens, placés tout près des danseuses, suivaient chacun de leurs mouvements.

Tout l'espace employé est à peine de trois mètres trente centimètres de long et deux mètres soixante centimètres de large. Les bons Hindous s'amusent des heures entières à ces scènes sans goût, dont ils ne peuvent se lasser.

Le costume des femmes à Radschpatad et dans quelques contrées de Bundelkund diffère beaucoup de celui des autres pays de l'Inde. Elles portent de longues robes de couleur à larges plis, des corsets très serrés et si courts, qu'ils couvrent à peine la poitrine, et elles mettent par-dessus un mouchoir blanc ou bleu dont elles enveloppent le buste, la tête et la figure, et dont elles laissent pendre une partie par devant, en guise de tablier. Les jeunes filles, qui n'ont pas toujours la tête enveloppée, ressemblent presque dans ce costume à nos paysannes. Elles sont, comme les danseuses, surchargées de parures ; quand elles ne peuvent pas les avoir en or ou en argent, elles se contentent d'un métal quelconque. Elles portent aussi autour des mains, des bras et des pieds, des cercles en corne, en os ou en perles de verre. Elles ont aux pieds des grelots, de sorte qu'on les entend venir de loin. Les doigts de pied sont couverts de larges et pesants anneaux, et du nez jusqu'au menton elles laissent pendre des anneaux, qu'à chaque repas elles sont obligées de relever au-dessus du nez.

Ces pauvres créatures sont à plaindre; car, avec leur parure, elles ont une fameuse charge à porter.

Dès leur enfance, les Hindous se teignent en noir les sourcils et les paupières ; souvent aussi ils se peignent sur les sourcils des raies bleu foncé de la largeur du doigt et des taches sur le front.

Les adultes se couvrent la poitrine, le front, le nez ou les tempes, de couleurs rouges, blanches ou jaunes, selon qu'ils sont plus particulièrement attachés à telle ou telle divinité. Plusieurs portent des amulettes et de petites images suspendues au cou par des cordons.

Le lendemain, le docteur Rolland conduisit notre voyageuse à la petite ville de *Kesho-Rde-Patum*, située sur la rive opposée du Tschumbal, et considérée comme extrêmement sainte. Beaucoup de pèlerins viennent s'y baigner, car ils regardent l'eau dans cet endroit comme particulièrement sacrée.

De beaux escaliers de pierre conduisent au fleuve, et dans de jolis kiosques on voit assis des brahmanes qui prennent de l'argent aux fidèles en l'honneur des dieux. Sur un des escaliers était une très grosse tortue ; elle pouvait s'y chauffer au soleil tout à son aise ; personne ne songeait à la prendre ; elle venait du fleuve sacré. C'était peut-être le dieu Vichnou en personne — on sait que ce dieu est aussi représenté sous la forme d'une tortue. — Le long du fleuve il y a beaucoup d'autels de pierre avec de petits taureaux et autres emblèmes, également en pierre.

Faisan.

La ville elle-même est petite et misérable; mais le temple est grand et beau. Dans la partie supérieure, il est entouré de galeries, dont une portion est réservée aux femmes, l'autre aux musiciens. Le sanctuaire est au fond du temple; cinq cloches étaient pendues devant; on les frappe quand des femmes entrent dans le temple. On y voit une petite compagnie d'idoles en pierre, et un des brahmanes est occupé à chasser avec un grand balai les mouches assez hardies pour se poser sur les figures spirituelles des dieux. Dans le péristyle, sous un petit toit, on voyait un saint en pierre qui était très bien vêtu, et qui avait même une casquette sur la tête.

En sortant de là, Mme Pfeiffer eut l'occasion d'admirer des faisans, dont quelques-uns jetaient un véritable éclat, semblable à celui du métal. Il y avait des sujets non moins beaux parmi les coqs de bruyère.

XXIV.

HINDOUSTAN (suite).

DÉPART POUR INDORE. — GRACIEUSETÉ DU ROI. — MODE DE VOYAGER DES FONCTIONNAIRES ANGLAIS. — REMARQUE SUR LE SORT DES FEMMES DE LA BASSE CLASSE AUX INDES ET AILLEURS. — OUDJEIN. — ARRIVÉE A INDORE. — VISITE A LA REINE JESWONT-RAO-HOLCAR. — FABRICATION DE LA GLACE DANS L'INDE.

Dès que Mme Pfeiffer eut vu tout ce que Kottah pouvait lui offrir d'intéressant, elle demanda comment elle devait s'y prendre pour parvenir à Indore, à deux cent quatre-vingt-quinze kilomètres de là. Grandes furent sa surprise et sa joie en apprenant que le roi avait déjà donné des ordres pour qu'on mît à sa disposition autant de chameaux qu'il lui en faudrait, ainsi que deux cipayes à cheval pour escorte.

Les chameaux demandés pour cinq heures du matin n'arrivèrent qu'à midi. Au grand déplaisir de la voyageuse, qui n'avait avec elle qu'un petit coffre pesant tout au plus vingt-cinq livres et qui tenait à ne s'en pas séparer, les chameliers refusèrent absolument de le mettre sur la même monture qu'elle.

Le voyage à dos de chameau est toujours désagréable et fatigant ; les secousses de l'animal causent à beaucoup de voyageurs la même indisposition que le roulis d'un vaisseau; mais, aux Indes, il devient presque insupportable, tant on sait mal s'arranger. Chaque chameau a son conducteur, qui est assis sur le devant et occupe la bonne place, tandis que le voyageur trouve à peine un petit coin sur la croupe.

Comme la direction que Mme Pfeiffer allait suivre devait la rapprocher du capitaine Burdon, on lui conseilla de se soumettre à la volonté de ses guides, en attendant que le résident eût trouvé quelque moyen de transport plus commode pour elle.

En conséquence de ce conseil, qui avait du bon, elle se résigna.

Elle traversa de vastes plaines, où l'on remarquait principalement des plantations de lin considérables, pour atteindre le village de Moasa, où elle passa la nuit.

Dans les pays placés sous l'autorité des princes indigènes, il n'y a ni postes, ni routes; mais dans toutes les villes, dans tous les villages, sont établis des hommes chargés de montrer le chemin aux voyageurs et de porter leurs effets; on leur donne pour cela une bagatelle. Les personnes accompagnées d'une garde ou d'un tscheprasse du roi ou du gouverneur (*aumil*) ne payent rien. Les autres donnent de un à quatre beis par tête, c'est-à-dire de trois à douze centimes, suivant la distance.

A son arrivée à Moasa, tout le monde accourut pour servir l'étrangère : elle voyageait avec les gens du roi, et, de plus, dans cette contrée, une figure d'Européenne devenait déjà une rareté. On lui apporta du bois, du lait et des œufs. Sa table était partout servie avec la même frugalité; elle s'estimait heureuse quand elle avait du riz cuit dans du lait ou quelques œufs. Pour l'ordinaire elle n'avait que du riz, de l'eau et du sel. Un vase de cuir pour l'eau, une petite poêle, une poignée de sel et un peu de riz et de pain, étaient tout ce qu'elle emportait avec elle.

Il était tard dans la soirée lorsqu'elle arriva à Nurankura, où elle trouva les tentes du capitaine Burdon, une servante et un domestique. Comme elle était extrêmement fatiguée, elle se retira dans une des tentes pour se livrer au repos. A peine était-elle étendue sur un divan, que la servante entra, et, sans lui demander son avis, se mit à la frictionner dans tous les sens, en lui expliquant que quand on était aussi las, c'était une très bonne chose. Elle continua donc à lui presser fortement le corps de haut en bas, et le résultat fut véritablement très favorable. La voyageuse se trouva tout allégée et fortifiée. Ces frictions ou massages sont en grand usage aux Indes comme dans tout l'Orient, surtout après le bain. Les Européens se soumettent volontiers aussi à cette opération.

La servante lui expliqua en outre, moitié par signes, moitié par paroles, qu'on l'avait déjà attendue le matin et qu'on lui avait préparé un palanquin dans lequel elle pourrait dormir aussi bien que sous la tente. Mme Pfeiffer y consentit et reprit son voyage à onze heures de la nuit. Elle n'ignorait pas que la contrée était infestée de tigres ; mais plusieurs porteurs de torches, accompagnant son véhicule, et les tigres étant ennemis jurés du feu, elle pouvait donc reprendre tranquillement son somme interrompu, et c'est ce qu'elle fit.

A trois heures du matin, on la fit arrêter auprès d'une seconde tente préparée pour la recevoir, et où elle trouva toutes les commodités.

Le lendemain, elle fit la connaissance de l'aimable famille Burdon, composée du père, de la mère, et de sept enfants, qu'ils élevaient en grande partie eux-mêmes, menant l'existence la plus retirée.

Depuis quatre ans, Mme Pfeiffer était la première Européenne que vit Mme Burdon.

Ce fut en retrouvant sous la tente tout le confort que peut offrir la maison la mieux ordonnée, que Mme Pfeiffer se familiarisa avec la manière dont les officiers et les employés anglais voyagent dans les Indes.

Avant tout, ils ont des tentes assez grandes pour contenir de deux à quatre chambres; il y en a qui valent plus de 2,000 fr. Ils emportent les meubles qu'ils peuvent y mettre, depuis le tapis de pied jusqu'à l'élégant divan, et presque tous les instruments de cuisine et de ménage. Ils ont en outre un nombre infini de domestiques, dont chacun a son emploi déterminé qu'il connaît parfaitement.

A trois heures du matin, après avoir passé la nuit dans leur lit, les maîtres s'étendent ou s'asseyent sur leur palanquin, ou montent à cheval pour en descendre au bout de quatre ou cinq heures, car ils ne font jamais plus de huit milles par jour dans une tente toute dressée, où ils prennent le déjeuner fumant. Ils retrouvent là toutes les commodités de leur intérieur, se livrent à leurs occupations ordinaires, font leurs repas accoutumés; sont, en un mot, tout à fait chez eux.

Le cuisinier se met toujours en route la nuit; dès qu'on a quitté les tentes, on les ploie, on les emporte promptement, et on les dresse avec la même rapidité; car on ne manque ni de mains ni de bêtes de somme.

Dans les pays les plus civilisés de l'Europe, on ne voyage pas avec autant de luxe et de commodité qu'aux Indes.

Le soir, il fallut encore se séparer. L'excellent M. Burdon voulait faire accepter à l'aimable visiteuse, qui avait rompu la monotonie de leur existence, son palanquin et ses porteurs jusqu'à Indore; mais ces malheureuses gens faisaient trop grand'pitié à la sympathique voyageuse. Elle préféra affirmer que le voyage à dos de chameau ne la fatiguait pas et qu'elle jouissait mieux de la vue.

Dans les vallées qu'elle traversa pour arriver à Patan, il y avait du basalte et du quartz magnifiquement cristallisés.

Une fois à Bunitscha, il lui fallut établir son gîte au milieu du bazar, sous une vérandah ouverte. La moitié de la population de la ville se rassembla aussitôt autour d'elle et examina avec attention tout ce qu'elle faisait. Le spectacle était d'autant plus neuf, que c'était celui d'une Européenne en colère, car elle était irritée contre ses gens, et, malgré son peu de connaissance de leur langue, elle les tançait vertement de laisser aller leurs chameaux avec une si grande indolence. En effet, elle avait lu que les chameaux pouvaient faire cent trente kilomètres à la journée, et, en voyageant de quatre heures du matin à six heures du soir, elle n'en faisait que trente à trente-cinq au plus.

On sait avec quelle scrupuleuse impartialité elle contrôlait le dire de ses devanciers. En fait de distance, par exemple, elle observait tout fort exactement, et notait avec soin l'éloignement des points intermédiaires. Elle combinait avec l'aide d'amis expérimentés son plan de route, de station en station, et c'est ainsi qu'elle était en état de tenir tête à son guide.

Il n'y avait donc pas moyen de lui faire accroire, par exemple, qu'elle avait parcouru soixante ou cent kilomètres, quand elle n'en avait fait que la moitié.

Ses observations eurent l'effet désiré, et elle arriva à une moyenne de cinquante à cinquante-deux kilomètres, qu'elle considère comme étant tout ce qu'on peut exiger des chameaux de ces régions.

A Ranera, elle ne trouva comme chambre à coucher qu'une étable, parfaitement tenue à la vérité, mais à laquelle elle préféra néanmoins une nuit à la belle étoile.

Le sol, non cultivé, était partout brûlé par les ardeurs du soleil; car, bien qu'on ne fût qu'au commencement du printemps, au

19 février, la chaleur montait déjà pendant le jour à 28° ou 30° Réaumur.

En revanche, les plantations de pavots, de lin, de céréales, de coton, brillaient d'une manière luxuriante. Partout des rigoles étaient pratiquées dans les champs, et les paysans étaient occupés, avec leur attelage de bœufs, à tirer de l'eau des puits et des rivières ; mais on ne voyait pas de femmes occupées à ces travaux.

Une remarque que les nombreux voyages de Mme Pfeiffer l'ont mise à même de faire, c'est que le sort des femmes de la classe pauvre aux Indes, en Orient, et chez la plupart des peuples sauvages, n'est pas aussi dur qu'on le croit ordinairement. Les hommes font tous les gros travaux et mettent même la main à ceux des femmes.

Ainsi, par exemple, dans les villes habitées par les Européens, ce sont les hommes qui lavent et repassent le linge. La femme ne peut que très rarement prendre part aux travaux publics ; elle porte le bois, l'eau, et jamais de fardeau pesant, si ce n'est pour sa maison à elle.

On voit bien des femmes dans les champs à l'époque de la moisson ; mais là encore elles ne s'occupent que de l'ouvrage le plus facile.

Si l'on rencontre des convois où il y ait des bœufs ou des chevaux, les femmes et les enfants sont assis dessus ; les hommes marchent à côté, et souvent encore ils sont chargés de fardeaux. S'il n'y a pas de bête de somme dans le convoi, ce sont eux qui portent les enfants et les bagages. Il est rare de voir un homme maltraiter sa femme ou son enfant, et il serait à souhaiter que les femmes de la classe pauvre dans nos pays fussent seulement traitées par leurs maris moitié aussi doucement que dans tous les autres pays du monde (1).

---

(1) Il est bon de faire remarquer ici que c'est l'opinion d'une Autrichienne, et qu'en Autriche le chef de la famille a le droit absolu de battre ou maltraiter, comme il l'entend, sa femme, ses enfants et ses domestiques. *(Note du traducteur.)*

La construction de la petite ville d'Oudjein, sur la Serpa capitale du royaume de Sindhia, est tout à fait particulière.

Les façades des maisons, qui sont à un étage, sont en bois et percées dans le haut de grandes fenêtres régulières, fermées, au lieu de vitres, par des solives. Les appartements sont tous très hauts et très aérés. Du sol au toit il n'y a aucun plancher intermédiaire. Les parois extérieures et les poutres de la maison sont peintes avec de la couleur à l'huile d'un brun foncé. Cette ville a l'air triste et sombre au delà de toute idée.

Deux maisons se distinguaient des autres par leur grandeur et la beauté non commune de leurs sculptures en bois. Elles avaient deux étages et étaient ornées avec beaucoup de goût de galeries, de statues, de frises, de niches, etc. C'étaient les palais de l'aumil et de la reine veuve Madhadji-Sindhia.

Il fallut traverser toute la ville; les rues étaient larges, les bazars très vastes et tellement remplis, qu'il fallait souvent s'arrêter; c'était absolument un grand marché. Jamais on ne voit aux Indes, dans les circonstances de ce genre, dans les grandes fêtes et dans les grandes réunions de peuple, d'hommes ivres, quoiqu'il n'y manque pas de boissons enivrantes.

Dans l'après-midi du 21 février, Mme Pfeiffer atteignit Indore, la capitale du royaume d'Holkar.

C'était justement un dimanche, et elle eut la bonne fortune de trouver toute la société européenne d'Indore réunie chez M. Hamilton, le résident. Elle se composait de trois familles.

Le luxe qui l'entourait dans ce coin perdu du monde et la somptuosité du repas la jetaient dans un étonnement profond, qui s'accrut encore lorsqu'un orchestre complet et exercé exécuta de belles ouvertures, et, à son intention, des mélodies bien connues de sa patrie. A table, M. Hamilton lui présenta le maître de chapelle,

Tyrolien du nom de Nacher. Dans l'espace de quatre années, ce digne homme avait créé sa chapelle, qui se composait de jeunes indigènes.

Ce n'était qu'après le *tiffen* (déjeuner à la fourchette) que, suivant l'étiquette, Mme Pfeiffer pouvait visiter la ville et être présentée à la cour. Elle employa le temps qui lui restait à faire une visite à M. et Mme Nacher. Cette dernière, également Allemande, fut émue jusqu'aux larmes, lorsqu'elle vit paraître son aimable visiteuse. Depuis quinze ans elle n'avait pas causé avec un Allemand.

Dans le palais royal, Mme Pfeiffer remarqua principalement, au rez-de-chaussée, un salon bordé d'une double colonnade en bois. C'est là que se tient le durwart (conseil des ministres). Au premier étage une magnifique salle ouverte sert d'habitation à des taureaux sacrés.

En face de cette pièce splendide se trouvait la salle de réception. Des corridors sombres, qu'on est obligé d'éclairer en plein jour, conduisent aux appartements du roi. Dans presque tous les palais de l'Hindoustan les abords sont, paraît-il, aussi sombres : on veut les cacher aux étrangers ou du moins leur en rendre l'accès plus difficile.

Dans la salle de réception était assise la reine Jeswont-Rao-Holcar, veuve âgée et sans enfants, et à côté d'elle le prince Huri-Rao-Holcar, jeune homme de quatorze ans, aux traits pleins de douceur, aux yeux expressifs. Elle fit asseoir les étrangers à ses côtés, sur des coussins rangés par terre. Le jeune prince parlait un mauvais anglais. Les questions qu'il adressa à Mme Pfeiffer prouvaient qu'il était assez versé dans la géographie. Son mundschi était indigène, et, disait-on, homme d'esprit et de savoir. Le mundschi est tour à tour le précepteur, le secrétaire et l'interprète du roi. A la fin de l'audience, Mme Pfeiffer, charmée de la bonne grâce et de l'instruction dont le prince avait fait preuve, ne put s'empêcher de lui faire son compliment sur l'éducation accomplie de son élève.

Le costume de la reine et du prince était en mousseline de Dakka. La mousseline la plus fine et la plus précieuse se fabrique dans la province de Dakka; aussi le mètre coûte-t-il de 5 à 6 fr. Le prince avait quelques pierres précieuses et quelques perles à son turban, sur sa poitrine et sur ses bras. La reine tenait son visage découvert, quoique le résident fût là.

Mme Pfeiffer est admise à l'audience du roi d'Indore.

Tous les appartements, tous les corridors étaient remplis de serviteurs qui, sans la moindre cérémonie, venaient aussi dans la salle d'audience pour pouvoir considérer de plus près l'étrangère. Elle eut un véritable succès de curiosité.

On servit une collation de sucreries et de fruits; on arrosa les visiteurs d'eau de rose et on répandit même un peu d'essence de roses sur leur mouchoir. Au bout d'un certain temps on apporta deux noix d'arec et une feuille de bétel sur un plat d'argent, que la reine tendit elle-même : c'était indiquer que l'audience était terminée. Avant ce signal, il serait déplacé de s'éloigner.

Au moment où les visiteurs allaient se lever, on leur suspendit de grandes guirlandes de jasmin autour du cou, et à Mme Pfeiffer notamment, on attacha en outre de petites guirlandes aux poignets.

La reine avait donné l'ordre au mundschi de faire visiter tout le palais, qui n'est pas très grand et dont les appartements sont très simples et presque sans meubles; mais dans toutes les pièces comme dans la salle d'audience, il y avait par terre des coussins couverts de mousseline blanche.

Tandis que Mme Pfeiffer, toujours en compagnie de M. Hamilton, était sur la terrasse de la maison, ils virent le prince en sortir à cheval; deux domestiques conduisaient son cheval et une grande escorte l'entourait. Plusieurs employés l'accompagnaient sur des éléphants, et des cavaliers fermaient la marche. Ces derniers avaient de larges culottes blanches, de petits cafetans bleus et de beaux bonnets ronds qui leur donnaient très bonne mine. A la vue de son prince, le peuple fit entendre un faible murmure. C'était, disait-on, l'expression de sa joie.

Sur la demande expresse de Mme Pfeiffer, le mundschi eut la complaisance de lui montrer comment se fabriquait la glace. Les mois les plus favorables sont ceux de décembre et de janvier; cependant, en février, les nuits, et surtout les heures de la matinée qui précèdent le lever du soleil, sont encore assez froides pour qu'une petite masse d'eau se couvre d'une légère couche de glace.

A cette fin, on creuse dans un sol riche en salpêtre (qui, on le sait, produit une température très froide) de petits trous peu profonds, où l'on place des assiettes plates, de terre cuite poreuse, remplies d'eau. Dans le cas où le sol ne renferme pas de salpêtre, on couvre les plus hautes terrasses de la maison avec de la paille, et l'on place les assiettes dessus. Les croûtes de glaces obtenues ainsi sont brisées en petits morceaux arrosés d'un peu d'eau et placés dans les glacières, qui sont également couvertes de paille. Cette fabrication de la glace commence déjà à Bénarès.

M. Hamilton eut la bonté de s'occuper de la continuation du voyage de Mme Pfeiffer. Elle aurait pu avoir une seconde fois les chameaux du roi, mais elle préféra une charrette à bœufs, parce que la perte de temps n'est pas considérable et que la fatigue est bien moindre.

XXV.

HINDOUSTAN (suite).

DÉPART POUR AURENGABAD. — ADJUNTA. — LES TEMPLES TAILLÉS DANS LE ROC. — LE KYLAS D'ELORA. — LE FORT DOWLUTABAD.

Le 23 février 1848, Mme Pfeiffer quittait Indore pour Aurengabad. Après une première nuit passée à Simarola dans une tente confortable, envoyée à l'avance par M. Hamilton, pour surprendre la voyageuse et lui procurer encore le bien-être d'une bonne nuit, elle arriva dans une contrée vraiment pittoresque. Un col étroit, à peine assez large en certains endroits pour livrer passage, conduisait, par une pente raide, dans de petites vallées aux flancs desquelles s'amoncelaient de belles collines couvertes de bois verdoyants. Deux espèces d'arbres sont fort remarquables; l'une portait des fleurs jaunes et l'autre des fleurs rouges; toutes deux, par un phénomène singulier, manquaient complètement de feuilles.

Déjà depuis Kottah, comme le sol est trop pierreux, les convois de chameaux devenaient plus rares; à leur place, on voyait des convois de bœufs. Il y en avait qui étaient d'une longueur incroyable : ils étaient composés de plusieurs milliers de bœufs, transportant sur leur dos des grains, de la laine, etc. On ne peut comprendre d'où l'on tire la nourriture pour tant d'animaux ; on n'aperçoit nulle part de prairies ; et, si l'on excepte les plantations, le sol est brûlé ou couvert tout au plus d'un gazon sec et maigre (l'herbe des jungles), où aucun animal ne peut brouter.

Les femmes et les enfants, dans les villages où passent de tels convois, déploient une activité incroyable : ils se munissent de corbeilles, suivent le convoi à une grande distance, et ramassent la fiente des animaux ; ils en font des briquettes, qu'ils sèchent au soleil et qu'ils emploient pour allumer le feu.

La soirée était avancée lorsque Mme Pfeiffer entra, au milieu d'un violent orage, dans le petit village de Burwai. L'obscurité l'ayant empêchée de découvrir le bongolo, elle dut se contenter de l'auvent d'une maison.

Quelques jours se passèrent sans incident notable.

Entre Berhampoor et Itschapoor se trouvaient les plantations les plus magnifiques et les plus variées ; il y avait du blé, du lin, du coton, des cannes à sucre, des pavots, des dahls, sorte de pois dont la tige a plus d'un mètre de haut.

Le soleil, qui donnait déjà 34° Réaumur, commençait à devenir gênant. Notre voyageuse était journellement forcée de partir dès quatre heures du matin pour ne s'arrêter qu'à cinq ou six heures du soir ; et durant ces longues traites, il était rare qu'on trouvât occasion de faire halte sous un arbre et près d'un cours d'eau.

On ne pouvait pas songer à voyager la nuit, car les déserts et les jungles s'étendaient souvent au loin et étaient infestés de tigres, dont on avait constaté la présence dès le lendemain du départ.

Le 28 février, l'étape devait être plus longue encore ; on dut se mettre en route dès trois heures du matin. Le chemin passait par d'horribles solitudes et de maigres jungles. On avait avancé quelque temps tranquillement; tout à coup les chevaux s'arrêtèrent comme fixés au sol, et se mirent à trembler. Leur crainte se communiqua aussitôt aux gens, qui s'écrièrent avec effroi : *Bach! bach!* c'est-à-dire « Tigre! tigre! » Mme Pfeiffer leur ordonna de crier, de faire du bruit pour écarter les animaux féroces, s'il y en avait véritablement dans le voisinage; elle fit arracher et allumer de l'herbe des jungles, et entretenir constamment le feu. Elle n'entendit cependant aucun hurlement, et, à part la frayeur des animaux et de ses gens, elle ne remarqua aucun autre symptôme du voisinage redouté. Néanmoins, tous attendirent cette fois le lever du soleil avec impatience; après quoi on se remit en route.

Plus tard, Mme Pfeiffer apprit que, dans cette contrée, les tigres enlèvent presque chaque nuit un bœuf, un cheval ou une chèvre. Une pauvre femme qui s'était attardée à ramasser de l'herbe des jungles avait, dit-on, été dévorée peu de jours auparavant. Tous les villages étaient entourés de hauts remparts de pierre et de terre : notre voyageuse n'a jamais pu savoir avec certitude si c'était par la crainte des bêtes féroces ou pour une autre cause. Ces villages fortifiés se succédaient jusqu'à Aurengabad, sur une étendue de cent cinquante milles.

A Furdapoor, petit village au pied de belles montagnes, la voyageuse remarqua les soins dont le voiturier entourait ses bœufs, déjà bien fatigués du voyage. Il avait soin de les frictionner chaque soir.

Avant d'arriver à Adjunta, la petite caravane passa devant un horrible défilé de montagnes, très facile à défendre. Le chemin était très étroit et si mauvais, que les pauvres bêtes pouvaient à peine avancer avec la charrette vide. Au sommet du défilé, ce chemin était barré par une grande porte du fort, alors ouverte, parce qu'on était en paix. Des deux côtés les abîmes et les hauteurs étaient rendus inaccessibles par de grandes et fortes murailles.

Les vues devenaient à chaque pas plus ravissantes : c'étaient, de chaque côté, des vallées et des gorges romantiques, des blocs et des pans de rochers pittoresques ; d'immenses vallées se dessinaient derrière les montagnes, tandis que sur le devant les regards s'étendaient librement à travers une vaste plaine, à l'entrée de laquelle était le fort Adjunta.

A Adjunta résidait le capitaine Gill, pour qui Mme Pfeiffer avait des lettres de recommandation de M. Hamilton. Quand, après plusieurs salutations, elle lui témoigna le désir de visiter les célèbres temples de rochers d'Adjunta, il lui exprima le regret de ne pas avoir été prévenu vingt-quatre heures plus tôt de sa venue, car cela lui aurait épargné à elle quelques milles, les temples étant plus près de Furdapoor que d'Adjunta. Mais comme elle tenait absolument à voir ces temples, elle se résolut à retourner sur ses pas, et, montant un cheval de l'écurie du capitaine, elle franchit en une bonne heure le défilé des montagnes.

La route qui mène aux temples passe à droite par des vallées sauvages et désertes, dont le silence de mort n'est troublé ni par le chant d'un oiseau, ni par le souffle d'un être animé. Cette profonde solitude contribua puissamment à augmenter l'attente des merveilles que la voyageuse s'en promettait.

Les temples, au nombre de vingt-sept, sont taillés dans des pans de rochers élevés à pic, à moitié circulaires. Le long de quelques murs de rochers s'élèvent deux étages ou temples l'un sur l'autre ; on y arrive par des marches pratiquées dans le roc, mais qui sont si étroites et si dégradées, que souvent on sait à peine où poser le pied. Au-dessous de soi on aperçoit de profonds abîmes, dans lesquels vient s'engloutir un courant rapide. Au-dessus on voit encore les flancs des rochers glissants s'élever de plus de cent mètres.

La plupart des temples forment des carrés, à l'intérieur desquels on arrive par des arcades et de beaux portails qui, appuyés sur des colonnes, semblent porter des montagnes massives de rochers. Ces temples s'appellent *Vihara*. Dans les plus grands on compte jusqu'à vingt-huit colonnes, et huit dans les plus petits.

D'un côté, souvent des deux côtés des murs des temples, il y a des cellules sombres et petites, où demeuraient sans doute les prêtres. Au fond, dans une grande cellule élevée, se trouve le sanctuaire. On y voit des figures gigantesques dans toutes les postures. Quelques-unes ont plus de six mètres de haut et touchent presque au plafond, qui peut avoir à peu près huit mètres d'élévation. Les murs des temples et des vérandahs sont couverts de divinités et de statues, de bons et de mauvais génies.

Dans un de ces temples, on a représenté une guerre de géants. Les figures sont toutes plus grandes que nature, et les statues, les colonnes, les vérandahs et les portails, tout est taillé dans le roc.

Les sculptures et les bas-reliefs qui ornent à profusion les colonnes, les chapiteaux, les frises, les portes et même les plafonds, sont du goût le plus pur et d'une beauté extraordinaire. On ne peut rien voir de plus admirable. La variété des dessins et des sujets est inépuisable. Il paraît incroyable que des hommes aient pu produire ces chefs-d'œuvre et en même temps ces constructions gigantesques. Aussi les brahmanes les attribuent-ils à des êtres surnaturels et prétendent-ils que l'époque de leur création ne saurait être indiquée.

Sur les murs, sur les plafonds et sur les colonnes, on trouve aussi des restes de peintures dont les couleurs sont encore plus brillantes et plus fraîches que celles de beaucoup de productions modernes. Les temples de la seconde espèce ont une forme ovale et des portails majestueux qui conduisent dans l'intérieur ; ils s'appellent *chaiya*. Le plus grand de ces temples a de chaque côté une rangée de dix-neuf colonnes, le plus petit en compte huit. Ici on ne trouve point de vérandahs, point de cellules de prêtres ni de sanctuaire. On voit seulement, à l'extrémité du temple, un haut monument qui se termine en coupole. Sur un de ces monuments le dieu Bouddha est taillé debout. Sur les murs des grands temples, on a sculpté dans le roc des figures colossales, parmi lesquelles se trouve un Bouddha endormi de sept mètres de longueur.

Après avoir passé des heures entières à grimper et à pénétrer partout, et après avoir examiné chaque temple en détail, on ramena la voyageuse dans l'un d'eux, et tout à coup une petite table richement chargée de mets et de boissons l'invita à réparer ses forces. Le capitaine Gill avait eu la complaisance d'envoyer dans ce désert tout ce qui constitue un excellent *tiffen*, sans oublier une table et des chaises. Ainsi rafraîchie et fortifiée, Mme Pfeiffer ne trouva pas le retour pénible.

La maison habitée par le capitaine Gill à Adjunta occupait une position remarquable : un petit jardin riant, orné de fleurs et de berceaux, entourait le devant, qui domine une belle plaine, tandis que le derrière était sur le bord d'un abîme vraiment effroyable ; le regard pris de vertige se perdait dans les flancs de rochers escarpés, dans des gorges et des crevasses béantes.

Quand le capitaine Gill apprit que Mme Pfeiffer se proposait de visiter le célèbre fort Dowlutabad, il lui dit que personne n'y entrait sans une permission du commandant d'Aurengabad. Mais pour lui épargner le détour, le fort se trouvant avant Aurengabad, il lui proposa d'y dépêcher aussitôt un courrier et de lui faire porter à Elora une carte d'entrée. Le courrier eut à faire un chemin de deux cent vingt-quatre kilomètres, cent douze pour aller et autant pour revenir. Ces complaisances étaient d'autant plus gracieuses, qu'elles étaient adressées par des Anglais à une Allemande qui n'avait pas une position élevée dans le monde.

Le lendemain, à quatre heures du matin, le bon capitaine venait encore tenir compagnie à sa visiteuse pendant qu'elle prenait son café, et une demi-heure plus tard elle s'éloignait dans son baili.

Depuis Adjunta jusqu'à Roja, la contrée est unie et plate. On y remarque de belles plantations entre des bruyères brûlées et des jungles. Près de Palmary, le pays est parfaitement cultivé.

De grand matin, Mme Pfeiffer monta à cheval et quitta Roja pour visiter les fameux temples d'Elora, situés à une lieue environ. Mais, comme dit le proverbe si souvent vérifié : « L'homme propose et Dieu dispose. » Au lieu des temples qu'elle était venue chercher, elle vit une chasse au tigre à laquelle elle ne songeait guère.

A peine avait-elle dépassé la porte de la ville, qu'elle vit arriver d'un bongolo voisin plusieurs Européens montés sur des éléphants. On s'arrêta de part et d'autre, et la conversation s'engagea. Elle apprit que ces messieurs étaient à la poursuite d'un tigre dont la présence leur avait été signalée. A la vue de l'intérêt qu'elle manifesta, elle fut invitée à prendre part à cette chasse, si cela ne l'effrayait pas trop. Cette invitation lui fit le plus grand plaisir, et elle se trouva bientôt placée sur un des éléphants, dans une grande boîte haute de soixante centimètres où se trouvaient déjà deux messieurs et un indigène. L'office de celui-ci était de charger les armes; on présenta à la voyageuse un grand couteau pour se défendre, dans le cas où la bête féroce bondirait trop haut et atteindrait le bord de la boîte.

Ainsi armée, la petite troupe se dirigea vers la chaîne de collines. Au bout de quelques heures, elle approchait du repaire redoutable, quand soudain le domestique cria tout bas : Bach! bach! et montra du doigt un buisson voisin. Des yeux ardents brillaient dans le taillis; mais à peine Mme Pfeiffer les avait-elle aperçus, que déjà de tous côtés résonnaient les détonations. Bientôt la bête, pleine de rage en se voyant frappée par plusieurs balles, se précipita sur les chasseurs. Elle faisait de si épouvantables bonds, que l'on pouvait à tout instant se figurer qu'elle allait atteindre la boîte et choisir une victime parmi ses occupants.

Le spectacle était horrible à voir; et les craintes augmentèrent encore quand on aperçut un autre tigre. Mme Pfeiffer se montra cependant si courageuse, si pleine de calme et de sang-froid, qu'aucun de ces messieurs ne se douta le moins du monde des émotions terribles qui l'agitaient. Les coups de feu se succédèrent sans interruption. Les éléphants défendirent très habilement leurs trompes en les élevant en l'air ou en les repliant.

Après une lutte ardente d'une demi-heure, les chasseurs restèrent maîtres du champ de bataille, et les tigres tués furent triomphalement dépouillés de leurs belles peaux. Les compagnons de Mme Pfeiffer eurent la bonté de lui en offrir une; mais elle ne put l'accepter, ne pouvant pas retarder son voyage jusqu'à ce que la peau fût mise en état, c'est-à-dire suffisamment séchée. On loua fort son intrépidité et on lui dit alors qu'une telle chasse est extrêmement dangereuse quand l'éléphant n'est pas complètement bien dressé; il faut qu'il n'ait pas la moindre peur du tigre et qu'il ne bouge pas même de place; car, s'il venait à s'enfuir, on serait lancé hors de la boîte par les branches et les rameaux des arbres, ou bien on y resterait suspendu, et, dans ce cas, on deviendrait infailliblement la proie de la bête féroce.

Il était trop tard pour faire la visite des temples ce jour-là. Mme Pfeiffer dut la remettre au lendemain.

Les temples d'Elora sont situés sur un sol laminaire qui se rencontre très fréquemment dans l'Inde. Le principal temple, Kylas, est le plus remarquable de tous les édifices taillés dans la pierre; il surpasse en grandeur et en beauté les meilleurs ouvrages de l'Inde.

On prétend qu'il dispute la palme aux plus merveilleuses constructions de l'ancienne Egypte.

Le Kylas est un temple coniforme de quarante mètres de haut et de deux cents mètres de circonférence. Pour construire ce chef-d'œuvre, on détacha du rocher un bloc colossal et on le sépara de la masse par une galerie de quatre-vingts mètres de long et de trente-trois de large. L'intérieur du temple se compose d'une voûte principale, longue de plus de vingt mètres et large de plus de dix-huit, et de quelques voûtes secondaires toutes garnies de sculptures et d'idoles colossales. Mais la vraie magnificence consiste dans les riches et belles sculptures du dehors, dans les arabesques travaillées artistement, et dans les flèches, les créneaux et les niches taillés dans la tour.

Ce temple repose sur le dos d'éléphants et de tigres innombrables, placés à côté l'un de l'autre dans l'attitude du repos. Devant la principale montée, à laquelle conduisent plusieurs escaliers, se trouvent deux éléphants de grandeur plus que naturelle. Tout, comme nous l'avons déjà dit, est taillé d'un seul morceau. Le pan de rocher dont on a détaché ce bloc gigantesque l'entoure de trois côtés à une distance de trente-trois mètres et est formé d'immenses parois perpendiculaires dans lesquelles on a taillé, comme à Adjunta, d'énormes colonnades, de grands et de petits temples, élevés d'un à trois étages les uns sur les autres. Ces travaux auraient été impossibles, si le rocher était formé de granit ou de pierre primitive ; mais malheureusement Mme Pfeiffer ne put pas déterminer la nature de la pierre ; elle en examina seulement des fragments détachés ; ils se brisaient très facilement. L'admiration qu'inspirent ces œuvres gigantesques n'en est pas moins vive, et on les considérera toujours comme des monuments incomparables de l'habileté de l'homme.

Malheureusement, le temple Kylas a été un peu maltraité par le temps et l'intempérie des saisons. Il est fâcheux que ce monument, le seul de son espèce, soit condamné à tomber peu à peu en ruines.

Vers les onze heures du matin, l'intrépide excursionniste était de retour à Roja et reprenait son voyage vers le célèbre fort Dowlutabad, son billet d'entrée lui étant, en effet, parvenu à Roja. La distance n'est que de trois heures, mais on a à franchir par d'horribles routes un défilé pareil à celui d'Adjunta. Le fort, un des plus anciens et des mieux défendus de l'Inde, est regardé comme une des plus grandes curiosités en son genre, non seulement du pays de Dekkan, mais de l'Inde entière. Il présente un aspect surprenant et est situé sur un coin de rocher élevé de deux cents mètres, qui, à la suite d'une révolution de la nature, semble avoir été séparé des autres montagnes; il s'élève, isolé, au milieu d'une belle plaine; l'étendue de ce rocher est d'environ quinze à dix-huit cents mètres; il est escarpé de tous côtés sur une hauteur de plus de quarante-trois mètres, et dix mètres descendent aussi perpendiculairement au fond du fossé d'eau qui l'environne, ce qui lui donne plus de cinquante-trois mètres d'escarpement et le rend par conséquent inaccessible.

Mme Pfeiffer était extrêmement intriguée de savoir comment elle arriverait au sommet. Tout à coup il s'ouvrit dans le rocher même une porte de fer tout à fait basse que l'on n'aperçoit qu'en temps de paix, puisqu'on peut faire monter l'eau du fossé à plus de trente centimètres au-dessus de cette porte. On alluma des torches et on la conduisit avec mille précautions par des corridors bas et étroits qui décrivaient des courbes infinies; les entrailles du rocher, même dans ce corridor, se trouvaient fermées par des portes de fer massif. Ce ne fut qu'après avoir gravi à l'intérieur presque tout l'escarpement que le petit cortège revit le jour. Des sentiers et des degrés étroits, défendus par de forts ouvrages, conduisaient de là jusqu'au point le plus élevé. Le sommet, qui a quarante-sept mètres de diamètre, est assez plat; il est entièrement miné et disposé de manière à ce qu'en le remplissant de feu on puisse le rendre incandescent. On avait braqué sur le point culminant un canon ayant près de huit mètres de long.

Au pied de ce fort, s'étendent des ruines nombreuses qui proviennent, dit-on, d'une ville très considérable. Il n'en reste plus aujourd'hui que trois ou quatre enceintes de murs, qu'il faut passer pour arriver jusqu'à la pointe du rocher lui-même. Dans la même plaine, mais déjà près de la chaîne, s'élève, sur une montagne isolée, un fort infiniment plus grand, mais bien moins défendu que Dowlutabad.

Tous ces forts et tous ces travaux de défense datent des temps anciens où l'Hindoustan appartenait à de nombreux princes qui étaient continuellement en guerre. Les habitants des villes et des villages ne sortaient qu'armés, et après avoir posé des sentinelles pour se garantir des surprises subites; la nuit ils ramenaient leurs troupeaux dans l'intérieur des murs et vivaient toujours sur le pied de guerre.

Depuis que les Anglais ont fait la conquête de l'Inde, la tranquillité et la paix sont rétablies partout. Les remparts sont démantelés et ne sont plus réparés; et si les habitants sortent encore souvent armés, c'est plutôt par habitude que par nécessité.

De Dowlutabad, il restait à la voyageuse treize kilomètres à faire pour gagner Aurengabad. Elle était, on le conçoit, très fatiguée; elle avait visité les temples, fait seize kilomètres par le défilé de la montagne et était montée au fort pendant la plus grande chaleur; mais elle s'en consola par la perspective de la nuit qu'elle passerait, non pas dans une vérandah ouverte, mais dans une maison bien close et dans un bon lit.

Elle s'assit donc dans son baili, en recommandant au voiturier de presser le plus possible la marche lente et pesante de ses bœufs.

XXVI.

HINDOUSTAN (suite).

ARRIVÉE A AURENGABAD. — L'ÉTANG SACRÉ. — D'AURENGABAD A BOMBAY. — PUNA. — UN CONDUCTEUR PEU RASSURANT. — LES MAHRATTES.

Le 7 mars, à une heure bien avancée de la soirée, Mme Pfeiffer arrivait à Aurengabad, où le capitaine Steward l'accueillit avec non moins de bienveillant empressement que ses prédécesseurs.

Les curiosités de la ville sont vite énumérées : elles se composent d'une mosquée et d'un étang sacré.

Le roi actuel voulait faire enlever le marbre de ce monument pour l'employer à une construction dans laquelle reposeraient un jour ses dépouilles. Il en demanda la permission au gouvernement anglais. Il lui fut répondu qu'on ne s'y opposait pas, mais qu'il devait songer, d'autre part, que, s'il respectait si peu les monuments de ses ancêtres, le sien pourrait bien avoir le même sort. Cette réponse l'engagea à renoncer à son projet.

L'étang sacré, regardé comme tel par les mahométans, est un grand bassin revêtu d'une maçonnerie en grosses pierres de taille. Il est rempli de gros brochets auxquels il n'est pas permis de toucher.

On a même préposé à leur garde un homme chargé de les nourrir. Aussi les brochets sont-ils si apprivoisés et si familiers, qu'ils mangent dans votre main des raves, du pain et autres choses semblables. Les temps de pluie coûtent la vie à beaucoup de ces bêtes. Sans cette heureuse circonstance, l'étang contiendrait depuis longtemps plus de poissons que d'eau. Aussi, depuis l'arrivée des Anglais, les gardiens ne se piquent plus, dit-on, de trop de conscience, et font passer souvent pour de l'argent comptant le poisson de l'étang dans les cuisines anglaises.

Après une agréable journée, l'infatigable voyageuse prit congé de ses aimables hôtes et continua son voyage vers Puna, à deux cent vingt-trois kilomètres, dans un autre baili.

D'Aurengabad, les routes commencèrent à devenir meilleures, et on trouvait de nouveau des bongolos en payant la taxe usitée.

A Puna, Mme Pfeiffer eut une peine infinie à trouver M. Brown, le résident, à qui elle avait été recommandée par M. Hamilton ; ce qui tenait à l'énorme distance qui sépare les demeures des Européens. Pour son malheur, Mme Pfeiffer était tombée sur des gens peu polis qui ne daignèrent pas lui donner des renseignements.

Quand enfin notre voyageuse eut joint le résident, la première pensée de celui-ci fut de lui demander s'il ne lui était arrivé aucun accident. Il lui raconta que, peu de temps auparavant, un officier avait été dévalisé entre Suppa et Puna, et qu'on l'avait même assassiné, parce qu'il avait voulu se défendre.

Il valait mieux qu'elle l'apprît après qu'avant.

Les rues de Puna sont larges et bien tenues ; les maisons, comme celles d'Oudjein, ont des façades en bois ; quelques-unes étaient toutes couvertes de peintures ; elles appartiennent pour la plupart à des fakirs, dont la ville fourmille.

C'était justement le mois que les Hindous regardent comme le plus propice pour les mariages; aussi rencontrait-on dans les rues maints cortèges joyeux. Le fiancé est enveloppé d'un manteau de pourpre. Son turban, orné d'oripeaux brillants, de tresses, de rubans et de houppes, ressemble de loin à une riche couronne. Les rubans et les houppes lui couvrent presque toute la figure. Il est à cheval; les parents, les amis et les conviés l'entourent à pied.

Arrivé devant la demeure de sa fiancée, dont les portes et les fenêtres sont hermétiquement closes, il se met tranquillement et en silence sur le seuil. C'est là que viennent aussi se ranger les parents et les amis de la future, sans cependant communiquer beaucoup avec le fiancé ou avec les autres hommes.

La scène ne change pas avant la nuit. Alors l'épouseur s'éloigne sans rien dire avec ses amis. Soudain, un baili tout couvert s'arrête devant la porte; les amis se glissent dans la maison, amènent la fiancée entièrement voilée, la poussent dans le baili, et le suivent au son mélodieux du tam-tam. Le cortège de la mariée ne se forme qu'un quart d'heure après que la jeune fille s'est mise en route. Les femmes la conduisent dans la maison de son époux; mais elles la quittent bientôt. La musique bruyante va toujours son train jusque fort avant dans la nuit. Mais ce sont seulement les noces des classes pauvres qui se font de cette manière.

De Puna à Paunwel, il y a une route de poste, et on peut voyager en dock; mais de Paunwel à Bombay, la dernière étape de la voyageuse, on voyage par eau. Mme Pfeiffer s'en tint au baili, mode de locomotion qu'elle préférait à tout autre.

Le paysage de Woodgown à Cumpully est un des plus beaux de l'Inde. On est au milieu d'une grande chaîne qui forme les groupes les plus variés. Les cimes s'entassent les unes sur les autres et se surpassent en beauté fantastique. Il y a ici d'énormes terrasses de pierre, des cônes aplatis, des chapiteaux, des pointes et des créneaux; là, on croirait voir des ruines et des fortifications, ou une large voûte étendue sur de majestueux édifices, ou bien une tour gigantesque en style gothique. La montagne de Funnel, qui a la forme d'une cheminée, présente l'aspect le plus étrange. De l'autre côté on découvre une vaste plaine, et à son extrémité la surface de la mer si longtemps désirée. Une grande partie des montagnes est couverte de superbes et vertes forêts. Mme Pfeiffer fut tellement transportée de la richesse des beautés de la nature, que, pour la première fois, elle bénit la lenteur de son attelage de bœufs.

Kundalla occupe le plateau d'une montagne. On y trouve plusieurs jolies maisons de campagne, où des familles européennes de la présidence de Bombay viennent passer le temps des chaleurs.

Dans le pays de Dekkan, ainsi que dans celui de Bombay, les indigènes sont moins beaux que dans le Bengale et dans l'Hindoustan. Leurs traits sont beaucoup plus communs et annoncent moins de bonté et de franchise.

Depuis quelques jours, Mme Pfeiffer rencontrait encore de très grands troupeaux de bœufs ; plusieurs des conducteurs menaient avec eux leurs familles. Les femmes étaient toutes sales et déguenillées, mais surchargées de parures de toute espèce. Sur tout le corps pendaient des galons de laine de couleur et des houppes ; leurs bras étaient couverts de bracelets de métal et de perles de verre ; aux oreilles, indépendamment des pendants, étaient attachées de grosses houppes de laine, et les pieds étaient chargés de chaînes et d'anneaux pesants. Ainsi parée et surchargée, la belle était assise sur le dos d'un bœuf ou bien trottait à côté des bêtes.

Ici se place un des incidents les plus émouvants du voyage de la courageuse Ida Pfeiffer. Depuis l'attaque du nègre brésilien, elle n'avait pas éprouvé semblable sensation.

Dès le commencement du voyage, son voiturier lui avait semblé un peu singulier. Tantôt il querellait ses bœufs, tantôt il les caressait, tantôt il apostrophait les passants, tantôt il se tournait vers elle et la regardait fixement pendant un temps plus ou moins long; mais comme elle avait un domestique qui marchait toujours à côté du baili, elle n'y faisait pas grande attention.

Un matin, son domestique avait, à son insu, pris les devants pour aller à la station voisine. Elle se trouva donc seule avec le voiturier sur une route passablement solitaire. Au bout de quelque temps, il descendit de voiture et marcha derrière le baili; elle n'osait pas se retourner, de peur de lui laisser voir qu'elle redoutait quelque mauvaise intention de sa part. Tout ce qu'elle pouvait faire était de détourner insensiblement la tête pour pouvoir l'observer du coin de l'œil.

Bientôt il revint sur le devant, prit sur le baili, au grand effroi de la voyageuse, la cognée que tout voiturier porte avec lui, et se remit de nouveau à marcher par derrière. Ce fut alors qu'elle se sentit certaine qu'il méditait quelque mauvais coup. Mais comme elle ne pouvait songer à lui échapper, elle devait continuer à ne témoigner aucune crainte. Tout doucement, et sans rien dire, elle attira à elle son manteau et le roula pour garantir au moins sa tête, si par hasard il brandissait contre elle sa cognée. Au bout de quelques instants, il revint prendre sa place et dévisagea Mme Pfeiffer d'une manière effrayante. Il fallait l'admirable sang-froid dont elle était douée pour supporter pendant toute une heure ce manège, qu'il recommençait alternativement.

Deux heures plus tard on arrivait à la station, où notre voyageuse rejoignit son domestique, à qui elle défendit de la quitter désormais.

Les villages que l'on traversait étaient des plus misérables. On ne rencontrait plus de maisons, mais des cabanes composées de murs de joncs et de roseaux, recouverts de feuilles de palmier.

Ces villages sont généralement habités par des Mahrattes, tribu assez puissante jadis dans l'Inde, et notamment dans la presqu'île en deçà du Gange.

Les Mahrattes sont sectateurs de Brahma. Ils ont une forte complexion. Le teint passe du noir pâle au brun clair ; les traits de leur physonomie sont laids et rusés. Endurcis contre toutes les fatigues, ils ne vivent, pour ainsi dire, que de riz et d'eau, et leur caractère est, dit-on, cruel, astucieux et féroce. Avant d'aller au combat, ils s'enivrent en buvant de l'opium ou en fumant du chanvre sauvage (haschisch) en guise de tabac.

L'après-midi, Mme Pfeiffer arrivait au petit endroit appelé Paunwel. Vers le soir, elle s'embarqua sur le fleuve du même nom, entra en mer et débarqua le lendemain à Bombay.

En sept semaines, la voyageuse intrépide avait fait le long et pénible voyage de Delhi à Paunwel, et cela grâce aux sympathies qu'elle avait éveillées parmi les administrateurs anglais, qui la secondèrent à l'envi.

XXVII.

HINDOUSTAN (suite).

ARRIVÉE A BOMBAY. — SÉJOUR FORCÉ. — DESCRIPTION DE LA VILLE. — JAMSEITZE-JEEJEB-HOY, LE PREMIER HINDOU DÉCORÉ. — GUÈBRES OU PARSIS. — NOTIONS RELIGIEUSES. — M. MANUCKJEE CURSETJEE. — FUNÉRAILLES CHEZ LES PARSIS. — LE FEU DE ZOROASTRE. — COSTUMES. — LE CORDON SACRÉ. — ADRESSE EXTRÊME QUE NÉCESSITE LE REPAS DES PARSIS.

Ce fut dans la maison de campagne du consul de Hambourg que descendit, à Bombay, notre voyageuse. Elle ne comptait s'y arrêter que peu de jours, se flattant qu'elle pourrait encore profiter de certains vents réguliers et périodiques de la mer des Indes, qui soufflent six mois de l'année de l'est à l'ouest et six mois du côté opposé. On les appelle des *moussons*. Mais la saison favorable était déjà passée, et c'était chose difficile que de trouver une occasion de s'embarquer.

Il fallut donc attendre plusieurs semaines. Heureusement que Mme Pfeiffer, aimable et sympathique, éveillait presque partout des qualités correspondantes. Le consul de Hambourg, M. Wattenbach, lui rendit très agréable sa station forcée à Bombay.

Bombay est situé dans une petite île extrêmement jolie, séparée du continent par un tout petit bras de mer. Sa superficie est de près de 8 kilomètres carrés, habités par 250,000 âmes. Bombay est le chef-lieu de l'Inde occidentale; et comme son port est le meilleur et le plus sûr de toute cette côte, c'est le principal entrepôt des marchandises de l'Inde, de la Malaisie, de la Perse, de l'Arabie et de l'Abyssinie.

Vue de Bombay, chef-lieu de l'Inde occidentale.

Pour le commerce, Bombay ne le cède qu'à Calcutta. On y entend toutes les langues du monde civilisé, et on en voit les costumes et les diverses mœurs.

C'est de la pointe de Malabar qu'on a la plus belle vue de l'île et de la ville de Bombay, comme aussi des îles voisines, de Salsette, d'Eléphanta, de Kolabeh, de Carajanh et du continent.

Les grands environs se composent surtout de basses collines, couvertes de beaux cocotiers et de dattiers. On voit aussi dans la plaine qui entoure la ville beaucoup de ces bois, dont on a fait des jardins, en les séparant par des murs. Les indigènes aiment à établir leurs habitations à l'ombre touffue des arbres, tandis que les Européens cherchent au contraire l'air et la lumière. Les villas de ces derniers sont jolies et commodes, mais elles ne peuvent, ni pour la grandeur ni pour la magnificence, se comparer à celles de Calcutta. La ville est située dans une plaine, le long du rivage de la mer.

Il faut chercher la vie active et remuante des riches négociants indigènes et européens dans la partie fortifiée, dans le fort, qui forme un grand carré. Ici on trouve dans des magasins et des entrepôts spacieux des marchandises de toutes les parties du monde. Les rues sont jolies; la grande place, appelée *The Green*, est superbe. Parmi les édifices, le *hall* de la ville, dont la grande salle n'a point de pareille, l'église anglaise, le palais du gouverneur et l'hôtel de la Monnaie, se distinguent par leur architecture.

La ville ouverte et la ville noire se rattachent au fort et sont infiniment plus grandes.

La ville noire est cette partie de la cité qu'habite la classe pauvre. On conçoit facilement que ce n'est pas là qu'on doit aller chercher la beauté et la propreté.

Dans la ville ouverte, les rues sont très régulières et très larges, et on les arrose fréquemment. Ces deux circonstances paraissaient d'autant plus surprenantes à Mme Pfeiffer, que c'était la première fois qu'elle avait l'occasion de les constater. Beaucoup de maisons étaient ornées de colonnes de bois artistement ciselées, de chapiteaux et de galeries.

La visite du bazar est très curieuse, non pas à cause des riches marchandises qui y sont étalées, comme le prétendent beaucoup de voyageurs (car on n'en voit pas plus qu'ailleurs, on n'y trouve même pas les belles boiseries en mosaïque dans lesquelles Bombay excelle), mais à cause des types divers qui y affluent. Les trois quarts se composent, il est vrai, d'Hindous ; mais le reste offre un mélange varié de mahométans, de Perses, d'adorateurs du feu, de Mahrattes, de Juifs, d'Arabes, de Bédouins, de nègres, de descendants de Portugais, de quelques centaines d'Européens, et même de quelques Chinois et Hottentots. Il faut un certain temps pour distinguer ces différentes races au costume et à la physionomie.

De toutes les tribus fixées à Bombay, la plus riche est celle des Parsis, appelés aussi Guèbres ou adorateurs du feu. Chassés de la Perse, il y a environ douze cents ans, ils s'établirent le long de la côte occidentale de l'Inde. Comme ils sont extrêmement laborieux et industrieux, très instruits et très bienfaisants, on ne voit chez eux ni pauvres ni mendiants, et tous semblent être à leur aise. Les belles maisons habitées par les Européens appartiennent pour la plupart aux Parsis ; ce sont eux qui possèdent les plus vastes domaines. On les voit se promener dans de superbes équipages, et ils sont entourés de nombreux domestiques.

Un des plus riches, Jamseitze-Jeejeb-Hoy, a fait construire, de ses propres deniers, un bel hôpital en style gothique, où il entretenait à ses frais des médecins européens et où il recevait des malades de toutes les religions. Nommé chevalier par le gouvernement anglais, cet homme généreux fut certainement le premier Hindou a qui l'on eût accordé une telle distinction ; mais il la méritait entre tous.

Les Parsis croient à un seul Être suprême. Ils rendent un culte aux quatre éléments, mais surtout au feu et au soleil, parce qu'ils se les représentent comme des émanations de cet Être suprême. Ils tâchent d'assister tous les matins au lever du soleil, et pour cela sortent de leurs maisons et souvent de la ville, afin de saluer cet astre de leurs prières. Indépendamment des éléments, les vaches leur sont encore sacrées.

D'après les récits de certains voyageurs, Mme Pfeiffer s'était attendue à voir cette secte se livrer à diverses extravagances, telles que d'abandonner les cadavres de ses membres aux bêtes de proie, en les exposant sur les toits, etc., coutume dont la seule pensée la révoltait profondément. Ardente à s'instruire comme elle l'était, elle s'empressa de se renseigner à cet égard et s'adressa pour cela à un des hommes les plus éclairés et les plus distingués de la secte elle-même, M. Manuckjee Cursetjee.

Voici comment il lui répondit : il la conduisit à une colline en dehors de la ville et lui montra un mur de huit mètres de haut, qui renfermait un espace d'environ vingt mètres de circonférence.

— Dans cette enceinte, lui dit-il, on a élevé une grande bière divisée en quatre compartiments, et, à côté, on a creusé une grande fosse. Les corps sont placés sur la bière, les hommes dans le premier compartiment, les femmes dans le second, et les enfants dans le troisième. Attachés avec des liens de fer, ils sont, d'après les principes de notre religion, abandonnés à l'action de l'air. Les oiseaux de proie, qui résident toujours par grandes bandes dans ces endroits, se précipitent avidement sur les corps et dévorent en peu de temps la chair et la peau; les ossements sont recueillis et jetés dans la fosse. Quand elle est pleine, on délaisse ce lieu de sépulture et on en établit un nouveau.

Quelques riches Parsis ont bien des sépultures particulières au-dessus desquelles ils font tendre des treillages de fil de fer, pour empêcher les morts de leur famille d'être déchirés par les oiseaux de proie.

Personne, à l'exception des prêtres, qui portent le corps dans les lieux de sépulture, ne peut y pénétrer. On en ferme même la porte en toute hâte, car y jeter seulement un regard serait déjà un crime. Les prêtres, ou plutôt les pasteurs, sont considérés comme tellement impurs, qu'exclus du reste de la société, ils constituent une caste à part. Celui qui a le malheur de toucher en passant un tel homme, est obligé de détruire aussitôt ses habits et d'aller se baigner.

Les Parsis ne sont pas moins scrupuleux pour admettre les étrangers dans leurs temples ; à moins de partager leurs croyances, on ne peut les visiter, ni même les examiner à l'extérieur. Ces temples, Mme Pfeiffer elle-même ne put les voir que du dehors. Ils sont très petits, simples, et n'attirent pas l'attention par une architecture particulière.

Le feu brûle dans une espèce de vase de fer dans un espace tout à fait vide et dépourvu de tout ornement. Les Parsis prétendent que le feu qui brûle dans le principal temple et qui, à ce qu'ils disent, a servi à allumer tous les autres, provient de celui que leur prophète Zoroastre a allumé en Perse, il y a quatre mille ans. Quand ils furent chassés de Perse, ils emportèrent ce feu sacré. On ne l'entretient pas seulement à l'aide de bois à brûler ordinaire, mais on y mêle aussi des bois précieux, tels que le bois de sandal, le bois de rose et autres.

Les prêtres sont appelés mages ; il y en a un assez grand nombre d'attachés à chaque temple. Pour le costume, ils ne se distinguent des autres Parsis que par un turban blanc. Il leur est permis de se marier.

Un pieux Parsi doit prier chaque jour quatre fois, et chaque fois pendant une heure ; mais pour cela il n'a pas besoin de visiter le temple. Il n'a qu'à se livrer à la contemplation du feu, de la terre ou de l'eau, ou bien à regarder en l'air. Celui à qui quatre heures de prières chaque jour paraissent trop longues, s'entend avec les prêtres ; ils sont bons et humains comme ceux des autres religions, et dispensent volontiers de ces graves soucis les malades et les affligés en échange de dons charitables.

Les femmes visitent ordinairement les temples à d'autres heures que les hommes. Il ne leur est pas précisément défendu d'y aller avec eux, mais elles ne le font jamais et ne s'y rendent d'ailleurs que très rarement.

Les Parsis aiment à faire leurs prières du matin en face du soleil, qu'ils adorent surtout comme le feu le plus grand et le plus sacré. Le culte du feu est poussé chez eux au point qu'ils n'exercent pas les métiers dans lesquels le feu est indispensable, qu'ils ne font aucun usage d'armes à feu, et qu'ils n'éteignent pas la lumière. Quant au feu de la cuisine, ils le laissent s'éteindre tout seul.

Bien des voyageurs prétendent même qu'ils n'arrêtent pas les incendies. Mais Mme Pfeiffer est à même d'affirmer qu'il n'en est point ainsi, et que dans un grand incendie qui éclata à Bombay, on vit des Parsis rivaliser de zèle pour combattre ses ravages.

M. Manuckjee, ayant pris en amitié l'intelligente voyageuse, l'invita à venir chez lui, pour qu'elle pût s'initier à la vie de famille des Parsis, et l'introduisit également chez plusieurs de ses amis.

Grande fut la surprise de cette dernière de trouver là des chambres disposées à l'européenne, munies de chaises, de tables, de canapés, de lits, de tableaux, de glaces, etc. Le costume des femmes différait peu de celui des riches Hindoues; seulement il était plus décent, car il ne se composait pas de mousseline transparente, mais d'étoffe de soie; de plus, elles portaient des pantalons.

Ces étoffes de soie étaient richement brodées d'or, luxe qui s'étendait jusqu'aux enfants de trois ans. Ceux qui étaient au-dessous de cet âge, ainsi que les nouveau-nés, étaient enveloppés dans de simples étoffes de soie. Les enfants portaient tous de petits bonnets brodés d'or et d'argent.

Une femme parsi ne peut pas plus que la femme hindoue se passer de parures d'or, de perles et de pierreries. Elles en portent déjà beaucoup chez elles; mais dans les visites, dans les cérémonies et les solennités, la parure d'une dame riche dépasse souvent la valeur de 100,000 roupies (253,000 fr.). Des enfants de sept à huit mois ont déjà les mains et les bras surchargés de bagues et de bracelets, avec des pierres fines ou des perles.

Costumes des Parsis.

Le costume des hommes consiste en un large pantalon, en une chemise et un long cafetan. Leurs chemises et leurs pantalons sont souvent en soie blanche, les cafetans en percale blanche. Le turban diffère beaucoup de celui des mahométans; c'est un bonnet en coton de 25 à 30 centimètres de haut, recouvert d'une étoffe de couleur ou de toile cirée.

Les hommes et les femmes ont à la ceinture, par-dessus la chemise, un cordon noué en double qu'ils détachent pendant la prière et qu'ils tiennent à la main; autrement ce cordon doit toujours rester autour du corps. Sur ce point, la loi est si sévère, que celui qui ne le porterait pas serait exclu de la communauté. Aucun traité, aucune affaire n'est valable si le cordon n'y figure pas. On l'attache autour du corps des enfants arrivés à l'âge de neuf ans. Avant cette cérémonie, ils ne font pas partie de la communauté. Jusque-là, il leur est même permis de manger des mets préparés par des chrétiens, et les petites filles peuvent accompagner leurs pères dans des endroits publics. Mais en se revêtant du cordon, tout change : le fils mange à la table de son père ; les filles restent chez elles, etc.

Une autre pièce religieuse est la chemise ; elle doit avoir une certaine longueur et une certaine largeur, se composer de neuf coutures, et être croisée d'une manière particulière sur la poitrine.

Le Parsi ne peut prendre qu'une femme. Cependant, si dans un intervalle de neuf ans elle ne lui donne pas d'enfants ou ne lui donne que des filles, il peut, de concert avec sa femme, se séparer d'elle et contracter une nouvelle alliance. Il faut néanmoins qu'il continue à prendre soin de sa première compagne. Celle-ci peut également se remarier. D'après ses idées religieuses, le Parsi ne peut compter sur une vraie félicité dans l'autre monde qu'autant qu'il a eu dans celui-ci une femme et un fils.

Les Parsis ne sont pas divisés en castes.

Dans le cours des temps, les Parsis ont adopté plusieurs coutumes des Hindous. C'est ainsi que les femmes ne peuvent pas se montrer dans les endroits publics, mangent seules, et sont généralement regardées et traitées plutôt comme des choses que comme des personnes. Les filles sont promises dès l'enfance, et mariées à l'âge de quatorze ans. Mais le fiancé vient-il à mourir, les parents peuvent se mettre en quête d'un autre gendre. Chez les Parsis, c'est également une honte pour un père de ne pas trouver de maris pour ses filles.

Toutefois, chez elles, les femmes des Parsis jouissent de beaucoup plus de liberté que les pauvres Hindoues. Elles peuvent rester assises, sans voiles, aux fenêtres qui donnent sur la rue; elles peuvent même assister, la figure découverte, à une visite faite par un homme à leur mari. Cependant cela arrive rarement.

Les Parsis se distinguent facilement de tous les autres Asiatiques par leur physionomie, surtout par leur teint, qui est plus blanc. Leurs traits sont assez réguliers, cependant un peu forts, et les mâchoires un peu larges. Somme toute, ils ne sont pas aussi beaux que les mahométans et les Hindous.

Ce M. Manuckjee, si accessible à Mme Pfeiffer, était une exception parmi ses compatriotes. Il était peut-être le premier qui eût visité Paris, Londres, et une grande partie de l'Italie. Les coutumes et les mœurs européennes l'avaient tellement séduit, qu'à son retour il avait essayé d'introduire quelques réformes parmi ses coreligionnaires. Mais non seulement il n'avait pas réussi, on l'avait encore accusé de ne pas savoir ce qu'il voulait, et beaucoup de personnes lui avaient retiré leur estime et leur amitié.

On lui reprochait d'avoir toléré dans sa famille une allure trop libre; et quoi qu'il en eût dit, il avait dû ne pas trop s'affranchir du joug de l'habitude, afin de ne pas se brouiller complètement avec sa secte. Il faisait élever ses filles à l'européenne; aussi ne se gênait-on pas pour dire qu'elles auraient de la peine à trouver un mari; l'aînée avait dépassé quatorze ans, et son père n'avait point de fiancé en réserve pour elle. Il est vrai qu'il préférait que le goût de sa fille pût s'accorder avec son propre choix.

Ce fut en sa qualité de Parsi peu orthodoxe qu'il autorisa Mme Pfeiffer à assister à un de leurs repas. Toutefois il ne lui fut pas permis de s'asseoir à la même table que la famille. On lui mit d'abord séparément son couvert et elle dîna seule. On lui servit plusieurs mets, qui, à peu de choses près, semblaient préparés à l'européenne. Tous, à l'exception du maître de la maison, la regardaient manger avec ébahissement. L'usage du couteau et de la fourchette les bouleversait! Les domestiques eux-mêmes furent attirés par ce spectacle.

Quand Mme Pfeiffer eut satisfait son appétit en présence du public, et suivant les règles de l'art, on nettoya la table et tout autour avec autant de soin que si elle eût été pestiférée.

Ensuite on apporta des pains plats que l'on posa en guise d'assiettes sur la table, qui n'avait point de nappe, et six ou sept petits plats avec les mêmes mets qu'on avait déjà offerts à la visiteuse. La famille se lava les mains et la figure, et le père prononça une courte prière. Tous, à l'exception du plus jeune des enfants, qui ne comptait que six ans, s'assirent à table, et mirent la main droite dans les différents plats. Ils déchiquetaient la viande des os de poulets et de mouton, détachaient le poisson par morceaux des arêtes, les trempaient ensuite dans les diverses sauces, et les faisaient passer si habilement dans la bouche, que la lèvre n'était pas touchée par la main. Celui à qui cela arriverait par mégarde, doit se lever aussitôt et se laver de nouveau la main, ou bien il faut qu'il prenne devant lui le plat dans lequel il met la main qu'il n'a point lavée, et il ne peut plus toucher à aucun autre mets. Pendant tout le repas, la main gauche reste complètement en repos.

Cette manière de manger paraît, il est vrai, très peu appétissante; mais, au fond, elle n'est pas si choquante, la main est lavée et ne touche à rien en dehors des mets. Lorsqu'on veut boire, on ne porte pas le vase aux lèvres, mais on se verse très artistement la boisson dans la bouche largement ouverte. Avant que les enfants aient acquis cette adresse à manger et à boire, il ne leur est pas permis de prendre part aux repas des grandes personnes, quand même ils porteraient le cordon sacré autour du corps.

XXVIII.

HINDOUSTAN (suite).

ENCORE BOMBAY. — CÉRÉMONIES BIZARRES POUR LES FUNÉRAILLES D'UNE HINDOUE PAUVRE. — WARUSCHE-PARUPU, OU FÊTE DU NOUVEL AN. — LES MARTYRS VOLONTAIRES. — LE TODDY. — ÉLÉPHANTA. — SALSETTE, L'ÎLE AUX TIGRES.

Mme Pfeiffer eut également l'occasion à Bombay de voir de près les funérailles d'une Hindoue de basse extraction.

Avant même qu'elle fût morte, les femmes qui l'entouraient élevaient de temps à autre d'horribles cris, et toutes celles qui arrivaient à la maison mortuaire en faisaient autant, ce qui contribuait à faire le vacarme le plus discordant qu'on puisse imaginer.

Au bout de quelques heures, la morte fut enveloppée dans un drap blanc, posée sur une bière ouverte, et portée par des hommes affectés à ce service à l'endroit où le corps devait être brûlé. Un d'entre eux portait un vase rempli de charbon et un morceau de bois allumé pour que le bûcher fût enflammé avec le feu de la maison mortuaire.

Les femmes restèrent assemblées devant la maison et formèrent un cercle étroit, dont le milieu fut occupé par une pleureuse à gages. Cette femme se mit à entonner un chant lugubre de plusieurs strophes. A la fin de chacune d'elles, toutes les autres femmes reprenaient en chœur, en se frappant la poitrine en mesure de la main droite, et en inclinant la tête jusqu'à terre. Elles faisaient ces mouvements aussi vite et d'une manière aussi uniforme que si on les avait fait marcher à la baguette comme des marionnettes.

Après un quart d'heure, il se fit une courte pause. Puis on entonna un autre chant, pendant lequel les femmes se frappèrent la poitrine des deux poings avec une telle violence, que l'on pouvait entendre au loin les coups qu'elles se donnaient. Après chaque coup, elles élevaient leurs mains bien haut et inclinaient la tête bien bas, tout cela d'une manière cadencée et prompte. Cette représentation fut encore plus comique que la première. Après s'être démenées ainsi longuement, elles s'assirent en cercle, burent du toddy et fumèrent du tabac.

Le lendemain, les femmes et les hommes répétèrent la cérémonie. Les derniers n'entrèrent pas non plus, cette fois, dans la maison; ils firent du feu et préparèrent un simple repas. Toutes les fois qu'arrivait un nouveau groupe de femmes, un des hommes approchait de la porte pour l'annoncer. Aussitôt la femme qui menait le deuil sortait de la maison pour recevoir les nouvelles venues. Elle se jetait à terre avec tant de véhémence, qu'on pouvait croire qu'elle ne se relèverait plus. Les survenantes se frappaient une fois la poitrine avec le poing et portaient ensuite les mains à la tête. La personne qui conduisait le deuil se levait dans l'intervalle, se jetait impétueusement au cou de chacune des femmes, passait son mouchoir autour de la tête de sa consolatrice, et se mettait à hurler avec elle à l'envi. Tous ces mouvements se faisaient également très vite, et une douzaine d'embrassements étaient expédiés en un clin d'œil. Après cette réception touchante, les femmes entraient dans la maison et continuaient à hurler de temps en temps. Ce n'est qu'au coucher du soleil qu'un silence complet s'établit, et un repas met fin à toute la cérémonie. Les femmes mangèrent dans la maison, les hommes en plein air.

Les funérailles et les noces coûtent toujours beaucoup d'argent aux Hindous. Les funérailles que nous venons de décrire étaient celles d'une femme de la classe pauvre. Cependant il fallut, pendant deux jours, prodiguer le toddy et fournir le repas à un grand nombre de convives. Il faut ajouter à cela le bûcher, qui coûte encore assez cher, lors même qu'il n'est que de bois ordinaire. Chez les riches, qui brûlent dans ces occasions les bois les plus précieux, un bûcher revient souvent à plus de 1,000 roupies.

Mme Pfeiffer rencontra un jour le cortège funèbre d'un enfant hindou. Etendu sur un coussin, il était couvert d'un drap blanc, jonché de fleurs belles et fraîches. Un homme le portait sur les deux bras avec précaution, comme s'il dormait. Il n'y avait que des hommes dans le cortège.

Les Hindous n'ont pas de dimanche ni de jours fériés fixés dans la semaine ; mais ils ont des fêtes périodiques qui durent plusieurs jours. Le 11 avril, ils célèbrent le *warusche-parupu*, ou fête du nouvel an. C'est une espèce de farce du carnaval, dont le principal divertissement consiste à s'asperger et à se barbouiller les uns les autres de couleurs jaune, brune et rouge, et à se peindre le front et les joues de même couleur.

Le tam-tam bruyant ou quelques violons ouvrent le cortège ; ensuite viennent des groupes plus ou moins nombreux, et tout ce monde se porte d'une maison à l'autre, en riant et en chantant. Quelques-uns trouvent bien en cette occasion le toddy un peu trop à leur goût, mais cependant pas au point de perdre la tête et de dépasser les bornes de la décence. Les femmes ne prennent pas part à ces processions publiques. Du reste, ces dernières ne paraissent dans aucune fête, si ce n'est celles qui ont abjuré toute pudeur. Mais, après la fête dont nous venons de parler, hommes et femmes s'assemblent le soir dans les maisons ; et dans ces réunions, dit-on, on ne respecte pas toujours les bornes des strictes convenances.

Les fêtes des martyrs ne sont plus célébrées avec beaucoup de pompe : leur temps est passé. Cependant Mme Pfeiffer eut la bonne fortune de voir un saint qui faisait courir beaucoup de monde. Ce saint homme avait tenu vingt-trois ans, sans changer de place, un bras tourné en l'air et la paume de la main assez ouverte pour qu'un pot de fleurs pût y rester. Les vingt-trois ans étant écoulés, le pot de fleurs fut enlevé. Mais la main et le bras ne purent plus changer de position, car les muscles s'étaient contractés ; le bras s'était amaigri, presque décharné, et était dégoûtant à voir.

Une coutume assez bizarre, relative à la production du toddy, frappa beaucoup notre voyageuse. Ce qu'on boit le plus communément à Bombay, c'est cette boisson spiritueuse et légère que l'on tire des cocotiers et des dattiers. Les droits prélevés sur ces arbres sont très élevés ; car on les compte un à un, comme en Egypte, et on les impose séparément. Un arbre qui n'est destiné qu'à porter des fruits paye un quart de roupie ou une demi-roupie, tandis que le cocotier, dont on fait le toddy, paye trois quarts de roupie et même une roupie. Ici les indigènes ne montent pas aux palmiers au moyen de cordes à nœuds, mais à l'aide d'entailles dans lesquelles ils posent les pieds.

Dans une excursion que Mme Pfeiffer fit à Eléphanta, île située à six ou huit milles marins de Bombay, elle admira les ruines de deux temples qui ont beaucoup souffert. En faisant la conquête de l'île de Bombay, les Portugais, emportés par un noble zèle pour leur religion, n'eurent rien de plus pressé que de braquer le canon et de détruire les abominables temples des païens, ce qui leur fut bien plus facile que de convertir ces peuples idolâtres. Plusieurs colonnes sont tout à fait en ruines. Presque toutes sont plus ou moins endommagées. Le sol est couvert de décombres. Aucun des dieux et des personnages de leur suite n'a échappé entièrement à ce vandalisme.

De la façade du grand temple, on a une magnifique vue, au delà de la mer, du côté de la ville et des jolies collines qui l'environnent.

Salsette, appellée aussi *île aux Tigres*, est reliée à Bombay par une courte digue artificielle. Les beautés naturelles de cette île surpassent de beaucoup celles de Bombay. Ce ne sont pas des collines qu'on trouve ici, mais de superbes chaînes de montagnes, couvertes de bois touffus, du milieu desquels s'élèvent encore çà et là des pans de rochers tout nus. Les vallées sont plantées de beaux champs de blé et de verts palmiers élancés.

L'île ne semble pas très peuplée. Mme Pfeiffer ne vit que peu de villages et une seule petite ville, habitée par les Mahrattes, aussi misérables et aussi sales que ceux de Kundulla.

Les temples d'Eléphanta et de Salsette sont inférieurs à ceux d'Adjunta et d'Elora. On visite peu les temples pratiqués dans les rochers de Salsette, parce qu'on y est exposé à beaucoup de dangers. La contrée est infestée non seulement par des tigres, mais aussi par une quantité prodigieuse d'abeilles sauvages, qui bourdonnent sans cesse autour des temples et empêchent d'y pénétrer. On doit, en outre, y rencontrer partout des brigands, connus sous le nom de *bheels*.

Malgré ces dangers, Mme Pfeiffer poussa l'audace jusqu'à entreprendre *seule* des courses au milieu de ces rochers. Elle ne se contenta pas de la vue superficielle d'un temple, et grimpa, de roc en roc, jusqu'aux monuments les plus élevés et les plus reculés.

Dans un de ces temples, elle trouva la peau et les cornes d'une chèvre dévorée, spectacle qui ne laissa pas de faire quelque impression sur elle ; mais elle compta sur la sauvagerie bien connue des tigres, qui, en plein jour, fuient plutôt l'homme qu'ils n'osent l'attaquer, et elle continua bravement ses explorations.

Cependant, quelques jours plus tard, deux voyageurs faillirent, non pas être dévorés par les tigres, mais périr sous les piqûres des abeilles. L'un d'eux eut l'imprudence de frapper à une ouverture de rocher. Il en sortit soudain un énorme essaim, et ce ne fut qu'avec beaucoup de peine que les deux infortunés parvinrent à leur échapper, la tête, la figure et les mains abîmées. Cette aventure fut publiée dans les journaux pour prémunir d'autres voyageurs.

Le climat de Bombay est plus sain que celui de Calcutta, et, quoique Bombay soit situé à cinq degrés plus au sud, la chaleur y est plus supportable, grâce à de constantes brises de mer. On y est tourmenté par les moustiques comme dans tous les autres pays de la zone torride.

Mme Pfeiffer était déjà décidée à se servir d'une barque arabe qui devait partir le 2 avril pour Bassora, quand on vint la prévenir que, le 10, un petit vapeur allait faire cette traversée. Elle en fut enchantée ; mais elle était loin de s'imaginer qu'il en fût de ce vapeur comme des voiliers, dont le départ est remis de jour en jour. Ce ne fut que le 23 avril qu'elle sortit du port de Bombay.

XXIX.

DE BOMBAY A BAGDAD.

DÉPART DE BOMBAY. — MASCATTE — COSTUME DES FEMMES DU PAYS. — BAUDR-ABAS. — WILLIAM HEBORTH. — BUSHIRE. — LE SCHATEL-ARAB. — BASSORA. — L'ISAR DE Mme PFEIFFER. — L'EMPLACEMENT DU PARADIS TERRESTRE. — LES ARABES TRIBUTAIRES DE LA PORTE. — CTÉSIPHON. — ARRIVÉE A BAGDAD.

Le vapeur en partance n'avait que deux cabines, une petite et une grande, retenues d'avance. Mme Pfeiffer dut donc se contenter d'une place sur le pont. Cependant elle dînait à la table du capitaine, qui, pendant toute la traversée, la combla d'attentions et de prévenances.

Le petit bateau était, dans toute la force du terme, surchargé de monde. L'équipage seul se composait de quarante-cinq hommes, auxquels il faut ajouter cent vingt-quatre passagers, la plupart persans, mahométans et arabes ; Mme Pfeiffer et un Anglais, M. Ross, étaient les seuls Européens. Quand toute cette masse d'individus fut réunie, il n'y eut pas sur le pont la plus petite place vide. Pour aller d'un endroit à l'autre, il fallait grimper sur des coffres et des caisses sans nombre, et prendre toutes les précautions imaginables pour ne pas marcher sur la tête ou sur les pieds des passagers.

En quittant Bombay, Mme Pfeiffer avait été un peu indisposée ; aussi, le second jour de la traversée, fut-elle prise d'un petit accès de fièvre bilieuse. Pendant cinq jours, elle eut à lutter contre le mal ; elle sortait à peine de l'asile qu'elle avait choisi au-dessous de la table de la salle à manger du capitaine, sur le pont d'arrière, pour céder la place aux pieds de la société réunie pour les repas. Elle ne prit pas de médicaments, car elle n'en portait jamais avec elle, et elle abandonna le soin de sa guérison à la Providence et à sa forte constitution.

Un mal bien plus dangereux éclatait le troisième jour du voyage. Dans la grande cabine où dix-huit femmes et sept enfants étaient entassés, la petite vérole se déclara avec tant de violence, que trois morts survinrent. Mais les autres malades guérirent, et l'épidémie s'en tint là.

La première halte du vapeur fut Mascatte, ville soumise à un prince arabe. Elle est très fortifiée et entourée de plusieurs rangées de rochers de forme étrange, également couronnés de tours et de forts.

Les maisons de la ville sont en pierre ; elles ont de petites fenêtres et des terrasses en guise de toits. Deux soi-disant palais, dont un est habité par la mère du prince régnant, l'autre par le scheik (gouverneur), ne se distinguent des autres habitations que par une plus vaste circonférence. Plusieurs rues sont si étroites, qu'il ne peut y passer que deux personnes de front. Le bazar, disposé à la turque, se compose de galeries couvertes, sous lesquelles les marchands se tiennent assis, les jambes croisées, devant leurs misérables marchandises.

La chaleur est étouffante dans la vallée de rochers où Mascatte est encaissée. La lumière du soleil, n'étant adoucie par aucune verdure, y est très dangereuse pour les yeux. Si loin que se porte le regard, on ne découvre nulle part ni arbre, ni buisson, ni le moindre brin d'herbe. On ne rencontre point d'Européens, ce climat leur étant mortel.

Dans une vallée au delà de Mascatte, se rencontre la plus grande curiosité des environs : c'est un assez vaste jardin qui, avec ses palmiers, ses dattiers, ses fleurs, ses plantes et ses légumes, offre réellement l'image d'une oasis dans le désert. Cette végétation est due en grande partie à une irrigation infatigable. Le jardin appartient à un prince arabe. Le guide de Mme Pfeiffer était très fier de cette merveille et lui demanda s'il y en avait d'aussi beaux dans son pays !

Les femmes de Mascatte portent une espèce de masque en étoffe bleue, retenu par des agrafes ou des fils de fer, et qui ne touche pas la figure. Ce masque est coupé entre le front et le nez, de sorte que l'on voit quelque chose de plus que les yeux. Elles ne le mettent que quand elles s'éloignent de la maison ; chez elles, et devant leurs cabanes, elles ont la figure découverte. Toutes les femmes que Mme Pfeiffer eut occasion de voir étaient laides ; les hommes n'avaient pas non plus les traits délicats et fiers que l'on trouve si souvent chez les Arabes. Beaucoup de nègres servent à Mascatte comme esclaves.

En dépit des avis réitérés qu'on lui avait donnés de toutes parts, que le soleil ardent des pays chauds était très nuisible aux Européens, Mme Pfeiffer fit toutes ces excursions avec 41° Réaumur au soleil, et arriva à voir ce que ses compagnons de voyage, plus circonspects, perdaient ainsi l'occasion de visiter.

Le 2 mai, de grand matin, on mit de nouveau à la voile, et le 3 on entrait dans le golfe Persique, et on longeait d'assez près l'île d'Ormus. Les montagnes de cette île se distinguent par leurs teintes miroitantes.

Beaucoup d'endroits scintillaient comme s'ils avaient été couverts de neige. Les montagnes contiennent beaucoup de sel, et tous les ans il vient de nombreux bateaux d'Arabie et de Perse pour en emporter des cargaisons.

A la deuxième halte du navire, qui avait lieu à Baudr-Abas, la pauvre Mme Pfeiffer regardait avec désespoir cette côte de la Perse où elle brûlait d'aborder ; le capitaine l'avait dissuadée de le tenter, en lui faisant remarquer que les Persans ne sont pas aussi bons que les Hindous, et que l'apparition d'une Européenne pourrait bien y être saluée à coups de poings.

Mais son étoile, cette fameuse étoile qui avait toujours un rayon propice pour éclairer ses situations difficiles, ne voulut-elle pas qu'il se rencontrât sur le bateau un jeune homme dont le père, Anglais, avait épousé une Arménienne de Téhéran et qui parlait également bien les deux langues ! Elle s'adressa à lui et trouva ce qu'elle cherchait : un cavalier servant plein de bonne grâce et d'aménité, qui la conduisit au bazar et lui fit traverser plusieurs petites rues. Certes le peuple accourait bien de tous côtés pour la regarder passer avec de grands yeux ébahis, mais elle n'eut pas à supporter la moindre démonstration hostile.

Les maisons sont petites et construites dans le goût oriental. On y voit peu de fenêtres ; elles sont très basses et ont des terrasses, au lieu de toits. Les rues sont étroites, sales et comme mortes ; il n'y avait que le bazar qui fût animé. Les boulangers cuisent ici le pain de la manière la plus simple, en présence même des chalands : ils pétrissent un peu de farine avec de l'eau dans une écuelle de bois ; ensuite ils divisent la pâte en petits morceaux, qu'ils pressent et allongent de manière à les rendre minces et plats ; puis ils passent dessus de l'eau salée et les collent dans l'intérieur d'un tuyau rond. Ce tuyau est en terre cuite ; il a environ quarante-cinq centimètres de diamètre et cinquante de long ; il est enfoncé à moitié dans la terre, et on a pratiqué dans le bas un courant d'air. Des charbons de bois brûlent dans l'intérieur du tuyau, à l'extrémité inférieure. Ces morceaux de pâte sont cuits en même temps des deux côtés, le dessous par le tuyau ardent, le dessus par le feu du charbon. Mme Pfeiffer se fit donner une demi-douzaine de ces sortes de galettes, qui, mangées chaudes, ont assez bon goût.

On peut facilement distinguer les Persans et les Arabes, que l'on voit encore en grand nombre ; ils sont plus grands et plus forts ; ils ont la peau plus blanche, les traits grossiers et assez expressifs, et un air féroce et sauvage. Leur costume ressemble à celui des mahométans. Beaucoup portent des turbans, d'autres des bonnets coniques en peau d'astrakan noire, de cinquante à soixante-quinze centimètres de haut.

On raconta plus tard un si beau trait de reconnaissance de ce M. William Heborth, l'aimable cavalier de Mme Pfeiffer, qu'elle le relate avec complaisance et que nous avons cru devoir le conserver.

Ce jeune homme, arrivé de Perse à Bombay à l'âge de seize ans, fut parfaitement accueilli par un ami de son père, qui non seulement l'assista de son mieux, mais, grâce à son crédit, lui fit obtenir une bonne place. Marié et père de quatre enfants, ce généreux protecteur eut le malheur de faire un jour une chute de cheval, dont les suites funestes lui coûtèrent la vie. N'écoutant alors que la voix de son noble cœur, pour s'acquitter envers son ancien bienfaiteur, le jeune homme épousa la veuve, qui, beaucoup plus âgée que lui et sans fortune, était chargée de quatre enfants.

Après une navigation heureuse dans le détroit de Kishm, le vapeur toucha à Bushire, le meilleur port de la Perse, mais une ville sale entre toutes. Les maisons sont si serrées et si rapprochées, qu'on peut facilement passer de l'une à l'autre en enjambant, et qu'il ne faut pas beaucoup d'adresse pour s'enfuir par-dessus les toits. En effet, les terrasses sont bordées par des murs qui n'ont pas plus de trente à soixante-dix centimètres.

Costume persan.

Les femmes se voilent tellement le visage, que l'on ne sait comment elles font pour trouver leur chemin ; les plus petites filles imitent déjà cette coutume. Elles portent des anneaux aux narines, aux bras et aux pieds, moins cependant que les femmes hindoues. Les hommes sont tous armés, même chez eux, de poignards ou de couteaux ; dans la rue, ils sont en outre munis de pistolets.

Après avoir quitté Bushire, Mme Pfeiffer eut le bonheur de voir un des plus célèbres fleuves du monde, le Schatel-Arab, formé de la jonction de l'Euphrate, du Tigre et du Kauron, et dont l'embouchure ressemble à un bras de mer. Le Schatel-Arab conserve son nom jusqu'au delta du Tigre et de l'Euphrate.

En quittant la mer pour se diriger sur Bagdad par Bassora, la voyageuse dit également adieu aux montagnes.

Cette traversée de Bombay à Bassora avait duré dix-huit jours, à cause des moussons défavorables. C'était un des plus pénibles voyages qu'eût faits l'infatigable voyageuse, toujours sur le pont et au milieu d'une foule compacte de passagers, par une chaleur qui, à midi, même à l'ombre de la tente, s'élevait jusqu'à 30° ; elle ne put changer qu'une seule fois, à Bushire, de linge et de vêtements. Cet état est d'autant plus affreux, qu'on ne peut pas se débarrasser de la vermine dont on est gratifié par ses voisins. Aussi lui tardait-il de retremper ses forces épuisées dans un bain de propreté.

La ville de Bassora fut fondée en 656, sous le calife Omar. Après avoir passé alternativement de la domination des Turcs sous celle des Persans, elle a fini par rester au pouvoir des Turcs.

On ne retrouve plus aucune trace des belles mosquées et des caravansérails d'autrefois. Les murs de la forteresse sont peu solides et à moitié délabrés ; les maisons sont petites et d'un aspect mesquin ; les rues tortueuses, étroites et sales ; le bazar se compose de galeries couvertes, et, chose étonnante, on n'y voit que de misérables boutiques et pas un seul beau magasin. Cependant

Bassora est la principale place de commerce et l'entrepôt des marchandises de l'Inde destinées pour la Turquie.

Dans le bazar il y a beaucoup de cafés et de caravansérails passables.

Une grande place, qui ne se distingue pas précisément par sa propreté, sert pendant le jour comme marché au blé, et le soir on trouve devant un grand café plusieurs centaines d'étrangers qui prennent du café et qui fument leur narghilé.

Mme Pfeiffer drapée dans un isar.

La situation de Bassora ne passe pas pour être saine; la plaine d'alentour est d'un côté coupée par des fossés innombrables qui, remplis à moitié de vase et d'immondices, répandent des émanations pestilentielles, et occupée de l'autre côté par des bois de dattiers qui empêchent tout courant d'air. La chaleur y est si grande, que dans presque toutes les maisons on trouve un appartement pratiqué un ou deux mètres plus bas que la rue, et n'ayant de petites fenêtres que dans le haut des cintres. C'est dans ces appartements qu'on se tient pendant la journée.

La plus grande partie de la population se compose d'Arabes ; le reste consiste en Persans, en Turcs et en Arméniens.

Les Européens, comme nous l'avons dit, manquent complètement.

On conseilla à Mme Pfeiffer, pour ses excursions, de s'envelopper dans un grand mouchoir et de mettre un voile. Elle se conforma au premier avis, mais elle ne put endurer le voile dans cette grande chaleur. Elle alla la figure découverte ; et quant au mouchoir (*isar*), elle le porta si maladroitement, que ses habits européens se laissaient voir par tous les bouts. Cependant personne ne l'insulta.

La traversée de Bassora à Bagdad dure de quarante à cinquante jours, la distance étant de huit cent vingt kilomètres et le bateau devant être presque toujours traîné par des hommes.

A onze heures du matin, on leva l'ancre pour profiter de la marée, qui se fait sentir depuis l'embouchure jusqu'à deux cents kilomètres en amont du fleuve.

C'est à Korna, appelé aussi le Delta, que l'Euphrate et le Tigre mêlent leurs eaux. Les deux fleuves sont également grands, également rapides ; et comme on ne sut probablement pas auquel des deux on laisserait son nom, on l'enleva à chacun des deux, et on les appela Schatel.

Ce qui donne à cet endroit plus d'importance encore, ce sont les assertions de beaucoup d'écrivains qui prétendent démontrer, par des preuves irrécusables, que le paradis terrestre était là. S'il en est ainsi, notre bon père Adam, après avoir été chassé de ce lieu de délices, a fait une fameuse course pour arriver sur le pic qui porte son nom à Ceylan.

Une fois dans le Tigre, pendant cinq kilomètres on jouit du spectacle des beaux bois de dattiers, que l'on ne perd jamais de vue depuis l'embouchure du Schatel-Arab. Soudain ils disparurent ; mais des deux côtés on apercevait une belle et riche verdure, et de superbes champs de blé alternaient avec de larges pelouses couvertes en partie de buissons ou d'arbustes touffus. Mais cette fertilité ne règne pas à plus de quelques milles dans l'intérieur du pays. Si l'on s'éloigne du fleuve, on ne trouve qu'un désert.

Dans plusieurs endroits, on voyait de grandes tribus de Bédouins qui avaient dressé leurs tentes sur de longues files, d'ordinaire tout au bord du rivage. Quelques-unes de ces bandes avaient des tentes assez grandes, tout à fait couvertes; d'autres, au contraire, n'avaient étendu sur quelques pieux qu'une natte de paille, un drap ou quelques peaux qui préservaient à peine les têtes de ces malheureux contre les rayons ardents du soleil. En hiver, où le froid est souvent assez intense pour qu'il gèle, ils ont les mêmes demeures et les mêmes vêtements qu'en été. C'est aussi dans ce temps que la mortalité est la plus grande chez eux.

Ces hommes ont l'air de vrais sauvages et ne sont vêtus que de couvertures d'un brun foncé. Les hommes en tiennent un morceau entre les jambes, et en roulent un autre autour de leur corps; les femmes s'en enveloppent entièrement; les enfants sont souvent nus jusqu'à l'âge de douze ans. Leur teint est d'un brun sombre, leur figure un peu tatouée; hommes et femmes tressent leurs cheveux en quatre nattes qui descendent jusqu'aux tempes, puis vont retomber par derrière. Les armes des hommes se composent de gros gourdins; les femmes aiment beaucoup à se parer de perles de verre, de coquillages et de lambeaux de couleur; de grands anneaux leur traversent les narines.

Ces Arabes sont divisés en tribus et placés sous la suzeraineté de la Porte, à laquelle ils payent une redevance. Mais ils n'obéissent qu'aux cheiks (juges ou chefs) de leur choix. Plusieurs de ces chefs réunissent jusqu'à quarante ou cinquante mille tentes sous leur sceptre. Les tribus agricoles ne quittent pas l'établissement où elles se sont fixées ; quant à celles qui élèvent des troupeaux, elles mènent une vie nomade.

A moitié route de Bassora à Bagdad, on aperçoit la grande et haute chaîne de montagnes de *Louran ;* quand le ciel est pur, on voit, dit-on, leurs pics, de plus de trois mille mètres, couverts d'une neige éternelle.

On approche du vaste théâtre des exploits de Cambyse, de Cyrus, d'Alexandre et d'autres conquérants. Chaque place de ce sol est riche en souvenirs historiques. Les contrées sont toujours les mêmes. Mais que sont devenus leurs capitales et leurs puissants empires? Des monceaux de terre qui recouvrent les décombres, des murs délabrés sont les restes des cités les plus superbes ; et là où il y avait autrefois de grands Etats florissants, on voit aujourd'hui les déserts et les steppes que traversent des hordes rapaces.

Les Arabes agriculteurs sont eux-mêmes exposés aux agressions de leurs compatriotes, surtout à l'époque de la moisson. Pour se préserver autant que possible de ces rapines, ils transportent leurs récoltes dans de petits endroits fortifiés, dont Mme Pfeiffer vit un grand nombre entre Bassora et Bagdad.

Dans les endroits couverts d'herbes et de buissons, notre voyageuse vit plusieurs bandes de sangliers. Il n'y manque pas non plus de lions, qui descendent surtout des montagnes pendant les grands froids, et qui enlèvent des vaches et des moutons ; il est très rare qu'ils s'attaquent à l'homme. Mme Pfeiffer fut assez heureuse pour voir deux lions, mais à une si grande distance, qu'elle n'ose affirmer qu'ils surpassent en grandeur et en beauté ceux des ménageries d'Europe. Parmi les oiseaux, les pélicans sont généralement assez aimables pour s'approcher des voyageurs et prendre dans la main la nourriture qu'on leur offre.

Ctésiphon, d'abord capitale de l'empire parthe, puis du nouvel empire perse, fut détruit au viie siècle par les Arabes. Presque en face d'elle, sur la rive droite du Tigre, était Séleucie, une des plus célèbres villes de la Babylonie, qui, du temps de sa splendeur, avait six cent mille habitants, la plupart grecs, et une constitution libre et indépendante.

On aperçoit d'abord les ruines de Ctésiphon de face, puis par derrière, car le fleuve décrit une grande courbe et se replie sur lui-même de plusieurs milles.

L'ancienne ville des califes apparaît de loin, merveilleusement grande et belle; mais malheureusement elle perd beaucoup de son importance, quand on la voit de près. Les minarets et les coupoles, revêtus de briques de couleur, jettent un vif éclat aux rayons du soleil. Les palais, les portes de la ville, les fortifications, bordent à perte de vue les rives du Tigre aux teintes jaunes, et des jardins plantés de dattiers et d'autres arbres fruitiers couvrent l'immense plaine.

Sitôt que le bateau qui portait notre voyageuse eut jeté l'ancre, une masse d'indigènes vinrent l'entourer. Ils se servent de singuliers bâtiments qui ressemblent à des corbeilles rondes, tressées de fortes feuilles de palmiers et revêtues d'asphalte. On les appelle *guffers;* leur diamètre est de deux mètres, et leur hauteur d'un mètre. On y est en toute sûreté; ils ne chavirent jamais et ils n'ont pas besoin de beaucoup d'eau. Leur invention remonte à des temps très reculés.

XXX.

TURQUIE D'ASIE.

DESCRIPTION DE BAGDAD. — LA BOSSE D'ALEP. — FÊTE EN L'HONNEUR DE LA REINE D'ANGLETERRE. — COSTUMES DE FEMMES. — VISITE AU HAREM DU PACHA. — JARDINS.

Bagdad, capitale de l'Assyrie et de la Babylonie, fut fondée au viiie siècle, sous le calife Abou-Giafar-Almansour. Un siècle plus tard, sous le règne de Haroun-al-Raschid, le meilleur et le plus éclairé de tous les califes, la ville atteignit son plus haut degré de splendeur; mais cent ans plus tard elle fut prise par les Turcs.

Prise par les Persans au xvie siècle, elle demeura constamment une occasion de discorde entre les Turcs et les Persans, et, bien qu'elle eût été incorporée à l'empire ottoman au xviie siècle, le schah Nadir chercha encore, au xviiie, à l'enlever aux Turcs.

La population actuelle comprend environ soixante mille âmes. On compte à peu près les trois quarts de Turcs; le reste se compose de Juifs, de Persans, d'Arméniens, d'Arabes, etc. Il n'y a guère plus de cinquante à soixante Européens. La ville occupe les deux rives du Tigre; mais c'est principalement sur la rive orientale qu'elle se développe. Elle est entourée de murailles en briques, interrompues par de nombreuses tours; mais les murailles et les tours sont faibles et lézardées, et les canons dont elles sont munies ne sont pas en très bon état.

La première chose à laquelle Mme Pfeiffer dut songer, après avoir débarqué à Bagdad, ce fut de se procurer un *isar* (grande toile pour envelopper tout le corps), un petit bonnet (*finer*), avec un mouchoir (*baschlo*), qui, roulé et entrelacé autour du *finer,* forme une espèce de turban. Quant au bouclier raide et épais, tissé de crin, qui couvre le visage, elle ne s'en servit pas, parce qu'on étouffe dessous. On ne peut pas se figurer de costume plus incommode pour les femmes que celui qu'on porte dans ce pays. L'isar ramasse la poussière du sol, et il faut une certaine adresse pour le tenir de manière à ce que tout le corps reste enveloppé.

Vue de Bagdad.

Grâce à ce costume oriental, et même sans se couvrir le visage, Mme Pfeiffer put circuler librement partout. Elle commença par visiter la ville, qui n'offre plus rien de curieux, tous les anciens édifices du temps des califes ayant disparu. Pour pouvoir embrasser Bagdad d'un seul coup d'œil, elle monta avec beaucoup de peine sur la plate-forme extérieure d'une des coupoles du Kan-Osman, et elle fut réellement surprise de l'étendue et de la jolie position de la ville.

On a beau parcourir dans tous les sens les rues étroites et uniformes d'une ville orientale, on ne peut jamais s'en faire une idée, car une rue ressemble à l'autre, et toutes ensemble offrent l'image des corridors d'une prison. Mais du point élevé où elle était postée, Mme Pfeiffer dominait toute la ville, avec ses maisons innombrables, dont une grande partie sont situées au milieu de jolis jardins; elle voyait à ses pieds des milliers de terrasses, et surtout le beau fleuve qui, dans cette cité, longue de plus de huit kilomètres, roule ses eaux à travers de sombres bois de palmiers et d'arbres fruitiers.

Toutes les maisons sont bâties en tuiles, dont la plupart, dit-on, ont été apportées par l'Euphrate des ruines de Babylone. En considérant de plus près les fortifications, on y retrouve encore des traces des premières constructions. Les tuiles dont on s'est servi pour les élever ont près de soixante-dix centimètres, et ressemblent à de belles dalles en pierre.

Les maisons, plus jolies à l'intérieur qu'au dehors, ont des cours propres et pavées, beaucoup de fenêtres, etc. Les chambres sont grandes et hautes, mais elles ne sont pas meublées magnifiquement, comme à Damas. Pendant l'été, il fait si chaud à Bagdad, qu'on change de domicile trois fois par jour. Le matin, on se tient dans les chambres ordinaires; vers neuf heures, on se réfugie dans les appartements souterrains, appelés *sardabs*, qui, à l'instar des caves, sont souvent à cinq ou six mètres sous terre, et on y passe toute la journée; au coucher du soleil, on se rend aux terrasses pour recevoir les visites, y causer, y prendre le thé, et on y reste jusqu'au milieu de la nuit. C'est là le moment le plus agréable; les soirées sont fraîches, et on se sent renaître.

Beaucoup de personnes prétendent que, la nuit, la lune jette plus d'éclat que chez nous; mais cela n'est pas prouvé. On dort sur les terrasses, sous des moustiquaires qui enveloppent tout le lit.

Pendant le jour, la chaleur monte dans les chambres jusqu'à 30°. Au soleil, elle va de 40° à 42°. Dans les sardaps, elle dépasse rarement 25°. En hiver, les soirées, les nuits et les matinées sont si froides, qu'on fait du feu dans les cheminées.

Le climat de ce pays est regardé comme très sain, même par les Européens. Cependant il y règne une maladie qui serait un grand sujet d'épouvante pour nos jeunes personnes, et qui ne frappe pas seulement l'indigène, mais tout étranger qui passe quelques mois à Bagdad : c'est un affreux bouton que l'on appelle la *marque de dattes* ou la *bosse d'Alep*. Ce bouton, d'abord de la grosseur d'une tête d'épingle, prend peu à peu l'étendue d'un clou, et laisse de profondes cicatrices. D'ordinaire il parait à la figure. Sur cent visages, on n'en trouve peut-être pas un seul qui soit exempt de ces vilaines marques. Lorsqu'on n'en a qu'une, on peut s'estimer fort heureux. Ordinairement on n'en a pas moins de deux ou même trois. Les autres parties du corps n'en sont pas non plus exemptes, et ce mal hideux se déclare à l'époque de la maturité des dattes, de là son nom, et revient fréquemment plusieurs années de suite.

Mme Pfeiffer fut invitée à une grande fête donnée pour célébrer l'anniversaire de la naissance de la reine Victoria. La fête eut lieu sur les belles terrasses de la demeure du résident anglais. On s'y promenait sur des tapis moelleux, on s'asseyait, on se reposait sur des divans élastiques ; les terrasses, la cour et le jardin étaient éclairés *a giorno*. Les rafraîchissements les plus délicats circulaient sans cesse, et l'Européen ne pouvait guère s'apercevoir qu'il était si éloigné de sa patrie. Ce qui produisit moins d'illusion, ce furent deux orchestres, dont l'un exécutait des morceaux européens, l'autre des airs nationaux. Des feux d'artifice, avec des ballons lumineux et des flammes de Bengale, servirent encore d'amusement. Un banquet splendide termina la fête.

Parmi les femmes et les jeunes filles, il y avait quelques beautés remarquables ; mais toutes avaient des yeux séduisants. L'art de teindre les sourcils et les paupières y est sans doute pour beaucoup. Tout cil qui dépasse la ligne régulière est arraché avec soin et remplacé artistement par le pinceau. C'est ainsi qu'on produit la plus belle forme arquée, et, en teignant encore les paupières, on augmente infiniment la beauté et l'éclat de l'œil. La plus humble servante recherche tout aussi soigneusement que la plus grande dame ces embellissements factices.

Les femmes étaient vêtues à la manière turco-grecque. Elles portaient de larges pantalons de soie, attachés autour de la cheville, et par-dessus des cafetans brodés d'or, dont les manches, serrées contre les coudes, étaient fendues ensuite et retombaient des deux côtés des bras, couverts par les manches de soie de la chemise. Au milieu étaient fixées des ceintures raides, larges comme la main, ornées sur le devant de boutons énormes, et sur les côtés de boutons plus petits en or émaillé et ciselé. Des perles montées, des pierres fines et des anneaux d'or brillaient à leurs bras, à leur cou et sur leur poitrine. Sur la tête elles portaient un joli petit turban enlacé de chaînes ou de dentelles d'or. Beaucoup de minces tresses de cheveux se glissaient parmi ces dentelles et descendaient jusqu'aux hanches.

Mais le silence et l'immobilité régnaient au milieu de ce cercle de femmes, et aucune de ces aimables figures n'exprimait le moindre sentiment ni la moindre émotion; il leur manquait l'esprit et l'instruction, le charme de la vie. Les filles indigènes n'apprennent rien; elles passent pour très instruites quand elles savent lire la langue de leur pays, l'arménien ou l'arabe; et, en ce cas, on ne leur met entre les mains que des livres religieux.

Quelques jours après, Mme Pfeiffer fit une visite au harem du pacha. On s'attendait à sa venue, et les femmes, au nombre de quinze, étaient magnifiquement parées. La seule différence qu'il y eût entre leur toilette et celles décrites plus haut, c'est que les cafetans étaient plus courts et les turbans ornés de plumes d'autruche.

Après plus d'une heure passée dans cette société aussi rieuse et bruyante que possible, on servit des mets sur une table et on mit des chaises tout autour. La favorite passa la première, se mit à table et n'attendit même pas que les autres fussent assises, mais porta immédiatement ses mains aux différents plats, et réunit en un tas les morceaux qu'elle aimait le mieux. Comme il n'y avait ni couteaux ni fourchettes dans toute la maison, Mme Pfeiffer fut obligée de manger avec ses doigts. Ce ne fut que vers la fin du repas qu'on lui apporta une grande cuiller d'or à thé.

La table était chargée de viandes succulentes, de pilaus apprêtés de différentes manières, et d'une quantité de sucreries et de fruits. Tous ces mets étaient excellents, et il y en avait un surtout qui ressemblait à s'y méprendre aux beignets d'Europe.

Après le repas, on servit du café noir dans de petites tasses, et on apporta des narghilés. Les petites tasses étaient placées dans des gobelets d'or, richement ornés de perles et de turquoises.

Les femmes du pacha ne se distinguent de leurs suivantes et de leurs esclaves que par le costume et la toilette; elles ne diffèrent nullement entre elles par les manières. Les servantes s'asseyaient sans façon sur les divans, se mêlaient familièrement à la conversation, fumaient et prenaient du café avec leurs maîtresses. Les esclaves et les serviteurs sont traités avec bien plus de bonté et d'indulgence que dans les maisons européennes.

Les Turcs seuls ont des esclaves.

Un des plaisirs de Mme Pfeiffer à Bagdad fut de voir les riants jardins qu'on trouve à chaque pas dans la ville et dans les alentours. Cependant ces jardins ne sont pas dessinés et plantés avec art. Ce sont simplement des bois épais d'arbres fruitiers de toute espèce, tels que dattiers, pruniers, abricotiers, pêchers, figuiers, mûriers, entourés d'un mur en tuiles; il n'y règne ni ordre ni propreté. On n'y voit ni pelouses, ni parterres de fleurs, ni même des chemins régulièrement tracés. Mais on y rencontre beaucoup de canaux, car il faut remplacer la pluie et la rosée par des irrigations artificielles.

XXXI.

TURQUIE D'ASIE (suite).

SYSTÈME DE SOBRIÉTÉ DE Mme PFEIFFER. — LES RUINES DE CTÉSIPHON. — LE PORTAIL LE PLUS ÉLEVÉ DU MONDE. — TOMBEAU DE SELAMAN-PAK. — RENCONTRE D'UN PRINCE PERSAN DANS LE DÉSERT. — LA FEMME DU PRINCE. — LES KANS (HÔTELLERIES). — LE MUJELLIBÉ. — BABYLONE. — L'ARBRE SACRÉ D'EL-KASR. — HILLA. — RUINES DE BIRS-NIMROD. — LE TOMBEAU DE JOSUÉ. — FAUSSE ALERTE.

L'infatigable voyageuse était trop près des vastes plaines où s'épanouissent les premières merveilles de la civilisation, pour ne pas aller s'y retremper dans les grands souvenirs historiques de Ctésiphon et de Babylone. La première est à trente kilomètres, la seconde à quatre-vingt-dix neuf.

Pour aller à Ctésiphon sans passer la nuit dans le désert, il fallait faire les deux courses, d'aller et de retour, le même jour, c'est-à-dire dans l'espace compris entre le lever et le coucher du soleil; car à Bagdad, comme dans toutes les villes turques, les portes sont fermées la nuit, et on remet les clefs au commandant de la ville. On ne les rouvre qu'après le lever du soleil.

On aurait voulu munir de provisions notre voyageuse; mais, une fois en route, elle avait pour règle de se passer de toute espèce de superflu. Son système était très simple. « Quand j'ai l'assurance, disait-elle, de trouver des hommes dans les lieux où je me rends, je n'emporte pas de vivres ; car je dois pouvoir manger ce que mangent ces gens-là. Si leur nourriture n'est pas de mon goût, c'est sans doute que je n'ai pas beaucoup d'appétit, et alors je jeûne jusqu'à ce que la faim me fasse trouver tout excellent. »

Nous livrons ce paragraphe, tel qu'il est sorti de la plume de cette femme aimable et spirituelle, aux commentaires de nos jeunes lecteurs. Il y a matière à en tirer un parti plus considérable qu'il ne paraît au premier abord.

Mme Pfeiffer partit donc sur de bons chevaux arabes, que le résident anglais avait mis à sa disposition, ainsi qu'un domestique de confiance.

A moitié route, les deux cavaliers eurent à franchir le fleuve Dhyalah dans un grand bateau.

De l'autre côté du fleuve habitent, dans des trous maçonnés, quelques familles qui vivent du fermage de la traversée.

Notre voyageuse eut le bonheur d'y trouver pour se restaurer du pain et du petit-lait. On commençait déjà à découvrir les ruines de Ctésiphon, quoiqu'elles soient encore éloignées de plus de quatorze kilomètres. En trois heures et demie, elle avait parcouru toute la distance de Bagdad jusqu'aux ruines.

Ctésiphon s'était élevée jadis au rang des plus puissantes villes qui avoisinent le Tigre ; elle venait après Babylone et Séleucie. En été, les souverains persans demeuraient à Ecbatane, en hiver à Ctésiphon. Cependant les ruines que Mme Pfeiffer venait visiter se composent plutôt de quelques fragments du palais du schah Chosroès. On voit encore le portail à voûte colossale avec la porte, une partie de la principale façade et quelques parois latérales. Tout cela est si solide, que les voyageurs pourront jouir plusieurs siècles de la vue de ces débris imposants. Le cintre de la porte Touk-Kosra est le plus élevé de tous les portiques connus. Il a trente mètres, c'est-à-dire cinq de plus que la principale porte de Fattipoor-Sikri, que beaucoup de voyageurs citent comme la plus élevée. Le mur, au-dessus de la voûte, a encore plus de cinq mètres.

Sur la façade du palais, on a taillé, de haut en bas, de petites niches avec des arcs, des colonnes et des lignes, et le tout paraît être revêtu d'un fin ciment, dans lequel sont incrustées en cuivre, par-ci par-là, de charmantes arabesques.

Vis-à-vis de ces ruines, sur la rive occidentale du Tigre, on voit quelques restes des murs de Séleucie, première capitale de la Syrie, sous la dynastie macédonienne des Séleucides.

Sur les deux rives, on aperçoit tout autour, dans de vastes étendues circulaires, de petits tertres où l'on trouve, à une faible profondeur, des tuiles et des décombres.

Non loin des ruines du palais, s'élève une simple mosquée qui renferme le tombeau de Selaman-Pak, adoré comme un saint, parce qu'il fut l'ami de Mahomet. On ne poussa pas la tolérance jusqu'à laisser Mme Pfeiffer pénétrer dans cette mosquée; il lui fallut se contenter d'un coup d'œil furtif à travers la porte ouverte. Tout ce qu'elle put distinguer, ce fut un tombeau en tuiles entouré d'un treillage de bois peint en vert.

Une surprise agréable était réservée à la voyageuse. Un Persan la joignit, lui montra quelques jolies tentes dressées à peu de distance, et lui fit un discours auquel elle ne comprit rien. Son interprète lui apprit qu'un prince persan demeurait sous ces tentes, et qu'il la faisait prier par cet envoyé de venir le voir. Elle accepta cette invitation avec beaucoup de plaisir, et fut reçue très gracieusement par le prince, appelé Il-Hauy-Aly-Culy-Mirza. C'était un beau jeune homme, qui prétendait savoir le français; mais il n'en savait pas long; car toute sa science se bornait à ces mots : « Vous parlez français? » Heureusement, un des hommes de sa suite parlait un peu mieux l'anglais, de sorte que tous ensemble purent, avec beaucoup de bonne volonté, s'entretenir tant bien que mal.

L'interprète transmit à la voyageuse la nouvelle que le prince habitait ordinairement Bagdad, mais que la chaleur insupportable l'avait engagé à établir sa résidence pendant quelque temps en plein air. Il était assis, sous une simple tente ouverte, sur un divan peu élevé, et sa suite était étendue sur des tapis. A la grande surprise de Mme Pfeiffer, il eut assez d'usage du monde pour lui offrir une place à côté de lui sur le divan. Leur conversation s'anima bientôt singulièrement, et l'étonnement du prince augmenta à chaque mot, lorsque notre intrépide excursionniste lui parla de ses voyages.

Réception de Mme Pfeiffer par un prince persan.

Pendant cette conversation, on présenta à Mme Pfeiffer un narghilé d'une beauté rare. Il était en émail d'or azuré, garni de perles, de turquoises et de pierres précieuses. Elle en tira quelques bouffées par politesse. On servit aussi du café et du thé; et à la fin, le prince l'invita à dîner.

Une nappe blanche fut étendue par terre, et on y mit dessus de grands pains plats en guise d'assiettes. Pour Mme Pfeiffer seule on fit une exception, on lui donna une assiette et un couvert. On servit beaucoup de viandes, entre autres tout un agneau avec la tête —

qui n'avait pas précisément l'air très appétissant — plusieurs pilaus et un grand poisson frit. Dans les intervalles laissés par les plats, on avait mis des écuelles remplies de lait caillé épais et délayé, et des pots de sorbets. Dans chaque écuelle, il y avait une grande cuiller.

Un domestique découpa l'agneau avec un couteau et avec la main. Il distribua les portions aux convives, en posant la part de chacun sur son assiette de pain. On mangeait de la main droite. La plupart déchiquetaient la viande et le poisson, passaient les morceaux dans un des pilaus, puis pétrissaient le tout en une boule, qu'ils se fourraient dans la bouche. Plusieurs mangeaient des viandes grasses sans pilau; ils essuyaient sur leur pain, après chaque bouchée, la graisse qui leur coulait des doigts. Tout en mangeant, ils prenaient souvent du lait ou buvaient des sorbets, en se servant tous de la même cuiller. A la fin du repas, quoique le prophète défende sévèrement l'usage du vin, le prince en fit apporter. C'était, à ce qu'il prétendait, en l'honneur de Mme Pfeiffer. Il lui en versa un petit verre et en but lui-même deux, l'un à la santé de sa convive, l'autre à celle de sa famille.

Lorsque Mme Pfeiffer lui raconta qu'elle se proposait d'aller en Perse, c'est-à-dire à Téhéran, il lui offrit d'écrire une lettre à sa mère, qui, étant à la cour, pourrait l'y introduire. En effet, il écrivit aussitôt sur ses genoux, à défaut de table, imprima son sceau sur la lettre, la lui donna, et la pria en même temps, en souriant, de ne pas dire à sa mère qu'il avait bu du vin.

Après le dîner, elle lui demanda s'il lui serait permis de faire une visite à sa femme, car elle avait appris qu'il en avait amené une avec lui. Sa demande ayant été agréée, on la conduisit aussitôt dans un édifice voisin, qui, autrefois, avait servi de petite mosquée.

Elle fut reçue dans un appartement frais et voûté par une des plus belles jeunes femmes qu'on pût voir. Elle était de taille moyenne. Tout dans sa personne avait les proportions les plus régulières. Ses traits étaient nobles et d'une forme vraiment antique. Elle regarda Mme Pfeiffer de ses grands yeux doux et tristes, car la malheureuse enfant n'avait pas la moindre société, à part une vieille servante et une jeune gazelle.

Son teint, il est vrai, un peu artificiel, était d'une blancheur éblouissante ; un incarnat délicat se reflétait sur ses joues ; seulement ses sourcils semblaient avoir été gâtés à force d'art. Ses cheveux n'étaient pas teints, mais ses mains et ses bras étaient un peu tatoués.

Le costume de cette femme était le même que celui des femmes du harem. Seulement, au lieu du petit turban, elle avait passé délicatement autour de sa tête un mouchoir de mousseline blanche, qu'elle pouvait en même temps ramener sur sa figure, en guise de voile.

Leur conversation ne fut pas précisément très animée, l'interprète n'ayant pas pu suivre Mme Pfeiffer dans ce sanctuaire. Réduites à se regarder l'une l'autre, il leur fallut se contenter du langage des signes.

Lorsque notre voyageuse fut de retour auprès du prince, elle lui témoigna son ravissement de la beauté de sa jeune épouse, et lui demanda quel pays avait donné le jour à cette charmante houri. Il lui dit qu'elle était du nord de la Perse, et l'assura en même temps que ses autres femmes (il en avait quatre à Bagdad et quatre à Téhéran auprès de sa mère) la surpassaient encore en attraits.

Au moment où Mme Pfeiffer se disposait à prendre congé du prince pour retourner chez elle, il lui proposa de rester encore un peu pour entendre la musique persane.

Bientôt parurent deux *minstrels* (ménestrels), dont l'un avait une espèce de mandoline à cinq cordes ; l'autre était un chanteur. Le musicien fit un assez joli prélude, joua des mélodies persanes et européennes, et sut tirer un grand parti de son mauvais instrument. Le chanteur, d'une voix de fausset, fit des roulades et des trilles infinies. Malheureusement sa voix n'était ni pure ni formée ; cependant il ne fit guère de fausses notes, et tous deux gardèrent bien la mesure. Les airs et les chants avaient assez d'étendue, de variété, de mélodie.

Avant le coucher du soleil, notre voyageuse était de retour à Bagdad, sans être trop fatiguée de son voyage de soixante kilomètres à cheval, sans compter les courses à pied et la chaleur, qui était étouffante.

Deux jours plus tard, le 30 mai, à cinq heures de l'après-midi, elle partait pour les ruines de Babylone.

Le district dans lequel sont situées ces ruines s'appelle *Irak-Arabi*; il comprend l'ancienne Babylonie et la Chaldée.

Dans la soirée, elle fit encore vingt milles, jusqu'au kan *Assad*. Les palmiers et les arbres fruitiers devenaient toujours plus rares. Peu à peu toute trace de culture s'effaça, et notre voyageuse se trouva en plein désert, n'apercevant plus rien de ce qui réjouit et repose la vue. On ne découvrait de loin en loin que quelques rares herbes basses, à peine suffisantes pour le sobre chameau. Elles disparurent même complètement, peu de milles avant Assad, et de cet endroit jusqu'à Hilla, le désert se montra sans interruption dans sa nudité aussi triste que monotone.

Mme Pfeiffer n'avait jamais vu autant de chameaux que ce jour-là. Elle en compta près de sept à huit mille. Comme la plupart marchaient presque à vide, et ne portaient qu'un petit nombre de tentes, avec quelques femmes et quelques enfants, c'était sans doute une tribu qui émigrait vers de nouvelles places fertiles.

Dans cette quantité de chameaux, il y en avait peu qui, par leur blancheur, pussent être comparés à la neige. Les chameaux blancs sont très estimés par les Arabes, qui les vénèrent en quelque sorte comme des êtres supérieurs.

A l'extrémité de l'horizon, ces animaux aux jambes effilées faisaient l'effet de groupes de petits arbres; aussi Mme Pfeiffer les considéra d'abord comme tels, et elle éprouvait une agréable surprise de rencontrer quelque trace de végétation dans ce désert immense;

mais la forêt, à l'instar de celle de *Macbeth*, de Shakespeare, s'avança vers notre voyageuse, les troncs prirent la forme de pieds, et les cimes des arbres devinrent des corps.

Il y avait aussi une espèce d'oiseaux qui ressemblaient par leur couleur et leur forme aux petits perroquets verts, appelés *peroquitos*; seulement leurs becs étaient un peu moins gros et moins recourbés. Ils se tenaient, comme des souris, dans de petits trous pratiqués dans la terre. Ils étaient par bandes dans deux endroits du désert, justement dans les parties les plus stériles, où l'on ne découvrait nulle part la moindre trace de végétation.

Vers les dix heures du matin, la petite caravane s'arrêta, mais pour deux heures seulement, dans le kan *Nasri*, parce que Mme Pfeiffer voulait absolument aller coucher à Hilla. La chaleur monta à plus de 45°. Mais ce qu'il y eut encore de plus insupportable, ce fut un vent brûlant qui chassait dans la figure des tourbillons de sable chaud. On rencontrait souvent, dans ces parages, des canaux à moitié ensevelis dans les sables.

Les kans de cette route sont très beaux et très sûrs. Ils ressemblent au dehors à de petits forts; un haut portail donne accès dans une vaste cour, entourée de toutes parts de larges et belles galeries dont les murs épais sont bâtis de briques. Dans ces galeries, on voit rangées les unes contre les autres des niches, dont chacune est assez grande pour recevoir trois ou quatre personnes. Devant les niches, mais également sous les galeries, il y a des places pour le bétail.

On a élevé en outre dans la cour une terrasse haute de près de deux mètres, où l'on dort dans les nuits brûlantes. Il y a également beaucoup d'anneaux et de pieux pour attacher les animaux, afin qu'ils puissent aussi passer la nuit en plein air.

Ces kans sont destinés à recevoir de grandes caravanes; ils peuvent contenir près de cinq cents voyageurs, avec les bêtes de somme et les bagages, et sont construits par le gouvernement, et plus souvent encore par des gens riches qui croient s'assurer une place dans le ciel. Chaque kan est gardé par dix à douze soldats. Le soir, la porte en est fermée, et le voyageur n'a rien à payer pour le temps qu'il y passe.

En dehors du kan, et quelquefois même dans son enceinte, sont établies des familles arabes qui font le métier d'hôtelier, et qui fournissent aux voyageurs du lait de chamelle, du pain, du café noir, et parfois même de la viande de chameau sèche. Mme Pfeiffer trouvait le lait de chamelle un peu épais ; mais la chair de cet animal en est si bonne, qu'on la prend volontiers pour celle de la vache.

Quand les voyageurs sont pourvus d'un firman (lettre de recommandation d'un pacha), un ou plusieurs soldats à cheval les accompagnent dans les endroits dangereux, et, pendant les temps de tourmente, d'un kan à l'autre, sans la moindre rétribution. Munie d'un de ces firmans, notre voyageuse se fit escorter pendant la nuit.

La petite troupe approcha assez tôt dans l'après-midi de Hilla, qui occupe aujourd'hui une partie de l'ancien emplacement de Babylone. De beaux bois de dattiers annonçaient de loin la contrée habitée, tout en masquant la vue de la ville.

A six kilomètres et demi de Hilla, on se détourne de la route en prenant à droite, et l'on arrive bientôt au milieu de masses énormes, contre des montagnes formées de décombres de murs et de monceaux de briques. Les Arabes appellent ces ruines *Mujellibé*. La plus grande de ces montagnes de briques et de décombres a une circonférence de plus de sept cents mètres et une hauteur de quarante-sept mètres. On la considère à tort ou à raison comme un vestige de la tour de Babel.

Babylone fut, comme on sait, une des plus grandes villes du monde. Les opinions sont partagées sur son fondateur. Les uns croient que c'est Ninus, d'autres Bélus ; enfin, il y en a qui disent que c'est Sémiramis.

On raconte que, pour la construction de cette ville, fondée environ deux mille ans avant Jésus-Christ, on convoqua deux millions d'hommes, et tous les architectes et artistes de l'immense empire assyrien. On prétend que les murs d'enceinte avaient cinquante mètres de haut et près de sept mètres de large. Deux cent cinquante tours défendaient la ville ; cent portes de bronze la fermaient, et elle avait une circonférence de plus de quatre-vingt-dix kilomètres. L'Euphrate la divisait en deux parties. Sur chaque rive s'élevait un superbe palais. Un magnifique pont unissait les deux rives ; et du temps de la reine Sémiramis, on pratiqua même un tunnel sous le fleuve.

Mais ses plus grandes curiosités étaient le temple de Bélus et les *jardins suspendus*. Trois figures colossales en or massif, représentant des divinités, ornaient la tour du temple. On attribue la création des *jardins suspendus*, une des merveilles du monde, à Nabuchodonosor, qui voulait satisfaire un désir de son épouse Amytis.

Six cent trente ans avant Jésus-Christ, l'empire babylonien avait atteint le plus haut degré de sa splendeur. A cette époque, il fut conquis par les Chaldéens. Plus tard, il passa alternativement sous la domination des Persans, des Ottomans, des Tartares et d'autres peuples, jusqu'à ce qu'enfin il resta depuis 1637 au pouvoir des Turcs.

Xerxès fit détruire le temple de Bélus ou de Baal. Alexandre voulut le faire restaurer ; mais comme il aurait fallu employer au moins dix mille hommes pendant deux mois — d'autres disent deux ans — seulement pour en déblayer les décombres, il abandonna ce projet.

Des deux palais, l'un passe pour avoir été une citadelle, l'autre la résidence des rois. Malheureusement, les restes de ces constructions sont tellement dégradés, qu'ils ne permettent même pas à l'archéologue d'établir des inductions plausibles.

A quinze cents mètres de là, on arrive à un monceau de ruines aussi grand, nommé El-Kasr. C'est là que se trouvait, selon les uns, le temple de Baal ; selon d'autres, le palais du roi. On voit encore des fragments massifs de murs et de piliers, et, dans un enfoncement, un lion en granit d'une forme si colossale, que de loin on le prendrait pour un éléphant. Il est en très mauvais état; et à en juger par ce qui en reste, cela n'a jamais dû être l'œuvre d'un bien grand artiste.

Le mortier est d'une dureté remarquable. Les briques se briseraient plutôt que de s'en détacher. Elles sont toutes ou jaunâtres ou rougeâtres. Elles ont près de trente-cinq centimètres de long, presque autant de large et huit centimètres d'épaisseur.

Il y a dans les ruines d'El-Kasr un seul arbre délaissé, de la famille des conifères, tout à fait inconnus dans cette contrée. Les Arabes l'appellent *athalè* et le regardent comme un arbre sacré. Près de Bushire, on en trouve, dit-on, plusieurs échantillons, et ils portent le nom de *gaz* ou de *guz*.

Quelques écrivains racontent sur cet arbre les choses les plus extraordinaires; ils affirment qu'il date du temps des *jardins suspendus*, et prétendent avoir entendu dans ses branches des sons plaintifs et mélancoliques, quand le vent l'agite avec violence. Certainement tout est possible à Dieu; mais qu'un arbre rabougri, qui a à peine six mètres de haut, et dont le misérable tronc a tout au plus vingt-cinq centimètres de diamètre, soit âgé de trois mille ans, voilà qui paraît trop invraisemblable aux gens sensés de tous les pays.

La contrée autour de Babylone était jadis si florissante et si fertile, qu'on l'appelait le paradis de la Chaldée. Mais cette fertilité disparut aussi avec ses monuments.

Après avoir tout visité avec soin, Mme Pfeiffer se rendit à Hilla, au delà de l'Euphrate.

On traverse le fleuve, qui a ici 143 mètres de large, sur un immense pont de quarante-six bateaux. On a posé d'un bateau à l'autre des planches et des canots qui, à chaque pas, se balancent de haut en bas; il n'y a pas de garde-fou sur les côtés, et l'espace est si étroit, que deux cavaliers trouvent à peine assez de place pour passer à côté l'un de l'autre. Les vues, le long du fleuve, sont charmantes, la végétation y est encore belle, et quelques mosquées et de jolis édifices donnent de la vie à cette contrée florissante.

A Hilla, un riche Arabe offrit l'hospitalité à Mme Pfeiffer. Comme le soleil penchait déjà vers son déclin, on lui assigna, au lieu d'une chambre, une magnifique terrasse. On lui envoya pour souper un excellent pilau, de l'agneau rôti, des légumes à l'étuvée; et pour boisson, de l'eau et du lait caillé.

Ici les terrasses n'étaient point entourées d'un haut mur, circonstance qui permettait d'observer la vie privée et la conduite des voisins. Dans les cours, on voyait les femmes occupées à cuire du pain, absolument de la même manière que celles de Banda-Abas. En attendant, les hommes et les enfants étendaient des nattes de paille sur les terrasses et apportaient des plats chargés de pilau, de légumes ou d'autres mets. Quand les pains furent cuits, on se disposa à manger. Les femmes s'assirent à côté des hommes, et Mme Pfeiffer triomphait déjà de voir les Arabes de ce pays assez avancés dans la civilisation pour accorder une place à table à leurs compagnes, lorsqu'elle fut cruellement détrompée. Au lieu de porter les mains aux plats, les pauvres femmes saisirent des éventails de paille pour éloigner les mouches importunes de la tête de leurs *seigneurs* et *maîtres*. Sans doute elles prirent leur repas plus tard dans l'intérieur de la maison; car on ne les vit manger ni dans les cours ni ailleurs. Enfin tout le monde vint se livrer au repos sur la terrasse. Hommes et femmes s'enveloppèrent dans des couvertures jusque par-dessus la tête, et personne ne quitta la moindre pièce de son costume.

Le lendemain, Mme Pfeiffer fit un détour pour se rendre aux ruines de Birs-Nimrod. Ces ruines sont à six milles dans le désert ou dans la plaine de Schinar, près de l'Euphrate, sur une colline en briques, haute de quatre-vingt-huit mètres; elles consistent dans un pan de mur long de neuf mètres, et ayant d'un côté dix et de l'autre douze mètres de hauteur. La plupart des briques sont couvertes d'inscriptions. A côté de ce mur sont plusieurs gros blocs noirs, que l'on prendrait d'abord pour de la lave; mais en y regardant de plus près, on reconnaît que ce sont aussi des débris de murs. On suppose que la foudre seule a pu produire une telle métamorphose. On n'est pas non plus d'accord sur ces ruines. Quelques-uns les font remonter à la construction de la tour de Babel, d'autres à celles du temple de Baal.

De la pointe de la colline, on a une vue très étendue sur le désert, sur la ville de Hilla, avec ses charmants jardins de palmiers, et sur des monceaux innombrables de décombres et de briques. Il y a près de ces ruines un oratoire mahométan insignifiant, mais qui se trouve, dit-on, à la place même où, suivant l'Ancien Testament, on jeta dans un brasier ardent les trois jeunes gens qui ne voulaient pas adorer les idoles.

Devant la porte de Kerbela, on voit la petite mosquée Essehenis, qui renferme les dépouilles mortelles de Josué.

Vers le soir, la famille de son aimable hôte arabe vint lui rendre visite avec d'autres femmes et d'autres enfants.

Un sentiment naturel des convenances les avait empêchés de venir le jour de son arrivée, la sachant fatiguée de sa longue course à cheval. Elle leur eût certes volontiers fait grâce de leur visite; car, riches ou pauvres, les Arabes ont peu d'idée de la propreté.

Pour lui donner des marques de leur amitié, ils voulaient tous lui mettre sur les bras ou sur les genoux de petits enfants sales et barbouillés; elle ne savait réellement comment se soustraire à ces gracieusetés. Beaucoup de ces enfants étaient couverts de boutons d'Alep, d'autres avaient de vilaines maladies d'yeux ou de peau. Un peu plus tard, son hôte vint à son tour; lui, du moins, était proprement vêtu, et montra plus de tact et plus d'usage du monde.

A une heure du matin, Mme Pfeiffer se remettait en route, accompagnée d'un soldat. A peine furent-ils à sept ou huit kilomètres, qu'ils entendirent un bruit extrêmement suspect. Ils s'arrêtèrent, et le domestique l'engagea à se tenir tout à fait tranquille, pour que l'on ne s'aperçût pas de leur présence. Le soldat descendit de cheval et se glissa, plutôt qu'il ne marcha, dans le sable, jusqu'à l'endroit dangereux, pour reconnaître les êtres. Quant à Mme Pfeiffer, vous supposez peut-être qu'elle s'effraya beaucoup de cet isolement ou du moins qu'elle en souffrit? Pas le moins du monde. Elle se sentait si fatiguée, qu'en dépit des ténèbres, du désert affreux qui l'entourait et du danger qui la menaçait, elle s'endormit sur le col de sa monture et ne s'éveilla qu'au retour du soldat, qui, avec des cris de joie, criait que ce n'étaient pas des brigands qu'il avait rencontrés, mais bien un cheik allant à Bagdad avec sa suite.

Ils ne firent qu'une traite, bride abattue, pour rejoindre le cortège. Le cheik salua la voyageuse en passant sa main par-dessus la tête et la ramenant à sa poitrine, et lui tendit son arme en signe d'amitié : c'était une massue avec un bouton en fer, qui, ornée de pointes très nombreuses, ressemblait parfaitement à une soi-disant étoile du matin. Cette arme ne peut être portée que par un cheik.

Jusqu'au lever du soleil, Mme Pfeiffer resta dans la société du cheik; mais ensuite elle lança son cheval au galop, et dès huit heures du matin, elle se retrouvait dans sa chambre, à Bagdad, après avoir fait en trois jours et demi une course de deux cent douze kilomètres à cheval, sans compter le chemin qu'elle avait fait à pied de côté et d'autre.

Elle avait vu à Bagdad et dans ses environs tout ce qu'elle avait voulu voir. Il était temps pour elle de continuer son voyage pour aller à Ispahan. Mais le prince persan Il-Hauy-Aly-Culy-Mirza lui envoya un messager pour la prévenir qu'il avait reçu de très mauvaises nouvelles de chez lui, que le gouverneur d'Ispahan avait été assassiné, et que tout le pays était en révolte.

Il ne fallait plus songer à entrer en Perse de ce côté. Elle prit donc la résolution d'aller d'abord à Mossoul, et, une fois là, de prendre conseil des circonstances.

XXXII.

TURQUIE D'ASIE (suite).

DÉPART POUR MOSSOUL. — LE DÉSERT. — LES VILLES TURQUES — KERKOU.
— UNE RECETTE CULINAIRE RECOMMANDÉE, MAIS NON RECOMMANDABLE.
— ERBIL, L'ANCIEN ARBELLES. — LES RASSH, BATEAUX D'OUTRES. —
ARRIVÉE A MOSSOUL. — MOSSOUL — LES RUINES DE NINIVE. — RÉSULTAT
DES FOUILLES. — ELKOSEH, SÉPULTURE DE SEM. — LES MEILLEURS
CHEVAUX ARABES.

Pour faire sûrement et sans grands frais le voyage de Bagdad à Mossoul, il faut se joindre à une caravane, la distance étant de quatre à cinq cents kilomètres. Cela se fait à cheval ou à dos de mulet, en douze ou quinze jours.

Intrépide comme à son ordinaire, Mme Pfeiffer loua une mule, qui, pour la modique somme de 15 krans (15 fr. environ), devait la transporter, elle et son bagage (on sait qu'elle n'avait jamais d'excédant), à plus de quatre cents kilomètres de distance, sans qu'elle eût à s'occuper de rien, pas même de la nourriture de sa bête.

Il est vrai que, voyageant comme le plus pauvre Arabe, elle devait se résigner, le jour à être rôtie par le soleil, la nuit à se coucher sur un sol brûlant, à se contenter pour toute nourriture de pain, d'un peu d'eau, et s'estimer heureuse quand elle pourrait y ajouter quelques concombres et une poignée de dattes.

Elle s'était fait à Bagdad un petit vocabulaire de mots arabes, pour être au moins en état de demander les choses les plus indispensables. Elle parlait plus facilement par signes, et, grâce à ce moyen et aux quelques mots qu'elle avait appris, elle se tirait partout d'affaire, sans la moindre difficulté. Aussi dit-elle avec une grâce et une simplicité parfaites :

« Dans la suite je m'habituai tellement au langage des signes, que, dans les endroits où je pouvais me servir d'une langue qui m'était familière, j'étais obligée de surveiller mes mains pour ne pas les laisser se mêler à la conversation. »

La caravane à laquelle elle devait se joindre était peu nombreuse et ne se composait que de vingt-six bêtes, dont la plupart portaient des marchandises, et de douze Arabes, dont cinq allaient à pied.

On partit à six heures du soir. On ne fit guère que seize kilomètres avant la nuit. Depuis longtemps il n'y avait plus la moindre trace de culture ; c'était le désert. Ce ne fut qu'à Jengitsché que l'on revit des chaumes et quelques palmiers, qui prouvaient que l'activité de l'homme sait partout obtenir quelque chose de la nature.

Les voyages en caravane sont très fatigants ; on ne marche guère qu'au pas, et cela sans discontinuer pendant neuf à douze heures. Par conséquent, point de sommeil pendant la nuit, et le jour on reste étendu en plein air ; mais la grande chaleur, sans compter les moustiques et les mouches, empêche de goûter le sommeil dont on aurait si grand besoin.

A Jengitsché, comme il y avait un petit village, Mme Pfeiffer éprouva le désir de varier son ordinaire ; elle se mit à le parcourir en entier, et, en allant d'une cabane à l'autre, elle arriva à se procurer un peu de lait et *trois* œufs. Elle mit aussitôt les œufs dans la cendre chaude et réserva son lait pour le soir.

Ceci donne une idée de la difficulté du ravitaillement dans ces pays primitifs ; mais ce repas, qu'il lui avait fallu conquérir avec tant de peine, lui parut certainement plus savoureux que le meilleur souper ne le paraîtra jamais à un palais blasé.

Du reste, ces promenades avaient un autre effet pour la voyageuse intelligente que nous connaissons : elle y saisissait sur le vif maintes scènes curieuses, et elle y apprenait mille choses nouvelles ; c'est ainsi qu'elle vit là une nouvelle manière de faire le beurre : on versait la crème ou le lait dans une outre en cuir et on secouait jusqu'à ce que le lait se coagulât ; on obtenait ainsi un beurre blanc comme la neige et que l'on pouvait prendre pour du saindoux. Pour le conserver, on le mettait dans une autre outre remplie d'eau.

Le lendemain, Mme Pfeiffer put se féliciter d'avoir si richement pourvu à son ordinaire de la veille, car il n'y avait plus ni village ni kan, rien que les sables qui servaient de réflecteurs aux rayons ardents du soleil.

A défaut d'autre abri, la caravane dut camper sur des chaumes, loin de toute demeure humaine. Le conducteur de la caravane, pour lui procurer un peu d'ombre, mit bien une couverture sur deux petits pieux enfoncés dans le sol ; mais l'espace abrité était si petit et la tente artificielle si faible, que la voyageuse était obligée de se tenir assise sans bouger, pour ne pas la faire crouler par le moindre mouvement.

Quant à la nourriture, elle n'était guère réconfortante ; jugez plutôt : la chaleur avait dépassé 40°, et il n'y avait plus pour se rafraîchir que de l'eau tiède, du pain dur, qu'il fallait tremper dans l'eau pour le rendre mangeable, et un concombre sans sel et sans vinaigre ! Eh bien ! en dépit de toutes ces privations, de toutes ces fatigues, le courage et la persévérance ne l'abandonnèrent pas un seul instant, et elle ne se repentit pas de s'y être exposée.

Un ou deux jours plus tard, l'éternelle plaine sablonneuse changea en quelque sorte de caractère. De durs cailloux résonnaient sous le pas des mules ; des couches de sable et des collines de roches alternaient avec de petites éminences de terre. Beaucoup de ces couches étaient creusées par l'eau, d'autres amenées et superposées par alluvion. Si cette étendue n'avait été que de cent cinquante à deux cent mètres, on aurait pu la prendre pour un ancien lit de fleuve ; mais, vu son immensité, elle faisait plutôt l'effet d'une contrée désertée par la mer. Dans plusieurs endroits, on voyait des substances salées, dont les douces teintes cristallisées brillaient encore au milieu des ombres éclairées par le soleil couchant.

Cette contrée, qui a plus de huit kilomètres d'étendue, est dangereuse, parce que les collines et les rochers offrent d'excellentes embuscades aux brigands. Les conducteurs étaient constamment à exciter les pauvres bêtes. On les lançait à travers les rochers et les collines avec plus de rapidité que dans les plaines les plus unies. Sortie heureusement de ce pays avant qu'il fût entièrement enveloppé des voiles de la nuit, la caravane continua son chemin plus tranquillement.

De loin en loin on arrivait à quelque petite ville turque. Il n'y a rien à en dire, sinon qu'elles sont aussi misérables les unes que les autres. On est content quand on peut se dispenser d'y entrer. Les rues sont sales, les maisons construites en terre glaise ou en briques non cuites ; les temples sont insignifiants ; on ne trouve dans les bazars que de misérables boutiques remplies d'objets communs ; les habitants, d'une saleté repoussante, ont le teint assez basané. Les femmes, déjà peu favorisées par la nature, s'enlaidissent encore à plaisir en se teignant les cheveux et les ongles avec de l'orpin, et en se tatouant les bras et les mains. A l'âge de vingt-cinq ans, elles paraissent déjà tout à fait fanées.

Nous ferons une exception pour la petite ville de Dus, plus misérable encore que les autres. Dans ce petit trou, les entrées des maisons étaient si basses, qu'elles atteignaient à peine un mètre de haut ; de sorte que les habitants étaient presque forcés de ramper pour pénétrer chez eux.

Mme Pfeiffer se faisait une fête d'arriver à Kerkou, à un kilomètre duquel était situé le hameau du conducteur de la caravane. Elle espérait surprendre quelque chose de la vie intime et des rapports d'amitié des Arabes entre eux.

La maisonnette en question se trouvait avec plusieurs autres dans une grande cour sale, qui était entourée d'un mur et n'avait qu'une seule entrée. Cette cour ressemblait à un véritable camp. Tous les habitants y dormaient pêle-mêle avec des mules, des chevaux et des ânes. Les bêtes de la caravane se reconnurent, allèrent tout d'abord trouver leurs poteaux, et passèrent si près des gens endormis, qu'il y avait de quoi trembler pour leur sûreté; mais ces bêtes sont d'une circonspection merveilleuse, et, comme les hommes le savent bien, ils ne bougent pas le moins du monde.

Le conducteur de la caravane était absent depuis trois semaines, et ne revenait chez lui que pour peu de temps. Cependant, à part une bonne vieille, personne ne se leva pour le saluer; et même entre lui et cette vieille, qui semblait être sa mère, il n'y eut pas un mot affectueux d'échangé. Elle ne fit qu'aller et venir sans aider à rien, et, pour l'utilité dont elle fut, elle aurait pu rester couchée aussi bien que les autres.

La maison de l'Arabe se composait d'une seule pièce, grande et haute, divisée en trois parties par deux cloisons intermédiaires qui ne se prolongeaient pas tout à fait jusqu'au mur de devant. Chacune de ces divisions avait près de dix mètres de long sur trois mètres de large, et servait à loger une famille. La lumière pénétrait par la porte d'entrée commune et par deux trous pratiqués en haut, sur le devant. On assigna à Mme Pfeiffer, dans une de ces cloisons, une petite place pour le temps de son séjour.

Notre voyageuse passa deux jours dans ce triste endroit. Le premier, elle eut beaucoup à souffrir. Les femmes de tout le voisinage accoururent pour contempler l'étrangère; elles commencèrent par examiner et toucher ses vêtements, puis elles voulurent lui enlever son turban de dessus la tête. Enfin, harcelée et excédée de ces importunités, elle ne put se débarrasser de toutes ces femmes que par un acte d'autorité. Elle en saisit une vivement par le bras, et, lui faisant faire un demi-tour sur elle-même, elle la mit si vite à la porte, qu'elle se trouva dehors avant d'avoir eu le temps de se reconnaître. Elle fit comprendre aux autres que pareille chose les attendait. Elles la crurent sans doute plus forte qu'elle ne l'était, car elles battirent en retraite. Elle traça ensuite un cercle autour de sa place et leur défendit de le franchir ; elles obéirent également sans réplique.

Il ne restait plus à Mme Pfeiffer qu'à se débarrasser de la femme de son conducteur. Celle-ci l'assiégeait toute la journée et la tourmentait sans cesse pour qu'elle lui donnât quelques-uns de ses effets. Elle lui fit cadeau de quelques bagatelles, dont elle ne parut pas satisfaite ; mais son mari, étant entré, la mit à la raison, car Mme Pfeiffer menaça de quitter son gîte ; ce qui eût été regardé par l'Arabe comme un grand déshonneur.

Vers le soir, elle vit, à sa grande joie, mettre sur le feu une marmite qui contenait de la viande de mouton. Depuis huit jours elle n'avait vécu que de pain, de concombres et de quelques dattes ; aussi sentait-elle un désir et un besoin extrêmes de se réconforter d'un mets chaud, solide et nourrissant. Mais son appétit commença à diminuer singulièrement quand elle vit la manière dont on préparait le ragoût.

La bonne vieille (la mère du conducteur) mit tremper dans un pot rempli d'eau quelques poignées de petits grains rouges avec une quantité prodigieuse d'oignons. Au bout d'une demi-heure elle fourra ses mains sales dans le pot, mêla et pressa le tout, prit successivement les grains par petites portions dans sa bouche, les mâcha et les recracha dans le pot ; puis elle saisit un chiffon sale, fit passer la sauce et la versa par-dessus la viande de la marmite.

La voyageuse s'était bien promis de ne pas toucher à ce ragoût ; mais quand il fut fait et qu'elle sentit l'agréable odeur qu'il répandait, son appétit se réveilla avec une telle force, qu'elle ne put s'en tenir à sa première résolution. Elle se rappela qu'elle avait déjà mangé bien des choses qui n'avaient pas été préparées avec plus de propreté. Ce qu'il y avait seulement de fâcheux pour le repas présent, c'est que tout se fût passé sous ses yeux.

La soupe avait une couleur bleu foncé et un goût aigre assez prononcé; ce qui tenait aux grains qu'on y avait mis. Mais elle fit le plus grand bien à la voyageuse, la ranimant et la fortifiant au point qu'elle perdit jusqu'au souvenir de ses fatigues.

La voyageuse s'était bien promis de ne pas toucher à ce ragoût.

Le lendemain soir, elle se berçait encore de la pensée qu'on servirait, avant le départ, un repas aussi friand que celui de la veille ; mais l'Arabe ne vit pas d'une manière aussi prodigue. Il fallut se contenter de quelques concombres sans sel, sans vinaigre et sans huile.

Après avoir dépassé Kerkou, une chaîne de montagnes hautes et majestueuses s'étendit à perte de vue le long d'une immense vallée, formant la ligne de démarcation entre le Kourdistan et la Mésopotamie. Dans cette vallée se trouvaient les plus belles fleurs : des clochettes, des roses trémières, des immortelles et de superbes plantes acanthacées. Parmi ces dernières on remarque surtout une espèce que l'on rencontre souvent en Europe, mais qui n'y vient pas aussi belle, c'est l'échinops. Son calice, épis ou boule, est de la grosseur du poing et rempli de fleurs bleues très délicates. Çà et là, on voit pour ainsi dire des champs couverts de ces plantes. Le paysan les coupe et les brûle pour remplacer le bois, qui est ici un article de luxe, puisqu'on ne trouve d'arbres nulle part.

On vit également quelques bandes de gazelles, qui, gaies et alertes, passèrent en sautant dans le voisinage de la caravane.

Avant d'arriver à Altum-Kobri, on franchit deux fois le Sab sur d'anciens ponts romains parfaitement conservés et qui attesteront longtemps encore l'antique domination romaine. Leurs arches, excessivement larges et élevées, reposent sur de puissants piliers, et toute la construction est faite en grosses pierres de taille. Seulement la montée et la descente sont si raides, que les bêtes sont obligées de grimper comme des chats.

Enfin on toucha à Erbil, l'ancien Arbelles. Alexandre le Grand, venant d'Egypte, traversa l'an 361 le désert de l'Assyrie, l'Euphrate et le Tigre, et rencontra près du village de Gaugaméla, non loin de la ville d'Arbelles, la formidable armée de Darius, forte d'un million d'hommes. Il remporta une victoire brillante, et on peut dire que l'empire des Perses succomba dans cette journée. Il gagna ensuite la Perse par la Babylonie et Suse.

Mme Pfeiffer avait espéré trouver quelque chose des grands souvenirs qui s'y rattachent. Et là, rien de moins historique que les associations qu'elle y rencontra. Cette petite ville est fortifiée et située sur une colline isolée, au milieu de la vallée. La caravane campa près de quelques maisons du faubourg, au pied de la colline. Pour sa part, Mme Pfeiffer trouva une hutte occupée par quelques personnes en compagnie de deux ânes et de plusieurs poules. La propriétaire, femme arabe d'un extérieur dégoûtant, lui céda une petite place en échange d'une faible rétribution. Elle se trouva donc garantie au moins contre les rayons brûlants du soleil, mais voilà à quoi se bornèrent toutes ses aises.

Cette hutte était, comparativement aux autres, un vrai palais; aussi les voisins s'y tenaient-ils constamment. Depuis le grand matin jusqu'à la nuit, où l'on allait s'établir sur les terrasses, ou bien par terre devant la maisonnette, il y avait toujours chambrée complète. Les uns venaient pour causer, d'autres apportaient même de la farine et pétrissaient leur pain au milieu du cercle, pour ne rien perdre de la conversation. Au fond de la pièce, on peignait les enfants et on faisait la chasse à leurs vermines. Au milieu du tintamarre général, les ânes se mettaient à braire et les poules salissaient tout. Les désagréments d'une telle société sont, on en conviendra, pires que la faim et la soif.

A la louange de ces bonnes gens, il faut dire qu'ils se conduisirent envers la voyageuse d'une manière extrêmement convenable, quoique ce fût un va-et-vient constant, non seulement de femmes, mais aussi d'hommes de la classe la plus basse et la plus pauvre du peuple. Les femmes mêmes la laissèrent en repos.

Le soir, avant le départ, on fit cuire de la viande de mouton dans un chaudron où l'on avait trempé du linge sale; on ôta le linge, mais on ne nettoya pas le chaudron, et on prépara la soupe et la viande absolument comme dans la maison du conducteur de Kerkou.

Le lendemain, la caravane fit halte dans le petit village de Sab et passa le fleuve du même nom sur des bateaux d'une espèce particulière, dont l'invention remonte certainement à la plus haute antiquité. Ils s'appellent *rassh* et se composent d'outres en cuirs gonflés, attachées ensemble au moyen de quelques perches sur lesquelles on pose des planches, des joncs et des roseaux. Celui où était Mme Pfeiffer renfermait vingt-huit outres; il avait plus de deux mètres de long, était presque aussi large, et portait trois charges de chevaux et une demi-douzaine d'hommes.

Comme la caravane comptait trente-deux bêtes chargées, on mit une demi-journée à les passer. Les bêtes étaient attachées quatre ou cinq ensemble et traînées à la longe par un homme assis à califourchon sur une outre gonflée. Aux animaux plus faibles, tels que les ânes, on attachait sur le dos une outre à moitié gonflée.

La dernière nuit du voyage fut une des plus pénibles ; on fit une traite de onze heures. A moitié route, on arriva à la rivière *Hazar*, appelée *Gaumil* par les Grecs et célèbre par le passage d'Alexandre le Grand. La rivière étant large, mais peu profonde, la caravane passa sans mettre pied à terre.

Ce qui frappe dans cette partie de la Mésopotamie, c'est l'absence d'arbres. Pendant les cinq derniers jours les voyageurs n'en avaient pas rencontré un seul ; on conçoit donc facilement qu'on trouve dans ce pays beaucoup de gens qui n'en ont jamais vu. Il y a des étendues de vingt à trente milles où il ne pousse pas le moindre arbuste. Il est encore heureux que du moins l'eau n'y manque pas. On rencontre chaque jour, une ou deux fois, des rivières plus ou moins grandes.

Ce n'est que dans les cinq derniers milles qu'on aperçoit la ville de Mossoul. Elle est située au milieu d'une très grande vallée, sur une colline peu élevée, sur la droite du Tigre, qui est déjà, ici, beaucoup plus étroit que près de Bagdad.

A sept heures du matin la caravane faisait son entrée à Mossoul.

Mme Pfeiffer était parfaitement allègre, et cependant quinze jours s'étaient passés sans que cette femme étonnante eût rien pris de chaud, — si ce n'est deux fois la soupe couleur d'encre de Kerkou et d'Erbil, — et, sans parler des autres inconvénients du voyage, elle avait été forcée de garder sur elle, jour et nuit, les mêmes vêtements, sans pouvoir même changer de linge.

Elle s'empressa de visiter la ville, dont les curiosités n'offrent rien de bien remarquable. Elle est entourée de fortifications et compte environ 25,000 habitants, parmi lesquels se trouvent à peine une douzaine d'Européens. Les bazars sont vastes, mais ne brillent nullement par leur beauté. Entre ces bazars se trouvent beaucoup de cafés et quelques kans; les entrées des maisons sont toutes étroites, basses et munies de fortes portes.

Cette disposition rappelle les temps passés, où l'on n'était jamais à l'abri de surprises hostiles. Dans l'intérieur on voit de superbes cours, de hautes chambres carrées avec de belles entrées et des fenêtres au vaste cintre. Les chambranles des portes et des croisées, les escaliers et les murs des pièces du rez-de-chaussée, sont généralement faits d'un marbre qui, sans être très fin et très brillant, est cependant plus beau à voir que la brique. Une riche carrière de marbre se trouve tout près des portes de la ville.

A Mossoul, on passe également les heures brûlantes de la journée dans les sardabs. La plus grande chaleur règne au mois de juillet, où souvent le *samoun* brûlant du désert voisin souffle sur la ville. Pendant le séjour de Mme Pfeiffer à Mossoul, il y mourut subitement beaucoup de monde. On attribua cette mortalité extraordinaire à la recrudescence de la chaleur. Les sardabs même ne préservent pas contre les miasmes continuels, car la chaleur y atteint jusqu'à 29°.

La gent volatile est aussi excessivement incommodée de cette température. Les poules et les oiseaux ouvrent leurs becs tout larges, et tiennent leurs ailes aussi éloignées que possible de leurs corps. Les hommes sont affectés de maux d'yeux; mais les boutons d'Alep sont plus rares à Mossoul qu'à Bagdad, et les étrangers n'en subissent pas la fatale influence.

Dès que Mme Pfeiffer fut un peu reposée des fatigues de son voyage, elle s'occupa du moyen de se transporter aux ruines de Ninive. Elle fit cette excursion en deux fois; elle visita d'abord les ruines les plus proches situées de l'autre côté du Tigre, près du petit village de Nébi-Junus, en face de la ville, et un autre jour les ruines les plus éloignées, situées en aval, à trente kilomètres, et appelées Tel-Nemrod.

Au dire de Strabon, Ninive était encore plus grande que Babylone. Elle passe pour avoir été la plus grande ville du monde. Il fallait trois journées entières pour en faire le tour. Les remparts, défendus par quinze cents tours, avaient plus de trente mètres de haut, et trois voitures pouvaient y passer de front. Le roi assyrien Ninus fonda Ninive, environ 2,200 ans avant J.-C.

Aujourd'hui tout est couvert de terre; seulement, quand le laboureur trace des sillons dans les champs, il rencontre de temps à autre des fragments d'une brique, quelquefois même d'un marbre. Des chaînes de collines plus ou moins élevées, qui dominent l'immense plaine sur la rive gauche du Tigre, et dont on n'aperçoit pas la fin, couvrent, on peut l'assurer avec certitude, les restes de cette ville.

En 1846, la Société du Musée britannique envoya un savant distingué, M. Layard, à Mossoul, pour y faire des fouilles. C'était la première tentative qu'on eût jamais faite, et elle réussit on ne peut mieux.

On creusa près de Nébi-Junus plusieurs conduits dans les collines, et on rencontra bientôt de grands et superbes appartements ; les murs étaient revêtus d'épais carreaux de marbre, dans lesquels on avait taillé des reliefs de haut en bas. On y voyait des rois avec leur couronne et leurs insignes, des divinités avec de grandes ailes, des guerriers avec leurs armes et leurs boucliers, des prises de ville, des marches triomphales, des cortèges de chasse, etc. Malheureusement, il manquait aux dessins la justesse du coup d'œil et des proportions, la noblesse des formes et la perspective. Les collines qui couronnaient les forts étaient à peine trois fois aussi hautes que les assaillants. Les champs touchaient aux nuages, on distinguait à peine les arbres des nénuphars, et les têtes des hommes et des animaux étaient toutes faites sur le même modèle, et toutes de profil. Cependant les traits de la figure étaient tracés avec justesse et avec noblesse, et décelaient beaucoup plus d'art que tous les autres dessins.

Sur beaucoup de murs, on trouvait ces signes ou caractères qui forment l'écriture dite cunéiforme, et que l'on ne rencontre que sur les monuments persans et babyloniens.

De tous les salons et appartements découverts à cette époque, il n'y en avait qu'un seul dont les murs, au lieu d'être incrustés de marbre, étaient revêtus de ciment fin. Mais, malgré les plus grands soins, il fut impossible de les conserver; exposé à l'air, le ciment se fendit, éclata et se détacha. A la suite du terrible incendie qui mit toute la ville en cendres et en ruines, le marbre a été en partie calciné, dégradé. A mesure qu'on déterre les briques, elles se cassent en morceaux et se pulvérisent. Tant de beaux appartements, tant de marbres couverts de peintures et d'inscriptions, ont conduit à la conviction que ce sont là des ruines d'une ancienne demeure royale.

Beaucoup de marbres, ornés de reliefs et de caractères cunéiformes, ont été détachés avec soin des murs et envoyés en Angleterre.

On passe par beaucoup de champs où les habitants s'occupent à séparer le blé de la paille par un procédé tout particulier. On se sert pour cela d'une machine composée de deux cuves en bois, entre lesquelles on a pratiqué un cylindre avec huit ou douze longs couteaux ou couperets, larges et émoussés. La machine ressemblait à un petit traîneau de paysan, et deux chevaux ou deux bœufs la tournaient sur des bottes de blé, défaites et étalées, jusqu'à ce que tout fût réduit en paille hachée. Cette paille était ensuite jetée en l'air par pelletées pour que le vent la séparât des grains.

Cette excursion fut terminée par la visite des sources sulfureuses qui se trouvent presque aux pieds des murs de Mossoul. Ces eaux minérales ne sont pas chaudes; cependant elles semblent renfermer beaucoup de soufre, car on le sent de loin. Elles jaillissent dans des bassins formés par la nature, qu'on a entourés de murs de près de trois mètres de hauteur. Tout le monde peut s'y baigner sans bourse délier; car, ici, on n'est pas aussi économe ni aussi avare des dons de la nature qu'en Europe. Certaines heures sont réservées aux femmes, d'autres aux hommes.

On montre également près de la ville la mosquée Elkoseh, où Sem, fils de Noé, a trouvé une sépulture. On ne permet pas de pénétrer dans ce sanctuaire; ce qui n'est sans doute pas une grande perte, car tous les monuments se ressemblent entre eux.

Les fouilles de Ninive sont faites sur une plus grande échelle près de Tel-Nemrod, contrée où les buttes sont plus nombreuses et plus serrées. On y trouve beaucoup de buttes découvertes, mais non pas, comme à Herculanum, près de Naples, des maisons, des rues, des places entières, et même la moitié d'une ville. Ici, on n'a mis au jour que des salons isolés, ou tout au plus trois ou quatre pièces contiguës, dont les murs extérieurs ne sont pas même dégagés de la terre, et où l'on ne voit ni fenêtres ni portes.

Les objets découverts ressemblent tout à fait à ceux que l'on rencontre dans le voisinage de Mossoul; seulement on les trouve en plus petite quantité. On y voit, en outre, quelques divinités et quelques sphinx taillés en pierre. Les premières représentaient des animaux à tête humaine; elles étaient à peu près de la grosseur d'un éléphant. On avait trouvé quatre de ces statues, mais deux étaient extrêmement endommagées. Les autres, sans être en très bon état, étaient cependant assez bien conservées pour que l'on pût s'apercevoir qu'à l'époque où elles ont été faites, la sculpture n'était pas encore arrivée à un haut degré de perfection. Les sphinx étaient petits et avaient malheureusement encore plus souffert que les taureaux divins.

On ne saurait se faire une idée de ce que peuvent supporter les chevaux arabes. On n'accorda, à Mossoul, à ceux qui avaient amené Mme Pfeiffer, qu'un quart d'heure de repos, on ne leur donna que de l'eau, et pendant la plus grande chaleur du jour, ils furent obligés de faire le trajet de retour (vingt-neuf kilomètres).

Mais cela n'était rien comparativement aux courses que l'on fait faire aux chevaux de poste. Les stations que ces pauvres bêtes ont à parcourir sont éloignées de soixante-quinze à cent vingt kilomètres. On peut voyager de cette manière en poste de Mossoul, par Tokat, jusqu'à Constantinople. Les meilleurs chevaux arabes se trouvent autour de Bagdad et de Mossoul.

Un chargé d'affaires de la reine d'Espagne venait justement d'acheter douze superbes chevaux de race (huit juments et quatre étalons), dont le plus cher revenait sur les lieux à 3,750 fr. Leurs belles têtes à longue et mince encolure, leurs corps sveltes et leurs pieds délicats, auraient enthousiasmé tout amateur de chevaux.

Enfin Mme Pfeiffer n'avait point abandonné son rêve de pénétrer en Perse. Plus il y avait de difficultés, plus elle sentait redoubler son ardeur. Elle désirait trouver une caravane se rendant à Tauris; malheureusement elle n'en trouva aucune qui s'y rendît directement; il fallut se résigner à des haltes forcées et à de longs détours; elle se fit un petit vocabulaire de mots arabes et persans; mais la preuve qu'elle n'osait guère se flatter d'un heureux succès, c'est qu'elle envoya de Mossoul en Europe ses notes et ses papiers, afin que si on la dévalisait ou on la tuait, ses deux fils ne fussent pas privés de la relation de ses voyages.

XXXIII.

DE TURQUIE D'ASIE EN PERSE.

DÉPART POUR LA PERSE. — UNE ATTAQUE DE BRIGANDS. — A TRAVERS LE KOURDISTAN. — LA VALLÉE D'HALIFAU. — SURPRIS PAR L'ORAGE DANS LE DÉFILÉ D'ALI-BAG. — RAVANDUS. — SÉJOUR DANS CETTE VILLE. — MŒURS, COSTUMES, NOURRITURE.

Le 8 juillet 1848, Mme Pfeiffer rejoignit la caravane, dont la première halte était Ravandus. Certes, il fallait du courage ! Ali, le conducteur de la caravane, avait l'air d'un véritable chef de brigands ; il avait pour costume des haillons en lambeaux, et les Kourdes préposés à la garde des bêtes n'avaient pas meilleur aspect.

A une des premières haltes, Mme Pfeiffer eut à faire acte de virilité. On avait dressé le camp auprès de quelques huttes abandonnées et à moitié tombées en ruines ; la voyageuse courut aussitôt à une des moins délabrées pour s'y assurer une bonne place, et elle en trouva heureusement une où le soleil ne pénétrait pas par le toit, bien qu'il fût troué comme un crible. Un des voyageurs, entré immédiatement après en boitant, voulut lui en disputer la possession, mais elle jeta aussitôt son manteau par terre et s'étendit dessus sans bouger de place, sachant fort bien que le musulman n'use jamais de violence envers une femme, pas même envers une chrétienne. En effet, ce qu'elle avait pensé arriva : il abandonna la place et s'en alla en grommelant.

Un autre voyageur en usa tout autrement envers elle. S'étant aperçu qu'elle n'avait pour toute nourriture que du pain sec, tandis que lui, il mangeait des concombres et des melons sucrés, il lui donna un concombre et un melon, et ne voulut pas recevoir d'argent.

Une attaque de brigands.

On se remit en route le soir à six heures ; et pendant les trois premières heures on monta sans cesse. Le sol était stérile et couvert de pierres éboulées, qui, toutes pleines de trous, ressemblaient à une ancienne lave durcie.

Vers les onze heures du soir, la caravane entra dans une belle et grande vallée, où la pleine lune reflétait sa brillante lumière. On voulut faire halte en cet endroit et ne pas continuer de voyager la nuit, car la caravane était peu nombreuse, et le Kourdistan est très mal famé. On passait par des chaumes, tout près de tas de blé amoncelés les uns sur les autres. Tout à coup une demi-douzaine d'hommes vigoureux, armés de gros bâtons, s'élancèrent de derrière ces tas de blé comme d'une embuscade. Ils saisirent les chevaux par la bride, et, brandissant leurs bâtons, ils apostrophèrent les voyageurs d'une manière terrible.

Mme Pfeiffer était fermement convaincue qu'ils étaient tombés entre les mains d'une bande de brigands et se félicitait de l'heureuse idée qu'elle avait eue de laisser à Mossoul les richesses qu'elle avait recueillies à Babylone et à Ninive. Ses autres effets pouvaient facilement être remplacés. Cependant un des membres de la petite caravane sauta de cheval, saisit un des hommes au collet, et, le couchant en joue avec un pistolet chargé, menaçait de faire feu. Cet acte de vigueur eut un excellent effet. Les brigands abandonnèrent aussitôt l'offensive, se mirent à causer avec les voyageurs d'une manière amicale, et leur indiquèrent même un bon campement; pour ce service, ils réclamèrent un petit *buksish* (pourboire), qu'on ne leur refusa pas. On fit une collecte générale; mais comme Mme Pfeiffer était une femme, on lui fit la galanterie de ne rien lui demander.

La caravane passa ici les heures de la nuit, mais non pas sans que les voyageurs restassent sur leurs gardes, car on ne se fiait qu'à demi à la paix jurée.

Le sol du Kourdistan est infiniment supérieur à celui de la Mésopotamie. Aussi le pays est-il beaucoup plus peuplé, et on rencontre souvent des villages sur la route. Ce voyage se trouva être des plus accidentés. Tantôt on traversait quelque vallée qui se distinguait par de fraîches rizières, de beaux buissons, du jonc et de verts roseaux; un gai ruisseau coulait, répandant la vie, ou bien on avait à traverser des routes excessivement montueuses et pierreuses.

Il fallut, au lieu de suivre les vallées, les côtoyer en gravissant et descendant sans cesse des côtes escarpées, car le fond était entièrement occupé par un fleuve au cours irrégulier, le Badin, qui tournait comme un serpent et formait de nombreuses sinuosités. Dans la vallée fleurissaient des grenadiers et des oléandres ; des vignes sauvages grimpaient contre des arbres et des buissons, et des mélèzes croissaient sur les pentes des collines.

Au passage du fleuve Badin on avait un *rafft* si petit, qu'il ne pouvait transporter à la fois que deux personnes et peu de bagages ; aussi fallut-il quatre heures pour traverser le fleuve.

Une des vallées les plus pittoresques qui se puissent voir est celle d'*Halifau ;* elle est entourée de hautes montagnes, qui, d'un côté, s'abaissent insensiblement, tandis que, de l'autre, elles s'élèvent d'une manière raide et escarpée. Tout était en fleur dans la vallée ; le chaume alternait avec des tapis de verdure, des plantations de riz et de tabac. Le village, adossé au pied d'une colline riante, était entouré de peupliers, et un torrent impétueux d'eau claire comme le cristal, après s'être frayé de force un passage dans un profond ravin, coulait paisiblement dans la délicieuse vallée. Vers le soir, on voyait rentrer de nombreux troupeaux de vaches, de brebis et de chèvres, qui le jour paissaient sur les coteaux et sur les pentes des montagnes.

En revanche, on n'y faisait pas bonne chère. Mme Pfeiffer ne put rien trouver à manger avec son pain sec et n'eut d'autre couche que la dure motte de terre sur le chaume ; mais tel était son enthousiasme pour les splendeurs de la nature, qu'elle s'écriait que cette soirée comptait parmi les plus belles de sa vie et que le paysage qui l'entourait la dédommageait amplement de toutes ses privations.

Cette nuit-là, dès deux heures, le conducteur donna l'ordre du départ. A quelques centaines de pas du dernier gîte la caravane s'engagea dans un imposant défilé de montagnes. Ses flancs élevés s'ouvraient pour livrer passage au torrent et à un sentier étroit. Par bonheur la lune brillait d'un vif éclat ; autrement il aurait été presque impossible aux bêtes les plus exercées de gravir ce chemin étroit et périlleux, entre les pierres roulées et les masses de rochers éboulés. Les montures grimpaient comme des chamois sur les rebords aigus des flancs escarpés, et, d'un pas sûr, faisaient passer les voyageurs près d'horribles abîmes, où le torrent se précipitait de rocher en rocher avec un fracas épouvantable. Cette scène au milieu de la nuit faisait frissonner et avait quelque chose de si saisissant, que les grossiers compagnons de voyage de Mme Pfeiffer se turent involontairement. On avança sans proférer un seul mot, et ce silence de mort n'était interrompu que par les pas retentissants des bêtes et le bruit de quelques pierres qui se détachaient sous leurs pieds et roulaient dans l'abîme.

On avait marché ainsi plus d'une heure, quand tout à coup la lune se voila ; de gros nuages de pluie s'amoncelèrent au-dessus de la tête des voyageurs, et bientôt ils furent enveloppés de ténèbres si épaisses, qu'à peine ils pouvaient voir à quelques pas devant eux. Le guide qui marchait à leur côté battait à tout instant le briquet, pour éclairer tant soit peu le sentier à l'aide des étincelles jaillissantes. Mais cela ne leur fut pas d'un grand secours. Les bêtes commencèrent à trébucher et à glisser. Obligés de s'arrêter, ils restèrent l'un derrière l'autre, immobiles et comme transformés soudain en pierres par un coup de baguette.

Avec l'aurore, ils revinrent à la vie et pressèrent gaiement le pas de leurs bêtes.

De toutes parts, dans un assez vaste rayon, formant un superbe amphithéâtre, ce n'étaient que pics et collines d'une beauté ravissante. Des deux côtés de la route se dressaient, à de grandes hauteurs, les flancs de rochers escarpés ; devant et derrière eux, des montagnes s'entassaient les unes au-dessus des autres ; et au fond, la perspective de ce tableau pittoresque était formée par un colosse gigantesque tout couronné de neige. Ce défilé s'appelle Ali-Bag. Les voyageurs montèrent sans discontinuer pendant trois heures et demie.

En approchant du plateau, ils aperçurent à plusieurs endroits de petites taches de sang ; ils n'y firent d'abord que peu d'attention, car un cheval ou un mulet pouvait s'être blessé contre une pierre et avoir laissé ces traces. Mais bientôt ils arrivèrent à une place toute couverte de grosses taches. A cette vue, saisis d'une grande terreur, ils cherchèrent à s'expliquer la cause de cette traînée sanglante. En plongeant leurs regards dans le fond, ils découvrirent deux cadavres. L'un était accroché à cent pieds de la pente inclinée du pan de rocher ; l'autre avait roulé plus bas, et était à moitié caché par une saillie du roc. Ils s'empressèrent de se soustraire par la fuite à ce hideux spectacle, qu'ils ne purent, pendant plusieurs jours, effacer de leur mémoire.

Enfin l'on arriva à un plateau qui s'abaissait des deux côtés. Sur ce plateau était un petit village composé de huttes de feuillage, où s'arrêtèrent ses compagnons de voyage ; mais Aly accompagna encore Mme Pfeiffer pendant une demi-heure, jusqu'à la petite ville de Ravandus, qu'on n'aperçoit de ce côté que lorsqu'on y a déjà presque pénétré.

On est frappé à la vue de cette ville, qui, sans être plus belle que d'autres villes turques, se distingue par sa position toute particulière. Placée sur un cône à pic, isolée et entourée de montagnes, ses maisons sont construites en forme de terrasse, les unes au-dessus des autres, et ont des toits plats recouverts de terre bien foulée, qui les font ressembler à des rues ou à des places étroites. Elles servent aussi en partie de rues aux maisons de rangées supérieures, et souvent on a de la peine à distinguer les rues des toits. Sur beaucoup de terrasses on a pratiqué des cloisons de feuillage derrière lesquelles couchent les habitants. Le bas de la colline est entouré d'un mur d'enceinte fortifié.

Quand Mme Pfeiffer aperçut ce nid d'aigle, elle n'éprouva pas une grande satisfaction ; elle pressentait que ce serait une mauvaise étape. En effet, Ravandus était une des plus misérables villes qu'elle eût jamais rencontrées. Quand elle fut descendue de cheval, Aly la conduisit dans un sombre taudis, où le marchand à qui elle était recommandée était assis par terre.

Ce marchand, nommé Mausar, le premier négociant de Ravandus, resta tout un quart d'heure à lire le billet de quelques lignes qu'on lui apportait et finit par saluer l'étrangère, en répétant à plusieurs reprises : *Salem! salem!* mot qui signifie : sois le bienvenu.

Le digne homme devina sans doute que sa visiteuse était encore à jeun, car il eut l'humanité de lui faire servir sans retard un déjeuner composé de pain, de mauvais fromage de lait de brebis et de melon. On mangeait toutes ces choses à la fois. L'appétit de Mme Pfeiffer s'accommoda parfaitement de cette méthode. Aussi mangea-t-elle sans désemparer ; mais elle fut loin de s'acquitter aussi bien de la conversation. Son hôte ne savait aucune langue d'Europe, et elle ignorait les langues de l'Asie. Réduite au langage des signes, elle s'efforçait de lui expliquer de son mieux qu'elle désirait partir le plus tôt possible. Il lui promit de faire tout ce qui était en son pouvoir et lui assura que pendant son séjour à Ravandus, il prendrait soin d'elle ; mais que, n'étant pas marié, il ne pouvait la recevoir chez lui et qu'il devrait la loger dans la maison d'un de ses parents.

En effet, après le déjeuner, il la conduisit dans une maison qui ressemblait à celle de l'Arabe de Kerkou, si ce n'est que la cour était très petite et remplie d'immondices. Sous la porte cochère et sous de sales couvertures étaient accroupies quatre femmes dégoûtantes, couvertes à moitié de haillons et jouant avec de petits enfants.

Mme Pfeiffer fut obligée de se blottir à côté d'elles, et, l'examinant des pieds à la tête, elles la soumirent à des investigations d'une excessive curiosité. Elle supporta tout cela pendant quelque temps ; mais enfin, à bout de patience, elle s'échappa de cette attrayante compagnie pour chercher un endroit de refuge et pour réparer un peu le désordre de sa toilette. Il y avait déjà six jours qu'elle n'avait quitté ses vêtements, et cela par une chaleur beaucoup plus étouffante que celle qu'elle avait endurée sous la ligne.

Elle découvrit une pièce sale et sombre qui, indépendamment du dégoût qu'elle lui causait, lui faisait craindre d'y trouver des insectes et principalement des scorpions, ce qu'elle redoutait par-dessus tout ; mais en somme, dans tout son long voyage, elle n'en rencontra que deux. Ce qui la fit le plus souffrir, ce fut la vermine, qu'on ne parvient à détruire qu'en brûlant les habits et le linge.

A peine Mme Pfeiffer eut-elle pris possession de son misérable réduit, que les femmes vinrent l'y pourchasser, suivies, cette fois, d'une ribambelle d'enfants et de plusieurs voisines qui avaient entendu parler de l'arrivée d'une *Inglesi*.

Il est à remarquer que dans tous les pays où pénètre rarement un Européen, on donne le nom d'Inglesi (Anglais) à tous ceux qu'on y voit ; car de l'Europe on ne connaît guère que l'Angleterre. Elle finit par s'y trouver plus mal encore que sous la porte cochère.

Enfin, une des femmes eut l'heureuse idée de lui offrir un bain, proposition qu'elle accepta avec une grande joie. On prépara de l'eau chaude et on lui fit signe de venir. Elle entra dans l'étable aux brebis qui n'avait pas été nettoyée depuis des années, ou peut-être même depuis qu'elle avait été faite. On mit à côté l'une de l'autre deux pierres sur lesquelles on lui fit signe qu'elle devait se placer, pour être inondée d'eau en présence de toute la compagnie, qui la suivait comme son ombre. Elle signifia à tout ce monde d'avoir à sortir, en expliquant qu'elle saurait bien se rendre ce service à elle-même. Elle parvint ainsi à les renvoyer ; mais par malheur, l'étable n'avait pas de porte, et elle resta quand même exposée aux regards de cette foule indiscrète. Aussi lui fallut-il renoncer au plaisir qu'elle s'était promis de se nettoyer et de se rafraîchir, car elle ne put se résigner à se baigner en public.

Elle passa quatre jours parmi ces gens, les jours dans un trou sombre, les soirées et les nuits sur les terrasses. Elle fut contrainte, comme son hôtesse, de rester toujours blottie par terre. Quand elle avait quelque chose à écrire, ses genoux devaient lui servir de table. Tous les jours on lui disait : Il partira demain une caravane. Hélas !

ce n'était que pour lui faire prendre patience ; on voyait combien elle était ennuyée et tourmentée.

On ne faisait pas de repas réguliers pendant le jour; mais, en échange, les femmes et les enfants étaient sans cesse à grignoter, à se bourrer de pain, de concombre et de petit-lait. Le soir, on se baignait ; tout le monde se lavait les mains, la figure et les pieds, cérémonie qu'on répétait trois ou quatre fois avant la prière ; mais on manquait de dévotion réelle : au milieu de la prière on jasait à droite et à gauche ! A parler vrai, n'en est-il pas de même chez nous ?

Quelque grossiers que fussent les défauts de ces malheureux, Mme Pfeiffer les trouva cependant très bons et très débonnaires. Ils ne se fâchaient pas lorsqu'on les reprenait ; ils sentaient leurs défauts et lui donnaient toujours raison, quand elle leur disait ou leur expliquait quelque chose.

Ainsi, la petite Ascha, enfant de sept ans, était bien mal élevée. Quand on lui refusait ce qu'elle demandait, elle se jetait aussitôt par terre, criait d'une manière affreuse, se roulait dans la boue et dans l'ordure, et touchait de sa main sale le pain, le melon et tout ce qui se trouvait à sa portée. Mme Pfeiffer essaya de lui faire comprendre combien une pareille conduite était choquante ; elle y réussit au delà de toute attente. Pour la corriger de ses méchancetés, elle se mit à gesticuler comme elle. L'enfant la regarda avec la plus grande surprise; elle comprit ce qu'il y avait de vilain dans cette manière d'agir, et, de ce moment, elle n'eut plus guère besoin de la singer. Elle l'habitua également à la propreté. Quand elle s'était lavée avec beaucoup de soin, elle accourait gaiement montrer sa figure et ses petites mains. Aussi s'attacha-t-elle tellement à Mme Pfeiffer dans ces quelques jours, qu'elle ne la quittait presque plus et qu'elle cherchait par tous les moyens à lui être agréable.

Notre voyageuse eut autant de succès auprès des femmes. Après leur avoir montré leurs robes déchirées, elle alla chercher une aiguille et du fil et leur apprit à les raccommoder. Elles goûtèrent la leçon, et bientôt il y eut une petite école de couture organisée dans la misérable hutte.

Que de bien on pourrait faire dans ce pays, si on savait la langue, et si on avait la ferme volonté de répandre l'instruction parmi ces infortunés! Il ne faudrait pas seulement s'occuper des enfants, mais aussi et surtout des parents.

Les femmes et les filles, dans les pays de l'Asie, ne reçoivent pas d'instruction. Celles qui habitent les villes s'occupent peu ou pas du tout et sont presque toute la journée abandonnées à elles-mêmes. Les hommes vont, au lever du soleil, au bazar où ils ont leurs boutiques ou leurs ateliers; quant aux garçons déjà grands, ils vont à l'école, ou bien ils accompagnent leur père, et ce n'est qu'au coucher du soleil que tout le monde rentre.

A ce moment, il faut que le mari trouve les tapis étendus sur la terrasse, le repas préparé, le narghilé allumé. Il joue alors un peu avec les enfants, qui doivent, ainsi que leur mère, s'éloigner pendant le repas.

Les femmes ont plus de liberté et de distractions dans les villages, où elles prennent d'ordinaire une part active aux affaires de la maison. On dit dans ce pays, comme en Europe, que le peuple des campagnes a plus de moralité que celui des villes.

Le costume des Kourdes riches est celui des Orientaux; mais celui des gens du peuple en diffère un peu. Les hommes portent de larges pantalons de toile, et par-dessus une chemise qui descend jusqu'aux hanches et qu'une ceinture retient au milieu. Souvent on passe encore par-dessus la chemise une veste sans manches, faite d'une étoffe de coton brun grossier, coupée en bandes larges comme la main, et réunies entre elles par de larges coutures.

D'autres portent, au lieu de pantalons blancs, un pantalon bleu d'une extrême laideur, qui n'est proprement qu'un vaste sac informe avec deux trous pour passer les pieds.

La chaussure se compose ou de très grands souliers d'une laine blanche et grossière, ornés de trois houppes, ou de bottes courtes très larges, en cuir rouge ou jaune, qui ne montent pas plus haut que la cheville et qui sont garnies de grands fers d'un pouce de hauteur.

Pour coiffure, ils ont un turban.

Les femmes portent de longs et larges pantalons blancs, des chemises bleues qui descendent souvent à cinquante centimètres sur les jambes et que l'on retrousse au moyen d'une ceinture. Par derrière, un grand châle bleu les couvre depuis la nuque jusqu'au mollet. Elles portent comme les hommes des bottes garnies de fer.

Comme coiffure, elles roulent autour de leur tête des mouchoirs noirs en forme de turban, ou bien elles portent des turbans rouges dont le fond très large est couvert d'un cercle de monnaie d'argent. Autour de ce turban, elles roulent un petit mouchoir de soie de couleur, et par-dessus elles mettent une guirlande de courtes franges de soie noire.

Cette guirlande ressemble à une belle et riche fourrure, et elle est posée de manière à former un riche diadème et à laisser le front dégagé. Les cheveux tombent par-dessus les épaules en beaucoup de minces tresses, et du turban par derrière descend une grosse chaîne d'argent. Il est difficile de trouver une coiffure qui aille mieux.

Les femmes et les filles vont la figure découverte, et l'on voit à Ravandus de belles jeunes filles d'une noble physionomie. Leur teint est un peu brun, il est vrai; les cils et les sourcils sont teints avec de l'orpin en noir et les cheveux en brun rouge. Parmi le bas peuple, on voit encore par-ci par-là de petits anneaux passés dans les narines.

Suivant sa promesse, M. Mausar fit donner à la voyageuse une très bonne nourriture.

Le matin on lui servait du petit-lait, du pain et des concombres, quelquefois même des dattes rôties au beurre, qui n'étaient pas fort bonnes au goût. Le soir, on lui donnait du mouton au riz, ou bien une macédoine de riz, d'orge, de maïs, de concombre, d'oignon et de hachis. Comme elle se portait bien et qu'elle avait bon appétit, tout cela lui paraissait excellent.

L'eau et le petit-lait se prennent très froid, car on y jette toujours un morceau de glace. La glace ne se trouve pas seulement en grande quantité dans les villes, mais aussi dans le plus petit village. Elle vient de la montagne voisine. Les habitants en mangent souvent de gros morceaux avec délice.

Tout en reconnaissant la peine que se donnaient M. Mausar et ses parents pour rendre à leur visiteuse le séjour de Ravandus, sinon très agréable (comme ils le croyaient), du moins supportable, celle-ci n'en fut pas moins agréablement surprise quand Ali vint, un matin, lui apprendre qu'il avait trouvé à faire un petit transport pour Sauh-Bulak, à cent dix kilomètres, endroit qui se trouvait sur sa route. Le même soir, Mme Pfeiffer se rendait dans le caravansérail, et le lendemain, avant le coucher du soleil, on se mettait en route.

Jusqu'à la fin, M. Mausar se montra très hospitalier avec Mme Pfeiffer. Non seulement il lui donna une lettre pour un Persan établi à Sauh-Bulak, mais il la pourvut aussi pour le voyage de pain, de quelques melons et concombres et d'un sac de lait aigre. Ce lait lui fit beaucoup de bien et doit être chaudement recommandé comme très rafraîchissant à tout voyageur qui parcourt ces régions.

On met du lait aigre dans un petit sac de toile épaisse; la partie aqueuse passe à travers; quant à la substance caillée, on peut la sortir avec une cuillère et la délayer à volonté. Pendant les chaleurs, le lait se transforme en fromage le quatrième ou le cinquième jour; mais il ne cesse pas d'être bon à manger; et dans un intervalle de quatre ou cinq jours, on passe d'ordinaire dans des endroits où l'on peut renouveler ses provisions.

XXXIV.

PERSE.

AMÉNITÉ DES OFFICIERS PERSANS. — FAUSSES ALERTES. — SAUH-BULAK. — HUMANITÉ D'UN PERSAN. — LES SAUTERELLES COMESTIBLES. — BONTÉ DES FEMMES DE MOHAMMED-SCHAR. — INQUIÉTUDES ET PÉRILS. — LE LAC OROMIA. — OROMIA. — HABITATIONS. — HOSPITALITÉ DES PAYSANS DE KUTSCHIÉ. — NOUVELLE ATTAQUE DE BRIGANDS. — DESCRIPTION DE TAURIS. — LE CARACTÈRE DU SCHAH VICE-ROI DE CETTE PROVINCE. — PRÉSENTATION A LA COUR. — LA TOILETTE DE LA PRINCESSE. — COSTUME D'APPARAT DU SCHAH. — HAGGI-CHEFA-HANOUM. — BEAUTÉ DES YEUX DES FEMMES PERSANES. — DÉPART POUR NATSCHIVAN.

Le voyage se fit continuellement dans d'étroites vallées, entre de hautes montagnes. Le chemin était très mauvais; mais le terrain, bien que pierreux, était cultivé autant que possible.

Quand la caravane eut atteint la hauteur de la première région de neige, on arrivait à Reid, misérable trou, avec une citadelle à moitié tombée en ruines, près de laquelle on dressa le camp. A peine était-ce fini, que l'on vit paraître une demi-douzaine de soldats bien armés, sous la conduite d'un officier qui, après avoir conféré un moment avec Ali, le chef de la caravane, vint s'asseoir à côté de la voyageuse et lui montra avec force signes un papier écrit ouvert devant lui.

Mme Pfeiffer comprit bientôt qu'elle était sur le sol persan, et qu'on lui demandait son passeport; mais elle connaissait trop son monde pour tenir à ouvrir son coffre en présence de toute la communauté assemblée autour d'elle. Elle se servit également du langage des signes pour déclarer qu'elle ne comprenait pas. Elle s'en tint là ; ce que voyant, l'officier n'insista plus et se contenta de dire à Ali :

— Que puis-je faire d'elle? Elle ne me comprend pas. Qu'elle continue sa route.

Dans quel État d'Europe une étrangère eût-elle été traitée avec autant de douceur?

A peine hors de Reid, après avoir franchi une autre montagne, on arriva sur les hauts plateaux. Les collines étaient couvertes d'herbes minces et menues ; mais les arbres y étaient très rares. On y voyait beaucoup de chèvres et de brebis.

Un soir, la caravane était composée de six hommes et de quarante bêtes de somme, qui s'avançaient tranquillement, quand on vit arriver une douzaine de cavaliers au galop, dont sept, armés jusqu'aux dents, avaient des lances, des sabres, des poignards, des couteaux, des pistolets et de petits boucliers. Tous étaient habillés comme les gens du peuple, à l'exception des turbans, autour desquels ils avaient enroulé de simples châles persans. Mme Pfeiffer les prit pour des brigands ; ils arrêtèrent les voyageurs en les enveloppant de tous côtés ; ils leur demandèrent d'où ils venaient, où ils allaient, et quelles marchandises ils portaient. Quand on leur eut donné tous les renseignements, ils laissèrent tranquillement passer la caravane.

Mme Pfeiffer ne put d'abord pas s'expliquer ce que cela voulait dire ; mais comme ils furent arrêtés encore plusieurs fois de la même manière, dans le cours de la journée, elle en conclut que ce devait être des militaires chargés de ce service.

On passa la nuit à Coromaduda.

Le lendemain, la caravane fut de nouveau arrêtée par une troupe de soldats ; mais, cette fois-ci, l'affaire parut prendre une tournure assez critique. Il faut croire qu'Ali avait faussé la vérité dans ses indications. On s'empara de ses deux bêtes de somme, et, après avoir jeté leur charge à terre, le chef des soldats les fit emmener.

Le pauvre Ali, désespéré, fit les plus grandes supplications, et, désignant Mme Pfeiffer comme propriétaire de tous les objets, il conjura le chef d'avoir pitié d'une pauvre femme inoffensive. Le chef s'adressa alors à elle et lui demanda si Ali avait dit vrai; elle ne jugea pas à propos d'assumer une telle responsabilité, et, faisant encore semblant de ne rien comprendre, elle feignit beaucoup de consternation et de tristesse. Ali se mit même à pleurer. En effet, leur position aurait été des plus affreuses ; car, sans mulets, qu'au- raient-ils fait des marchandises dans ces contrées désertes ? Enfin le chef se laissa fléchir, envoya chercher les bêtes et les rendit.

Ce fut tard dans la soirée que la caravane arriva à la petite ville de Sauh-Bulak.

Comme elle n'était pas fortifiée, elle put encore y pénétrer ; mais déjà tous les kans et les bazars étaient fermés, et ce n'est qu'avec beaucoup de peine qu'on put décider l'hôte d'un kan à ouvrir pour la recevoir.

Il était trop tard pour que Mme Pfeiffer pût remettre sa lettre le jour même. Se résignant donc à son sort, elle s'installa à côté de son modeste bagage, pensant qu'il lui faudrait passer la nuit ainsi. Mais un Persan s'approcha d'elle, lui assigna une niche pour s'y retirer, y porta son bagage, et revint même au bout de quelque temps lui offrir de l'eau et un peu de pain. L'humanité de cet homme paraîtra doublement grande, si l'on songe combien les mahométans haïssent les chrétiens.

Quand elle eut remis sa lettre au marchand persan à qui elle était adressée, celui-ci s'empressa de lui trouver un domicile et promit de veiller à ce qu'elle pût continuer son voyage sans retard. Cette conversation se fit naturellement plus par signes que par paroles.

Mais cinq jours s'étaient écoulés sans qu'il fût question d'une caravane, et le séjour de Sauh-Bulak lui étant devenu insupportable, grâce à l'horrible caractère de son hôtesse, elle se décida à gagner coûte que coûte Oromia, où elle était sûre de trouver des missionnaires américains. Pour cela elle demanda au marchand de lui louer un guide et un cheval.

Le lendemain, en effet, le marchand lui présenta pour guide un homme d'un extérieur farouche.

Un Persan offrit à Mme Pfeiffer de l'eau et un peu de pain.

A cause du danger qu'il y avait à voyager sans caravane, Mme Pfeiffer dut payer un prix quatre fois plus élevé qu'à l'ordinaire; mais les conventions furent ainsi arrêtées : ce guide s'engageait à partir le jour suivant et à la conduire à Oromia en trois journées; la moitié du prix convenu était payée d'avance.

L'affaire terminée, Mme Pfeiffer se sentit partagée entre la joie et la crainte; mais celle-ci dominait, quoi qu'elle pût faire, et elle dut chercher à s'en distraire par des excursions aux environs.

Sauh-Bulak est situé dans une petite vallée dépourvue d'arbres, près d'une chaîne de montagnes. On laissa la voyageuse circuler partout, quoiqu'elle n'eût jeté autour d'elle que son isar. Ici les bazars étaient moins mesquins que ceux de Ravandus; le kan était grand et gai; mais, en échange, le bas peuple avait quelque chose de repoussant. Grands et d'une forte complexion, avec des traits accentués, que défigure une certaine expression de cruauté et de férocité, tous les hommes lui semblaient des brigands et des assassins. Aussi, le soir, arma-t-elle ses pistolets, toute décidée, en cas d'attaque, à vendre chèrement sa vie.

Après avoir quitté Sauh-Bulak, Mme Pfeiffer eut à se défendre contre de véritables nuées de sauterelles qui, en différents endroits, se levaient dans les airs. Longues de deux à trois pouces, elles avaient de grandes ailes rouges ou bleues. Aussi toutes les herbes et les plantes de cette contrée en étaient-elles rongées. On prétend que les indigènes prennent ces sauterelles, les sèchent et les mangent; mais Mme Pfeiffer n'a point contrôlé ce fait *de visu*.

Après une course à cheval de sept heures, l'infatigable voyageuse et son guide arrivèrent à une grande vallée fertile et habitée. Cette journée se termina donc heureusement; car on était dans le voisinage d'hommes, et l'on passait de temps en temps près de villages. Dans les champs, on voyait travailler par-ci par-là des paysans d'un aspect assez grotesque; ils étaient affublés de hauts bonnets qui contrastaient avec le reste de leur misérable costume.

Le long de cette vallée on voyait des quantités de tortues dont la qualité est excellente; mais plutôt que de chercher ses aises assez pour travailler à se préparer un repas succulent, avec sa sobriété ordinaire, Mme Pfeiffer préféra manger tranquillement son pain et son concombre. Au village de Mohammed-Schar, elle éprouva une nouvelle et sérieuse alarme.

Au beau milieu de la matinée, sans raison apparente, son guide lui annonça son intention de faire halte. En vain la voyageuse le pressa-t-elle de continuer sa route, il lui déclara qu'il ne pourrait pas aller plus loin sans s'adjoindre à une caravane, parce qu'on était arrivé au défilé le plus dangereux.

En même temps il indiquait une vingtaine de chevaux qui broutaient dans le chemin, cherchant à faire comprendre qu'une caravane arriverait de ce même côté; mais toute la journée se passa sans que cette caravane parût.

Mme Pfeiffer prit son guide pour un fourbe et était tellement exaspérée, le soir, quand il lui arrangea son manteau pour dormir, qu'elle ramassa le manteau, le lui jeta devant les pieds et lui déclara qu'elle ne payerait pas le reste du prix convenu, s'il ne la conduisait pas à Oromia le lendemain, troisième jour de leur voyage. Puis, lui tournant le dos, ce qui est une des plus grandes injures que l'on puisse faire à un Persan, elle s'assit par terre et s'abandonna à l'amertume de ses pensées.

Pendant cette altercation, quelques femmes du village étaient survenues. Elles venaient apporter du lait et un mets chaud pour l'inconnue. La voyant si surexcitée, elles s'assirent à côté d'elle et lui demandèrent la raison de sa colère. Si imparfaitement que Mme Pfeiffer pût la leur expliquer, elles abondèrent dans son sens et lui donnèrent raison; elles accablèrent de reproches le guide, leur compatriote, et firent de leur mieux pour consoler cette étrangère qui ne leur était rien. Elles ne quittèrent pas Mme Pfeiffer et la pressèrent avec tant d'insistance de ne pas dédaigner la nourriture qu'elles apportaient, que celle-ci se fit violence pour en manger un peu. C'était une soupe faite avec de l'eau, du beurre et des œufs. En dépit de sa contrariété, la voyageuse la trouva excellente. Mais ce fut en vain qu'elle voulut faire accepter une bagatelle à ces âmes compatissantes; elles refusèrent toutes les offres et ne parurent sensibles qu'au plaisir de voir l'inconnue un peu tranquillisée et consolée.

Tout à coup, de même qu'il s'était décidé à rester, le guide se décida à partir à une heure du matin.

Il chargea les bagages sur le cheval et engagea Mme Pfeiffer à monter dessus. Ce fut au tour de celle-ci d'être ébahie, car on ne découvrait nulle part la moindre trace de caravane. Cela donnait encore plus à penser. Le guide voulait-il prendre sa revanche et se venger des boutades de sa voyageuse? Pourquoi traversait-il par la nuit et les brouillards une contrée qu'il avait évitée en plein jour? Cependant, si elle ne voulait pas donner lieu à de nouvelles récriminations et autoriser de nouvelles défaites, il fallait partir, et Mme Pfeiffer partit.

Pleine d'anxiété, elle grimpa sur sa monture et ordonna à son guide, qui voulait se tenir derrière elle, de passer devant, car elle n'avait aucune envie d'être attaquée par derrière. Ferme sur ses arçons, sa main reposait toujours sur le pistolet. Elle prêtait l'oreille au moindre bruit, observait tous les mouvements de son guide, et, comme elle le dit avec sa bonne grâce simple et confiante, plus d'une fois il lui arriva de prendre peur de l'ombre même de son cheval. Cependant elle ne revint pas en arrière.

Après avoir couru à franc étrier pendant à peu près une demi-heure, Mme Pfeiffer et son guide joignirent effectivement une grande caravane, défendue en outre par une douzaine de paysans bien armés.

L'endroit était donc bien réellement considéré comme très dangereux, et le guide devait avoir été informé du passage de la caravane. Mais comment? Voilà ce qu'elle ne sut jamais.

Après quelques heures de marche, tous arrivèrent au lac Oromia, qui, depuis, demeura toujours sur la droite. A gauche, on eut, pendant plusieurs milles, des collines, des gorges et des montagnes désertes. C'était là l'endroit dangereux. Au jour, la caravane entra dans une belle vallée fertile, remplie d'hommes et de villages, dont la vue inspira à Mme Pfeiffer le courage de quitter ses protecteurs improvisés et de prendre les devants pour aller plus vite.

Le lac qui donne son nom à la ville a plus de quatre-vingt-seize kilomètres de long, et dans quelques endroits plus de cinquante kilomètres de large. On dirait qu'il s'étend jusqu'au pied de hautes montagnes; mais il en est encore réellement séparé par de vastes plaines.

Quelle que soit la beauté du lac et de ses environs, il n'offre pas un spectacle bien attrayant, car aucun bateau, aucune voile blanche n'en vient animer la vaste surface.

Depuis que Mme Pfeiffer avait quitté les déserts sablonneux de Bagdad, elle n'avait plus rencontré de chameaux. Aussi croyait-elle n'en plus revoir, aussi avancée qu'elle l'était vers le nord. Elle ne fut donc pas peu surprise d'en rencontrer plusieurs troupeaux. Plus tard, on lui dit que ces animaux servent aux Kourdes, comme aux Arabes, à porter des fardeaux. Dans ces contrées, ils sont d'une structure plus forte qu'ailleurs ; leurs pieds sont plus gros, leurs poils un peu plus épais et plus longs ; ils ont le cou plus court et plus élancé, et leur couleur est bien plus foncée. On n'y rencontre pas de chameaux d'un brun clair.

Indépendamment des bêtes de somme, les Kourdes se servent encore, pour rentrer les moissons, de voitures très simples, mais grossières et pesantes. Le train et les panneaux de la voiture sont faits de troncs d'arbres longs et minces, serrés les uns contre les autres ; des troncs plus courts tiennent lieu d'essieux, et des disques de planches épaisses forment les roues. Chaque voiture n'en a ordinairement que deux. Ces véhicules sont attelés de quatre bœufs. Chaque couple a un conducteur, qui, assis d'une manière très curieuse sur le timon entre son attelage, lui tourne le dos.

A une heure avancée du soir, après une course de plus de seize heures, Mme Pfeiffer arrivait heureusement à Oromia, et se faisait conduire chez M. Wright, le missionnaire américain. On juge avec quelle joie, après ces jours de fatigue, et surtout d'inquiétude, elle goûta le calme et le plaisir de la vie de famille.

Bien qu'on cherchât à la dissuader de continuer seule sa route, on la confirma dans la pensée qu'elle avait fait la partie la plus dangereuse du voyage, et on lui recommanda seulement d'emmener quelques paysans armés pour traverser les montagnes près de Kutschié.

M. Wright eut la bonté de lui procurer un guide aussi brave que sûr. Elle paya le double du prix demandé pour aller à Tauris en quatre jours, au lieu de six.

Pour faire accroire au guide qu'elle était une pauvre pèlerine, elle donna au missionnaire la moitié du prix stipulé, et le pria de payer à sa place et de dire au guide que l'autre moitié lui serait remise par le consul anglais à l'arrivée.

Mme Pfeiffer profita autant que possible de la journée qu'elle passa à Oromia. Le matin, elle visita la ville, et plus tard elle alla avec la femme du missionnaire américain chez quelques familles riches et pauvres, pour les voir dans leur intérieur.

Oromia compte près de 22,000 habitants. Elle est entourée de remparts, mais n'est pas fermée, car on peut y entrer à toute heure de la nuit. Elle est bâtie comme toutes les villes turques, si ce n'est que les rues sont assez larges et tenues proprement. Devant la ville, il y a beaucoup de grands jardins fruitiers et potagers, entourés de hautes murailles. De jolies habitations s'élèvent au milieu des jardins. Les femmes ne sortent que voilées. Elles se couvrent la tête et la poitrine d'un mouchoir blanc; à la place des yeux se trouve un réseau serré et impénétrable.

Dans la classe pauvre, trois ou quatre familles habitent sous le même toit. Elles n'ont que quelques nattes de paille, des couvertures, des coussins et quelques ustensiles de cuisine, sans oublier une grande huche en bois renfermant la provision de farine qui constitue leur plus grande richesse. Ici comme partout où l'on cultive le blé, le pain est la principale nourriture du pauvre. On le cuit deux fois par jour, le matin et le soir.

Beaucoup de ces maisonnettes avaient de très jolies cours plantées de fleurs, de vignes et d'arbustes, qui leur donnaient l'air de jardin. Les habitations des riches sont hautes, aérées et spacieuses. Les salles de réception sont percées de nombreuses croisées et garnies de tapis. Nulle part on n'apercevait de divans; on se couche sur des tapis.

Comme Mme Pfeiffer faisait ces visites sans s'être fait annoncer, elle trouva les femmes vêtues de simples robes d'indienne faites à la mode du pays. Dans l'après-midi, elle se rendit à cheval et en compagnie d'un des missionnaires à une grande résidence d'été, située à dix kilomètres de la ville, sur de basses collines.

La vallée qu'ils traversèrent est très grande et excessivement fertile et pittoresque. Quoiqu'elle soit à plus de treize cents mètres au-dessus du niveau de la mer, on y trouve le coton, le ricin, le vin, le tabac et toutes les productions de l'Allemagne méridionale. Le ricin ne s'élève pas, il est vrai, à beaucoup plus d'un mètre, et le cotonnier n'a guère plus de trente-cinq centimètres, mais ils sont assez productifs. Plusieurs villages sont à moitié cachés par des bois d'arbres fruitiers. C'était le vrai moment pour admirer ce pays : c'était la saison des abricots, des pêches, des pommes, des raisins et autres fruits d'Europe dont Mme Pfeiffer avait été sevrée depuis longtemps.

De la maison du missionnaire où elle était descendue, on avait une vue admirable sur toute l'immense vallée, sur la ville, sur la basse chaîne des collines et sur les montagnes.

Oromia passe pour être le lieu de naissance de Zoroastre, qui, à ce qu'on prétend, vécut 5,500 ans avant J.-C., et de qui descendent les Guèbres ou adorateurs du feu.

Pour quitter Oromia, on avait promis à Mme Pfeiffer un guide qui était d'une bonté incomparable : il se montra aux petits soins pour elle.

A Kutschié, la première station où ils s'arrêtèrent, il la conduisit dans une maison de paysans, chez d'excellentes gens. On posa aussitôt un beau tapis sur une petite terrasse; on lui apporta un bassin rempli d'eau pour se laver, et sur une coupe en laque, de grosses mûres noires pour la rafraîchir. Plus tard, on lui présenta une bonne soupe grasse avec un peu de viande, du lait aigre et d'excellent pain, le tout servi sur de la vaisselle très propre.

Quand elle voulut payer ces aimables hôtes, ils n'acceptèrent absolument rien. Ce ne fut que le lendemain qu'elle trouva l'occasion de les récompenser de ce qu'ils avaient fait pour elle. Elle emmena comme escorte deux hommes de la famille, auxquels elle donna le double de ce que l'on donne habituellement. Ils la remercièrent avec une vive reconnaissance, lui souhaitèrent un heureux voyage et la comblèrent de bénédictions.

Le passage dangereux des montagnes désertes et mal famées avait duré près de trois heures. On était arrivé dans d'immenses vallées qui semblaient tout à fait oubliées par la nature et abandonnées par les hommes. Mme Pfeiffer ne se sentait que médiocrement rassurée. Elle flairait encore le danger.

En effet, comme les deux voyageurs passaient dans une de ces vallées désertes, près de trois huttes délabrées, plusieurs hommes s'élancèrent sur eux, arrêtèrent leurs chevaux, et se mirent aussitôt à examiner leurs bagages.

Mme Pfeiffer s'attendait à recevoir l'ordre de descendre de cheval et se croyait déjà dépouillée de son petit avoir. Ils entrèrent en pourparlers avec son guide; celui-ci leur débita le petit conte que la voyageuse faisait à chacun : qu'elle était une pauvre pèlerine, et que les consuls ou missionnaires anglais payaient partout ses frais de voyage. Son costume, son peu de bagages, son isolement, s'accordaient parfaitement avec le récit. Ils ajoutèrent foi aux paroles du guide, aux regards muets et suppliants de la voyageuse, et la laissèrent passer.

Ce ne fut qu'après avoir dépassé Scheck-Vali et fourni une course à cheval de quatorze heures que Mme Pfeiffer se sentit tout à fait rassérénée. Elle et son guide parcouraient désormais des vallées riantes et habitées. Partout on voyait des hommes travailler dans les champs à rentrer du blé, partout de nombreux troupeaux paissaient dans les prairies.

On fit halte pendant les heures les plus chaudes de la journée dans la petite ville de Dise-Halil, dont les rues étaient propres et bien entretenues. Un petit ruisseau argenté en parcourait la rue principale, et les cours des maisons ressemblaient à des jardins.

Mme Pfeiffer, étant descendue dans un des kans dont la ville abonde, fut surprise du confort qu'elle y rencontra. Les écuries étaient couvertes, les gîtes pour les conducteurs étaient de jolies terrasses maçonnées, et les chambres des voyageurs, quoique dépourvues de meubles, étaient tenues très proprement, et avaient même des cheminées. Les kans sont ouverts à tout le monde, on n'y paye rien. On donne tout au plus une bagatelle à l'inspecteur, qui s'acquitte de toutes les commissions des voyageurs.

En fait d'hospitalité, les Persans, les Turcs et en général tous les peuples mis au ban de la civilisation, ont des idées beaucoup plus larges et beaucoup plus généreuses que les Européens. Ainsi, dans l'Inde, où les Anglais ont établi des bongolos, il faut payer une roupie par chambre pour une nuit, et même pour une heure. Mais on n'a nullement songé aux conducteurs ni aux bêtes ; on les laisse s'arranger comme ils veulent et camper en plein air. Les voyageurs qui ne sont pas chrétiens ne sont pas admis dans les bongolos, ou bien ne peuvent se servir des chambres qu'autant qu'il ne s'y trouve pas de chrétien. S'il en arrive un au milieu de la nuit, le pauvre infidèle est tenu, sans miséricorde, de lui céder la place.

Cette noble humanité s'étend même aux bongolos ouverts et composés seulement d'un toit et de trois cloisons de bois. Dans les pays des infidèles, au contraire, le premier arrivant occupe la place, qu'il soit chrétien, Turc ou Arabe ; et alors même que les places sont déjà occupées par des infidèles, s'il arrive un chrétien, ils se serrent entre eux pour lui procurer un asile.

Le surlendemain, Mme Pfeiffer et son guide arrivèrent dans une vallée où se déroulait une grande ville ; mais elle avait l'air si peu imposante, qu'au premier abord, la voyageuse ne songea même pas à en demander le nom. Plus on approchait, plus elle paraissait délabrée. Les murs étaient à moitié démantelés, les rues et les places obstruées de décombres ; beaucoup de maisons étaient en ruines. On aurait dit que l'ennemi ou la peste avaient exercé là leurs ravages. Et pourtant c'était Tauris !

Lorsque le guide eut accompagné Mᵐᵉ Pfeiffer chez un des Européens résidant dans la ville, celui-ci, à peine prévenu, accourut tout effaré.

— Comment vous trouvez-vous *seule* dans ce pays? s'écria-t-il. Vous a-t-on dépouillée? Avez-vous été séparée de votre société et vous êtes-vous échappée seule?

Mais quand Mᵐᵉ Pfeiffer lui eut présenté son passeport et lui eut donné tous les renseignements qu'il désirait, il fallait voir l'ébahissement qui se peignit sur sa physionomie. Il regardait comme une chose fabuleuse qu'une femme seule, ignorant la langue du pays, eût pu parvenir à se frayer un chemin dans ces contrées et parmi ces peuples.

Ce monsieur lui assigna quelques chambres dans une famille du voisinage et lui promit d'envoyer tout de suite un messager au consul anglais, alors absent. En attendant, il se mit lui-même aussi entièrement à sa disposition qu'il était possible de le désirer.

Mᵐᵉ Pfeiffer ne tarda pas à lui témoigner sa surprise du misérable aspect et des vilains abords de Tauris, qui est pourtant la seconde ville du pays. Il la rassura bientôt, en lui expliquant que le côté par lequel elle était venue est celui par lequel la ville se présente le moins bien. Ce qu'elle avait vu ou parcouru jusqu'alors n'appartenait pas à Tauris, ce n'était qu'un vieux faubourg presque abandonné.

Tauris (ou Tabriz) est la capitale de la province Aderbeidschan, et la résidence de l'héritier présomptif du trône de Perse, qui a le titre de vice-roi. Située dans une vallée privée d'arbres, près des fleuves Ratscha et Atschi, cette ville, plus belle que Téhéran et Ispahan, compte cent soixante mille habitants, renferme beaucoup de tissanderies et de fabriques de soie, et est regardée comme une des principales échelles de l'Asie.

Les rues, assez larges, sont d'ordinaire tenues proprement. Dans chaque rue il y a des canaux souterrains, et l'on a pratiqué partout des ouvertures pour puiser de l'eau.

Quant aux maisons, tout ce qu'on en voit, comme dans les autres villes de l'Orient, ce sont des murs élevés sans fenêtres et avec de basses entrées. La façade donne toujours sur la cour, plantée de fleurs et de petits arbres, à laquelle se rattache un joli jardin. Les salles de réception sont grandes et hautes, et munies de rangées de fenêtres qui forment de vraies cloisons vitrées. Les salons sont moins bien ornés. D'ordinaire on n'y voit que quelques tapis, et on n'y rencontre que rarement des objets de luxe et des meubles d'Europe.

En fait de belles mosquées, de palais et de tombeaux anciens ou modernes, il n'y a que la mosquée du Schah-Ali, déjà à moitié dégradée, mais qui ne souffre aucune comparaison avec les mosquées de l'Inde.

Le nouveau bazar est très beau. Ses galeries et ses passages, hauts, larges et couverts, rappellent ceux de Constantinople. Seulement il a l'air plus frais, plus riant, car il est de construction plus récente. Les boutiques des marchands y sont également un peu plus grandes, et les marchandises, quoique moins riches et moins somptueuses que ne le prétendent bien des voyageurs, mais étalées avec plus de goût, se voient mieux, surtout les tapis, les fruits et les légumes.

Mme Pfeiffer était arrivée à Tauris dans un temps peu favorable, dans un mois de jeûne. Pendant ce mois, on ne mange rien depuis le lever jusqu'au coucher du soleil; personne ne sort de chez soi; il n'y a pas de soirées; on ne fait et on ne reçoit aucune visite; on est toujours en prière. Les Persans observent si strictement ces commandements de leur religion, que plus d'un malade en est la victime; car, pendant ces jours-là, ils ne veulent prendre ni médicaments, ni potions, ni la moindre nourriture. Une seule bouchée leur ferait perdre, à ce qu'ils croient, la félicité qu'ils attendent de l'observation du jeûne.

Les jeunes filles sont tenues d'observer le jeûne dès l'âge de dix ans, tandis que les garçons ne commencent que dans la quinzième année.

Malgré la sévérité du jeûne, Mme Pfeiffer eut, grâce aux grandes relations et aux grandes complaisances de la personne qui l'avait si bien accueillie à son arrivée à Tauris, le bonheur d'être introduite dans plusieurs des premières familles persanes et même à la cour.

A cette époque, le schah régnant était un peu colère. On racontait que, quand ses accès le prenaient, il ordonnait l'exécution immédiate d'un coupable quelconque. Mais le ministre avait assez le sentiment de la justice pour chercher à empêcher la mort de ceux qu'il n'avait point à redouter. Il avait donc donné l'ordre, quand pareil cas se présenterait, de l'envoyer chercher aussitôt et de différer les apprêts de l'exécution jusqu'à son arrivée. Il paraissait alors comme par hasard et demandait ce qui se passait. Le schah, ne se possédant pas de fureur, racontait qu'il faisait exécuter un criminel. Le ministre l'approuvait sans réserve, et s'approchait de la fenêtre pour consulter le ciel, les nuages et le soleil. Tout à coup il s'écriait qu'il vaudrait mieux remettre l'exécution au lendemain; les nuages, le soleil ou le ciel étant en ce moment contraires, il pourrait facilement en résulter un malheur pour le prince. Cependant la colère du roi étant à moitié passée, il agréait l'avis du ministre. Le condamné était emmené, et d'ordinaire rendu à la liberté. Le lendemain, toute l'affaire était oubliée.

La présentation à la cour eut lieu quelques jours après l'arrivée de Mme Pfeiffer. Elle fut appelée, une après-midi, dans un des pavillons d'été du prince. La villa était située dans un petit jardin, lequel se trouvait dans un autre plus grand; ils étaient entourés tous deux de très hautes murailles. A l'exception de prés, d'arbres fruitiers et de chemins poudreux, il n'y avait, dans le premier jardin, rien de remarquable que beaucoup de tentes remplies de soldats. Ceux-ci avaient le costume persan ordinaire, si ce n'est que l'officier de service avait ceint un glaive, et que le soldat de faction portait un fusil sur ses épaules. Ils ne se montrent en uniforme que dans très peu d'occasions, et alors ils ressemblent un peu aux militaires européens.

A l'entrée du jardin, Mme Pfeiffer fut reçue par plusieurs eunuques. Ils la conduisirent à une maison d'un étage, de peu d'apparence, située à l'extrémité de parterres de fleurs. On n'aurait jamais cherché dans cette maison la résidence d'un héritier présomptif du trône de Perse, et cependant c'était bien là qu'il habitait. A l'entrée étroite de la petite maison il y avait deux escaliers, dont l'un conduisait à la salle de réception du vice-roi, et l'autre à celle de sa femme. Arrivée au haut de l'escalier, Mme Pfeiffer quitta ses souliers et entra dans une petite pièce fort gaie, dont les parois étaient presque entièrement formées de hautes croisées. La vice-reine, âgée de quinze ans, était assise sur un simple fauteuil; non loin d'elle se tenait debout une matrone, la duègne du harem, et on avait préparé à Mme Pfeiffer un fauteuil en face de la princesse.

Notre voyageuse eut le bonheur d'être reçue avec la plus grande distinction; car on l'avait fait passer pour auteur, et on avait ajouté qu'elle publierait les aventures de son voyage. Comme la princesse avait demandé s'il serait fait mention d'elle dans cette relation, et qu'on lui avait répondu oui, elle résolut de se montrer dans ses plus beaux atours, pour donner une idée avantageuse du riche et superbe costume de son pays.

La jeune princesse avait un pantalon en étoffe de soie tellement plissé, qu'il était raide et empesé comme les anciennes jupes à panier. Ces pantalons ont de vingt à vingt-cinq aunes de large et descendent jusqu'aux chevilles. Le buste, jusqu'aux hanches, était revêtu d'un corsage, mais qui n'était pas ajusté, et auquel tenaient des basques de quinze centimètres de long. Les manches, longues, étroites, et couvrant le bras, étaient bordées de garnitures larges comme la main, et pouvaient se croiser. Cet ajustement ressemblait aux corsages du temps des paniers. Le corset était d'une étoffe de soie épaisse et brodée artistement et avec beaucoup de goût en soie de couleur tout autour des bordures; on voyait une chemisette courte en soie blanche.

La princesse avait roulé autour de sa tête un mouchoir de crêpe blanc à trois angles, qui faisait le tour du visage et était attaché sous le menton; par derrière, il descendait jusqu'aux épaules. Ce mouchoir était également très bien brodé en or et en soie de couleur. Elle était parée de pierres fines et de perles d'une pureté et d'une grosseur rares, mais qui faisaient peu d'effet, car elles n'étaient pas montées en or, mais simplement traversées d'un fil d'or. Ce fil était attaché au haut du mouchoir de tête et se prolongeait jusque sous le menton.

Elle avait des gants de soie noire à jour, par-dessus lesquels elle portait plusieurs bagues; autour des poignets, de riches bracelets de perles et de pierres fines. Elle était chaussée de bas de soie blancs.

La princesse n'était pas précisément une beauté de premier ordre; ses pommettes étaient trop prononcées et trop saillantes; mais, à tout prendre, c'était une bien aimable personne; elle avait de grands et beaux yeux pleins d'intelligence, une jolie figure et quinze ans.

La conversation consistait en signes; et pendant ce muet entretien, Mme Pfeiffer eut le loisir d'examiner la vue qu'on avait des croisées et d'admirer la situation de la ville. Elle s'aperçut alors de la grandeur et de l'étendue de Tauris et de la quantité de ses jardins. Mais ces derniers font tout son ornement, car elle ne brille pas par la beauté de ses constructions, et la grande vallée dans laquelle elle est située est aussi nue que les montagnes qui l'entourent, et n'offre aucun charme. La princesse parut enchantée de la surprise que témoigna Mme Pfeiffer en voyant la grandeur de la ville et tant de délicieux jardins.

Vers la fin de l'audience on apporta beaucoup de fruits et de sucreries sur de grandes assiettes. Mme Pfeiffer fut la seule à en manger, car les autres étaient forcés de jeûner.

De l'appartement de la princesse, on conduisit Mme Pfeiffer à celui de son époux, le vice-roi. Le jeune prince la reçut, assis sur un fauteuil, au balcon d'une fenêtre. Grâce au titre d'auteur dont on avait gratifié la visiteuse, on avait aussi disposé pour elle un fauteuil. Les murs de la grande salle étaient lambrissés de boiseries et ornés de glaces, de dorures, de têtes et de fleurs peintes à l'huile. Au milieu se trouvaient deux grandes couchettes vides.

Réception de Mme Pfeiffer par le vice-roi de Tauris.

Le prince était habillé à l'européenne; il portait un pantalon blanc de drap fin, bordé de larges tresses d'or, un habit bleu foncé, dont le collet, les parements et les rebords étaient richement brodés d'or; des gants et des bas de soie blancs. Il avait sur la tête un bonnet fourré de près d'un mètre de haut. Cependant ce n'est pas là le costume qu'il porte habituellement. En fait de modes, il change, dit-on, plus souvent que sa femme, et, selon son caprice, tantôt il revêt le costume persan, tantôt il s'enveloppe de châles de Cachemire.

On lui aurait donné au moins vingt-deux ans. Il avait le teint d'un jaune pâle; il n'avait l'air ni bon ni spirituel; il ne regardait personne en face, et son œil méchant évitait toujours celui de son interlocuteur.

Le prince adressa à Mme Pfeiffer beaucoup de questions. Ses demandes n'avaient rien de distingué et étaient des lieux communs. Il savait lire et écrire dans sa langue, et avait aussi, disait-on, quelques notions d'histoire et de géographie. Il recevait quelques journaux et écrits périodiques européens, dont l'interprète était chargé de faire quelques extraits.

Il surpassait de beaucoup son père en cruauté, et malheureusement il n'avait pas de ministre pour borner le cours de ses vengeances. Sa conduite était celle d'un enfant. A peine avait-il donné un ordre, qu'il le révoquait un instant après. Et, au fait, que pouvait-on attendre d'un tout jeune homme qui n'avait presque pas reçu d'éducation, et qui, marié à quinze ans, se trouvait à dix-sept ans maître absolu d'une grande province avec un revenu d'un million de *tomans* (45 millions de francs environ), et disposait de tous les moyens pour satisfaire ses goûts sensuels?

Le prince n'avait encore alors qu'une seule femme légitime; mais il lui était loisible d'en avoir jusqu'à quatre.

Quand le vice-roi sort à cheval, quelques centaines de soldats ouvrent la marche; ces soldats sont suivis de domestiques armés de grosses cannes, qui crient au peuple de s'incliner devant le puissant souverain. Des employés, des soldats et des domestiques entourent le prince, et le cortège est encore fermé par des soldats. Le prince seul est à cheval, tous les autres sont à pied.

Les femmes du prince peuvent aussi parfois sortir à cheval; mais il faut qu'elles soient bien voilées et entourées d'eunuques, dont plusieurs courent en avant pour annoncer au peuple que les femmes du prince approchent. Aussitôt tout le monde doit s'éloigner du chemin où elles vont passer, et chacun se réfugie dans les maisons et dans les rues voisines.

Mme Pfeiffer fut également présentée à une des femmes les plus distinguées et les plus éclairées de Tauris; elle se nommait Haggi-Chefa-Hanoum.

Dès qu'on entrait dans la cour et dans le vestibule de la maison, on s'apercevait bien qu'il y régnait un grand esprit d'ordre. Nulle part en Orient, notre visiteuse n'avait trouvé tant de propreté et tant de goût. Elle aurait pris la cour pour le jardin, si elle n'avait pas vu plus tard le véritable jardin depuis les fenêtres de la salle de réception. Les jardins de ces pays sont sans doute bien inférieurs aux nôtres; mais ils sont magnifiques comparativement à ceux de Bagdad. On y voit des fleurs, des allées de vigne et des berceaux; entre les arbres fruitiers on aperçoit des bassins riants et de superbes gazons.

La salle de réception était très grande et très haute; le devant et le fond (dont l'un donnait sur la cour, l'autre sur le jardin) étaient composés de fenêtres dont les carreaux, divisés en tout petits hexagones ou octogones, étaient enfermés dans de petits cadres de bois doré. Il y avait aussi quelques dorures aux montants de la porte. Le parquet était couvert de tapis à la place où était assise la dame de la maison. Un autre tapis précieux était étendu sur le premier. En Perse, on n'a pas de divans, mais seulement de gros coussins ronds contre lesquels on s'appuie.

La visite de Mme Pfeiffer ayant été annoncée, elle trouva une grande réunion de dames et de jeunes filles, attirées sans doute par la curiosité de voir une Européenne. Leur costume était d'un grand prix, comme celui de la princesse. Seulement la parure était moins distinguée. Il y avait parmi elles plusieurs beautés; mais elles avaient aussi des fronts trop larges et des pommettes saillantes. Ce que les Persanes ont de plus beau, ce sont les yeux, qui brillent autant par la grandeur que par la beauté de la forme et la vivacité de l'expression. La peau et les cils de ces dames étaient teints.

Ce cercle de dames était le plus agréable et le plus joli que Mme Pfeiffer eût eu occasion de voir dans les maisons orientales. Elle put causer en français avec la maîtresse de la maison par l'intermédiaire de son fils, âgé de dix-huit ans, qui avait reçu une excellente éducation à Constantinople. Non seulement ce jeune homme, mais aussi sa mère et les autres dames, étaient instruits et avaient beaucoup lu.

Les jeunes filles des familles riches savent presque toutes lire et écrire. Elles l'emportent à cet égard de beaucoup sur les femmes turques. La maîtresse de la maison, son fils et Mme Pfeiffer étaient assis sur des chaises; les autres se tenaient accroupies sur des tapis. Une table, la première que la voyageuse eût vue dans une maison persane, fut couverte d'une belle étoffe et chargée des fruits, des friandises et des sorbets les plus exquis. Ces derniers, ainsi que les sucreries, avaient été préparés par la maîtresse elle-même : il y avait là des amandes sucrées, des fruits confits, qui n'étaient pas seulement très appétissants à l'œil, mais excellents au goût.

Pendant le séjour de Mme Pfeiffer à Tauris, les melons et les pêches se trouvaient en pleine maturité. Ces fruits étaient si parfaits, qu'on voyait bien que la Perse est leur véritable patrie. Les melons ont souvent une chair plutôt blanche ou verte que jaune; on peut les manger jusqu'à l'extrémité de la fine écorce, et si quelque chose pouvait surpasser la douceur du sucre, ce seraient les melons. Les pêches aussi sont excessivement juteuses, douces et parfumées.

Le teint de l'homme du peuple est peut-être un peu plus que basané. Dans la classe supérieure, chez les deux sexes, le teint blanc prédomine. Tous ont les yeux et les cheveux noirs. Forts et hauts de stature, ils ont les traits et surtout le nez très prononcés, et quelque chose de sauvage dans le regard. Les femmes des basses classes ne sortent jamais sans être scrupuleusement voilées.

Dès son arrivée à Tauris, Mme Pfeiffer avait témoigné le désir de continuer son voyage par Natschivan et Erivan jusqu'à Tiflis ; mais depuis les événements survenus en Europe, vers cette époque, le gouvernement russe défendait, aussi sévèrement que la Chine, l'entrée de son empire à tout étranger. Cependant, grâce à son sexe et à son âge, et surtout à la puissante intercession de diverses personnes influentes, on daigna faire une exception en sa faveur. Le consul russe lui accorda la permission si ardemment désirée, et poussa la bienveillance jusqu'à lui donner plusieurs bonnes recommandations pour les trois villes qu'elle se proposait de visiter.

Elle partit donc le 11 août, à neuf heures du matin, sur de bons bidets de poste, accompagnée par un domestique, qu'on l'avait engagée à emmener.

XXXV.

SIBÉRIE OU RUSSIE D'ASIE.

MORAND. — ARAX. — MONT ARARAT. — NATSCHIVAN. — MONUMENT DE NOÉ. — CONTRÉE D'ÉRIVAN. — TARTARES, LEURS HABITATIONS. — TIFLIS. — MONUMENTS DIVERS. — COSTUME DES CIRCASSIENS. — GORY. — LE CAUCASE. — KUTAÏS. — LE PISON. — COSTUMES. — REDUTKALE·

La première station entre Tauris et Natschivan est Sophia.

Mme Pfeiffer y étant arrivée à trois heures de l'après-midi, son domestique jugea à propos de faire tous les préparatifs d'une halte, et, en présence des remontrances de la voyageuse, il lui montra le soleil pour indiquer qu'il était trop tard, cherchant à lui inspirer la crainte salutaire d'être attaquée et pillée par les brigands; mais Mme Pfeiffer n'était pas femme à se laisser intimider par ces épouvantails évoqués à dessein; elle résolut de continuer son voyage.

Elle arriva à Morand, la station suivante, vers huit heures du soir, et fit remarquer à son guide pusillanime qu'ils étaient arrivés sains et saufs et n'avaient rien perdu de leurs bagages.

Morand, riant et joli endroit qui s'étend dans une fertile vallée, fut la dernière ville par laquelle elle passa. Les rues y sont larges et propres; les murs qui entourent les maisons et les jardins sont bien conservés, et on y trouve de petites places avec de belles fontaines bordées d'arbres.

Mais ce qui lui plut moins que la ville, ce fut son gîte de nuit. Il lui fallut partager la cour avec les chevaux de poste. Son souper se composa de quelques œufs frits, brûlés et trop salés.

Le lendemain elle poussa jusqu'à Arax, étape frontière de la Russie. De Morand à Arax, il n'y a qu'une station; mais elle prit onze heures à notre voyageuse. Elle suivit le cours d'un petit ruisseau qui serpentait à travers des gorges et des vallées désertes.

La vallée dans laquelle Arax est situé est grande et très pittoresque, grâce à la forme étrange des rochers. Tout au fond de la vallée, on voit poindre une haute chaîne de montagnes, parmi lesquelles se distingue l'Ararat, qui a plus de cinq mille mètres, et dans la vallée même s'élèvent des masses de rochers isolés et escarpés, semblables à des pans de mur et à des tours. Le rocher le plus considérable, ayant la forme d'un cône pointu d'au moins trois ou quatre cents mètres de haut, est *Ilan-Nidag* (montagne du serpent).

Non loin de la chaîne avancée des montagnes, coule le fleuve Arax ou Araxes. Il sépare l'Arménie de la Médie. Son cours est excessivement rapide, et ses vagues s'élèvent à une grande hauteur. Il sert de limite entre le territoire persan et la Russie. Mme Pfeiffer passa ce fleuve en bateau. Sur la rive opposée il y a quelques maisonnettes où l'on arrête le voyageur et où il doit prouver qu'il n'est ni brigand, ni assassin, et surtout qu'il n'est pas de la classe dangereuse des révolutionnaires. En outre, on le soumet encore à une quarantaine, si la peste ou le choléra exercent leurs ravages en Perse.

Une lettre du consul russe de Tauris au premier fonctionnaire d'Arax valut à Mme Pfeiffer une réception très polie. Grâce à l'absence de peste et de choléra, elle n'eut point de quarantaine à faire; mais à peine se trouva-t-elle sur le sol russe, que l'on commença, de la manière la plus effrontée, à lui demander des pourboires. Le fonctionnaire avait parmi ses gens un Cosaque qui prétendait savoir l'allemand ; on le dépêcha à notre voyageuse pour s'informer de ses désirs ; mais ce coquin savait autant d'allemand que Mme Pfeiffer de chinois, c'est-à-dire trois ou quatre mots. Il fut congédié ; mais cela ne l'empêcha pas de réclamer un pourboire.

En quittant Arax, Mme Pfeiffer était accompagnée d'un inspecteur des douanes. Elle se dirigea vers Natschivan, petite ville située dans une des grandes vallées qu'entoure la haute chaîne de l'Ararat. Cette vallée est fertile ; mais, comme tout le pays d'alentour, elle n'est pas riche en arbres.

Nulle part la voyageuse n'eut autant de peine qu'ici à se loger. Elle avait deux lettres, l'une pour un médecin allemand, l'autre pour le gouverneur. Elle ne voulut pas se rendre chez ce dernier en costume de voyage (car elle était maintenant parmi les hommes civilisés, qui ont l'habitude de juger leurs semblables d'après l'habit). Comme il n'y avait pas d'hôtel à Natschivan, elle comptait demander l'hospitalité au docteur. Elle donna à lire l'adresse de la lettre, écrite dans la langue du pays, à beaucoup de gens, en les priant de lui indiquer la maison ; mais tout le monde secouait la tête et la laissait poursuivre son chemin. Elle arriva ainsi à la douane, où l'on s'empara aussitôt de son bagage, tandis qu'on la conduisait chez l'inspecteur. Celui-ci parlait un peu allemand, mais il ne fit non plus aucune attention à sa demande et lui intima l'ordre de se rendre au bureau de la douane et d'ouvrir son petit coffre.

La femme et la sœur de l'inspecteur l'accompagnèrent. Elle fut très étonnée de cette politesse ; mais elle reconnut bientôt qu'un autre motif avait fait agir ces dames : elles voulaient savoir ce que Mme Pfeiffer portait avec elle. Elles se firent donner des chaises, prirent place devant le petit coffre ; et à peine fut-il ouvert, que les mains (celles des deux dames et d'un employé de la douane) se mirent à fouiller dans les effets. Une douzaine de petits papiers qui renfermaient des monnaies, des feuilles séchées et autres objets recueillis à Babylone et à Ninive, furent aussitôt ouverts et jetés çà et là. On sortit jusqu'au moindre petit bonnet, et il était aisé de voir qu'il en coûtait beaucoup à la femme de l'inspecteur de lâcher les rubans qu'elle tenait dans ses mains. Mme Pfeiffer finit par croire que ce n'était qu'à dater de ce moment qu'elle était tombée entre les mains des sauvages.

Après qu'on eut examiné suffisamment le coffre, ce fut le tour d'une petite caisse qui renfermait son plus grand trésor, une petite tête en relief de Ninive. On prit un gros maillet de bois pour ouvrir une caisse qui n'avait qu'un pied de long. Mme Pfeiffer trouva cela un peu trop fort, et, se jetant en travers de la caisse, elle s'opposa à ce vandalisme. Heureusement il arriva encore une troisième dame, une Allemande. La voyageuse s'empressa de lui dire ce qu'il y avait dans la caisse, en ajoutant qu'elle ne se refusait pas à la laisser ouvrir; seulement elle demandait qu'on y allât avec précaution et qu'on se servît d'une pince et de tenailles. Mais le croira-t-on? on n'avait pas même ces instruments au bureau de la douane, où il se présente tous les jours des cas semblables. Cependant elle obtint, non sans peine, que l'on brisât avec précaution le couvercle en trois morceaux. Mais les deux dames et l'inspecteur firent de sottes et risibles figures quand ils aperçurent les fragments de tuile et la tête un peu endommagée. Ils ne pouvaient pas concevoir qu'on traînât avec soi de pareilles vétilles.

La dame allemande engagea Mme Pfeiffer à prendre chez elle une tasse de café, et, quand elle apprit dans quel embarras cette dernière était pour se loger, elle lui assigna aussitôt une chambre dans sa maison.

Le lendemain, Mme Pfeiffer fit une visite au gouverneur, qui l'accueillit avec beaucoup de politesse et la combla de prévenances. Elle dut aller demeurer immédiatement chez lui, et il lui fit avoir un passeport et tous les visas dont, depuis son entrée dans l'empire chrétien, elle avait eu besoin plus de six fois, et il négocia pour elle avec un Tartare dont la caravane allait à Tiflis. Avec la bonne dame allemande, la voyageuse visita la ville à moitié délabrée et le tombeau de Noé.

Natschivan, au dire des Persans, fut une des plus grandes et des plus belles villes d'Arménie. Des écrivains arméniens prétendent même que Noé en a été le fondateur. La ville actuelle est tout à fait construite dans le style oriental ; seulement un petit nombre de maisons modernes ont des fenêtres et des portes qui donnent sur la rue. La plupart du temps la façade est sur les petits jardins. Le costume du peuple ressemble encore passablement à celui des Persans. Il n'y a que les fonctionnaires, les marchands et quelques particuliers qui soient habillés à l'européenne.

Du monument de Noé il ne subsiste qu'une pièce voûtée. Il ne reste plus de traces du dôme dont il semble avoir été recouvert autrefois, car les quelques ruines qui ont échappé à la destruction ne permettent de rien affirmer. Dans l'intérieur, on ne voit ni sarcophage, ni tombe; dans le milieu seulement, on trouve un pilier en maçonnerie sur lequel repose le plafond. Tout le monument est entouré d'un mur peu élevé. Il est visité non seulement par des pèlerins chrétiens, mais aussi par beaucoup de mahométans. Tous ces gens ont une singulière croyance : si la pierre qu'ils appuient contre le mur y reste collée, ils s'imaginent que la chose à laquelle ils ont pensé, en le faisant, est nécessairement vraie, ou bien doit se réaliser, tandis que c'est l'inverse dans le cas contraire. Ce fait s'explique tout bonnement de la manière suivante : Le ciment ou la chaux est toujours un peu humide; si l'on relève un peu la pierre plate en l'appuyant contre le ciment, elle s'y attache; mais si on l'appuie tout droit, elle tombe.

Non loin du tombeau de Noé, il y a un très beau monument. Mme Pfeiffer ne put savoir à quelle époque il appartenait et qui en était l'auteur. Il a la forme d'une haute tour dodécagone, dont les parois sont recouvertes, de haut en bas, des figures mathématiques les plus ingénieuses, triangles, hexagones, et à quelques endroits elles sont incrustées d'une argile bleue vernie. L'ensemble est entouré d'un mur qui forme une petite cour d'enceinte ; à la porte d'entrée il y a de petites tours à moitié délabrées qui ressemblent à des minarets.

Mme Pfeiffer était souffrante ; mais, dans la crainte de manquer l'occasion de la caravane alors en partance et avec laquelle le gouverneur avait traité pour elle, elle se décida à se mettre en route.

Cette caravane ne transportait que des marchandises, et les conducteurs étaient des Tartares. Elle voyageait fort lentement et la nuit. Les journées se passaient à rester étendus sur des chaumes exposés aux rayons du soleil le plus ardent. La seule compensation à cet ordre de choses était la nourriture.

Les Tartares ne vivent pas d'une manière aussi frugale que les Arabes ; tous les soirs on servait un excellent pilau fait avec de la bonne graisse, et souvent même on y mettait du raisin sec ou des pruneaux. En outre, on pouvait acheter des pastèques et des melons. Les vendeurs, en grande partie des Tartares, choisissaient toujours un bon petit morceau, qu'ils offraient à la voyageuse sans jamais vouloir accepter d'argent.

La caravane traversait de grandes vallées fertiles autour du pied de l'Ararat. La grandeur de cette magnifique montagne la fait paraître comme isolée et séparée de toutes les autres montagnes ; mais elle se relie par de hautes collines à la chaîne du Taurus ; sa plus haute cime est fendue, de sorte qu'il se forme une petite plaine entre les deux pointes, et c'est dans ce lieu qu'après le déluge, l'arche de Noé doit s'être engravée. Il y a des gens qui prétendent qu'on l'y trouverait encore, si l'on pouvait seulement déblayer la neige sous laquelle elle est ensevelie.

La caravane était encore dans le voisinage de l'Ararat lorsqu'il arriva à notre intrépide voyageuse, qui avait déjà fait les neuf dixièmes de son voyage autour du monde, une aventure fort désagréable.

C'était près de Sidin, à environ cinquante pas de la route de poste, qu'était établi le campement. Vers les huit heures du soir, elle alla se promener jusqu'à la grande route ; au moment où elle se disposait à revenir sur ses pas, elle entendit le son des clochettes des chevaux de poste ; elle s'arrêta pour voir les voyageurs. Il y avait dans la charrette ouverte un monsieur, et à côté de lui un Cosaque armé.

C'est dans ce lieu que l'arche de Noé doit s'être engravée.

Quand la voiture fut passée, elle se retourna tranquillement ; mais, à sa grande surprise, la voiture s'arrêta, et presque au même instant elle se sentit saisir par le bras ; c'était le Cosaque qui cherchait à l'entraîner vers la voiture. Elle s'efforça de se débarrasser de lui, et de la main dont elle pouvait disposer elle montra la caravane, en criant qu'elle en faisait partie. Il lui ferma aussitôt la bouche de son autre main et la jeta sur la voiture, où le monsieur l'empoigna et la retint de force. Le Cosaque sauta rapidement sur la voiture et le cocher lança les chevaux à fond de train. Tout cela se fit avec une si grande rapidité, que notre voyageuse ne sut plus où elle en était. Les hommes la retenaient par les bras, et on ne lui rendit la liberté

23

d'user de la parole que quand ils furent assez loin pour que ses cris ne fussent plus entendus.

Par bonheur, elle n'eut pas peur. Elle se figura aussitôt que ces aimables Russes l'avaient prise pour une personne très dangereuse, et croyaient avoir fait une capture très importante. Quand on lui permit de parler, ce fut pour répondre aux questions judicieuses qu'on lui adressait sur son nom et sa patrie. Elle savait assez de russe pour pouvoir donner les renseignements demandés. Mais, au lieu de se contenter de ses réponses, ils lui demandèrent son passe-port. Elle leur répondit qu'ils n'avaient qu'à envoyer chercher son coffre, et qu'alors elle éclaircirait parfaitement sa position.

On arriva enfin à la station de poste, où on la conduisit dans une chambre. Le Cosaque se tint avec son arme près de la porte ouverte, pour la garder à vue, et le monsieur qu'elle prenait, à ses parements de velours vert foncé, pour un employé impérial, demeura quelque temps dans la chambre. Au bout d'une demi-heure, le maître de poste ou quelque autre personnage vint l'examiner et entendre le récit du grand exploit que lui firent en riant ses deux bourreaux.

Souffrant faim et soif, surveillée sévèrement, il lui fallut passer la nuit sur un banc de bois, sans avoir ni manteau ni drap pour se couvrir. On ne lui donna ni un morceau de pain ni une couverture; et pour peu qu'elle fît mine de se lever de son banc pour se promener de long en large dans la chambre, le Cosaque arrivait aussitôt, la saisissait par le bras et la ramenait à son banc, en lui enjoignant expressément de se tenir tranquille.

Vers le matin, on apporta ses effets; elle montra ses papiers, et on lui rendit la liberté. Mais, au lieu de lui faire des excuses des procédés sauvages dont on avait usé à son égard, on se moqua encore d'elle; et quand elle descendit dans la cour, tout le monde la montra au doigt et partagea les rires de ses geôliers.

Après avoir raconté cette aventure, Mme Pfeiffer s'écriait avec sa gracieuse naïveté : « Oh! mes bons Arabes, oh! Turcs, Persans,

Hindous, pareille chose ne m'est pas arrivée chez vous ! J'ai traversé paisiblement vos pays ! Avec quelle indulgence ne me traitat-on pas sur les frontières de la Perse, quand je feignais de ne pas comprendre qu'on me demandait mon passeport ! Qui m'aurait dit que je rencontrerais tant d'obstacles et que j'essuierais tant d'avanies sur cette terre chrétienne ? »

Ce ne fut que le lendemain qu'elle rejoignit sa caravane, où elle fut accueillie avec la plus vive et la plus franche cordialité.

Il tardait à la voyageuse de gagner la station d'Erivan. Elle était assez lasse de la caravane, qui ne faisait en moyenne que onze lieues par jour. Elle comptait sur un de ses compatriotes, M. Muller, pour lui procurer un moyen de locomotion plus rapide pour gagner Tiflis.

La contrée d'Erivan est, selon la tradition, une des premières qui aient été habitées. Noé y demeura avec sa famille avant et après le déluge. C'est également ici qu'on veut retrouver l'emplacement du paradis terrestre. Erivan, appelé autrefois Terva, fut la capitale de l'Arménie. Non loin d'Erivan se trouve le plus grand sanctuaire des chrétiens de l'Arménie, le couvent *les Miazim*. L'intérieur de l'église est simple ; les colonnes, assemblage de masses de pierres, ont plus de vingt-quatre mètres de haut. Dans la sacristie, il y avait autrefois, dit-on, deux clous avec lesquels le Christ avait été attaché à la croix, la lance qui avait servi à lui percer le flanc, et enfin sa robe non cousue. Le centre de l'église occupe, à ce qu'on prétend, la place où Noé, après sa délivrance, construisit un autel et offrit des sacrifices à Dieu. Indépendamment de ces richesses, l'église possède encore une quantité prodigieuse de reliques précieuses.

Erivan, sur le Zengui, capitale de l'Arménie, compte environ dix-sept mille habitants. Située sur des coteaux dans une grande plaine et bornée de tous côtés par des montagnes, elle est entourée de quelques murs fortifiés. Quoique l'architecture commence déjà à dominer dans cette ville, elle ne brille ni par la beauté ni par la propreté.

Le plus intéressant est sans contredit les bazars, non pas à cause des marchandises, qui n'offrent absolument rien de remarquable, mais à cause des costumes variés, en grande partie étrangers, qu'on y rencontre. On y voit des Tartares, des Cosaques, des Tcherkesses, des Circassiens, des Mingréliens, des Géorgiens, des Turcomans, des Arméniens, etc. C'étaient pour la plupart de beaux hommes, forts, à la physionomie belle et expressive, surtout les Tartares et les Circassiens.

Leur costume ressemblait en partie à celui des Persans ; le costume tartare ne se distinguait de celui des Persans du peuple que par les dentelles dont les bottes étaient garnies et par un bonnet beaucoup plus bas. La dentelle de la botte a souvent plus de dix centimètres de long et elle est repliée en dedans à l'extrémité. Le bonnet est également pointu et en fourrure noire, mais de moitié plus bas.

Quant aux femmes de ces diverses tribus, on en voit peu dans les rues ; elles sont toutes enveloppées depuis les pieds jusqu'à la tête, mais elles ne voilent pas leur figure.

Les Russes et les Cosaques ont les traits stupides des Kalmouks ; leur conduite répond parfaitement à leur physionomie. Il n'y a pas de peuple plus cupide, plus grossier et en même temps plus servile. Quand on leur demande quelque chose, ils ne répondent pas, ou bien ils font une réponse brutale, ou encore rient au nez des gens et les laissent là. Cette barbarie n'aurait peut-être pas tant frappé Mme Pfeiffer, si elle était venue d'Europe.

Déjà en quittant Natschivan, la voyageuse avait eu l'idée de prendre la poste ; mais on l'en avait dissuadée, en lui assurant que seule elle ne pourrait jamais se tirer d'affaire avec les aimables employés de la poste russe. Cependant, malgré tout, elle résolut fermement à Erivan d'user de ce moyen de transport, et elle pria le docteur Muller de lui aplanir les difficultés. Dans l'empire russe, pour avoir le droit de prendre des chevaux de poste, il faut se faire délivrer une permission (*padroschna*), dans laquelle il faut indiquer exactement jusqu'où l'on veut aller ; car le maître de poste ne pourrait pas vous laisser faire une verste au delà de la station indiquée. Ensuite il faut payer par chaque cheval et par chaque verste un *demi-kopeck* (environ deux centimes et demi). Cela ne semble pas beaucoup au premier abord ; mais cette taxe ne laisse pas d'être considérable, quand on pense qu'il faut sept verstes pour un mille géographique, et que l'on ne voyage jamais avec moins de trois chevaux.

Le jour où la voiture de poste devait venir prendre la voyageuse à quatre heures du matin, cinq heures, six heures sonnèrent, et rien ne parut. Si M. Muller n'avait pas eu la bonté de se rendre lui-même à la poste, il est certain que Mme Pfeiffer n'aurait peut-être pas eu sa voiture avant le soir. Enfin, grâce à son intervention, elle put partir à sept heures. Elle eut ainsi un avant-goût de la rapidité avec laquelle elle devait être menée. On voyageait, il est vrai, très vite ; mais celui qui n'a pas un corps de fer ou une voiture à ressort bien rembourrée ne sera pas trop charmé de cette rapidité. On aimerait certainement mieux aller plus lentement sur ces vilaines routes raboteuses.

La voiture de poste, pour laquelle on paye dix kopecks par station, n'est autre chose qu'une très courte charrette de bois découverte à quatre roues. Au lieu d'un siège, on y met un peu de foin, et il reste juste assez de place pour un petit coffre sur lequel s'assied le postillon. Ces charrettes vous secouent d'une manière épouvantable ; et comme il ne s'y trouve aucun point d'appui, il faut bien faire attention afin de ne pas être jeté dehors. L'attelage est composé de trois chevaux placés à côté l'un de l'autre ; au-dessus de celui du milieu passe un arc-boutant en bois, auquel sont attachées deux ou trois clochettes qui font toujours un vacarme infernal. Qu'on joigne à cela le craquement de la voiture, les cris du cocher, sans cesse occupé à exciter et à fouetter ses pauvres bêtes, et on comprendra facilement que l'équipage arrive souvent à la station sans le voyageur. Les gémissements de ce malheureux ne frappent point l'oreille du cocher. La répartition des stations est très inégale; elles varient de quatorze à trente verstes.

Entre la deuxième et la troisième station, Mme Pfeiffer traversa un terrain peu étendu où elle trouva une espèce de lave qui ressemblait parfaitement à la belle lave luisante et vitreuse d'Islande (agate noire, appelée aussi *obsidion*), et que l'on prétend ne devoir se trouver que dans ce pays. La troisième station se trouve dans un village nouvellement établi qui s'étend le long du lac Léman.

Près de Pipia, la dernière station de la journée, s'élevaient tout contre la route des masses et des débris superbes de roches, dont quelques-unes avaient presque la forme de magnifiques colonnes.

Tout le temps la pauvre Mme Pfeiffer eut des ennuis de tout genre avec les gens de la poste. Elle était indignée de leur apathie, de leur flegme et de leur barbarie. On trouve les employés et les valets presque à toute heure du jour ivres ou couchés. Dans cet état, ils font ce qu'ils veulent, ne bougent pas de place et se moquent encore du pauvre voyageur. Ce n'est qu'à force de cris et de tapage qu'on finit par en décider un à sortir sa charrette, un autre à la graisser, un troisième à donner à manger aux chevaux, qu'il faut souvent encore ferrer. Ensuite les rênes, le harnais ne sont pas en ordre; il faut les attacher, les raccommoder. Il en est ainsi d'une foule d'autres choses, qui se font toutes avec la plus grande lenteur. Si, plus tard, dans les villes, on se plaint de ces misérables stations de poste, on répond que ces pays se trouvent depuis trop peu de temps sous la domination russe, que la ville impériale est trop peu éloignée, et qu'une femme voyageant seule doit s'estimer heureuse de s'en tirer encore si bien.

A ces beaux raisonnements, on ne peut rien opposer, si ce n'est que dans les plus nouvelles possessions transmarines des Anglais, encore bien plus éloignées de la métropole, tout est parfaitement disposé et organisé, et qu'on expédie aussi vite une femme sans domestique qu'un gentleman ; car on trouve l'argent et les droits de la plus simple voyageuse aussi concluants que ceux d'un grand seigneur.

Il en est tout autrement dans une station de poste russe. Quand arrive un fonctionnaire ou un officier, tous courent, s'empressent à l'envi et font force courbettes, car on craint les coups et les châtiments. Les officiers et les employés appartiennent, en Russie, à la classe privilégiée et se permettent une foule d'actes arbitraires. Quand ils ne voyagent pas pour affaires de service, ils ne devraient pas, si l'on suivait l'ordonnance, avoir plus de droits que tout autre particulier; mais, au lieu de prêcher d'exemple et de montrer à la multitude que tout le monde est soumis aux lois et aux règlements, ce sont eux justement qui les foulent aux pieds. Ils envoient en avant un domestique ou prient un de leurs amis qui voyage d'annoncer aux stations qu'ils arriveront tel ou tel jour, et qu'il leur faudra huit ou douze chevaux. Si dans l'intervalle il survient quelque empêchement, une invitation à une chasse ou à un dîner, ou bien s'il prend à madame une migraine ou des vapeurs, monsieur remet simplement son voyage d'un ou de deux jours. Les chevaux sont toujours tenus prêts, et le maître de poste n'ose pas en disposer en faveur de simples particuliers. Cela est poussé à un tel point, que, quand même les chevaux seraient attelés, et le voyageur monté en voiture pour partir, s'il arrivait en ce moment un officier ou un employé, on détellerait, et on laisserait là le voyageur pour servir l'homme du gouvernement.

A chaque relais de poste, il y a une ou deux salles pour les voyageurs, et un Cosaque marié, qui, avec sa femme, sert les étrangers et leur fait la cuisine. On ne paye rien pour la chambre ; elle appartient de droit au premier arrivant. Le personnel chargé du service est aussi complaisant que les hommes préposés à l'écurie, et on a souvent de la peine à se procurer, à force d'argent, la moindre chose, soit quelques œufs, soit un peu de lait. Si, dans son voyage en Perse, Mme Pfeiffer avait couru de vrais périls, son trajet à travers la Russie asiatique l'avait révoltée à tel point, qu'elle préférait sans contredit le premier.

A partir de Pipia la beauté du paysage diminue à vue d'œil, les vallées s'élargissent, les montagnes s'abaissent, et les unes et les autres sont souvent nues et dépouillées d'arbres.

Mme Pfeiffer rencontra plusieurs troupes nomades de Tartares. Ces gens étaient assis sur des bœufs et sur des chevaux qui portaient en outre leurs tentes et leurs ustensiles. Venaient ensuite des troupeaux de vaches et de brebis.

Les femmes tartares sont vêtues d'une manière à la fois très riche et très déguenillée. Leur costume se compose presque toujours d'étoffe de soie ponceau, brodée souvent de fils d'or. Elles portent de larges pantalons, un cafetan long et un autre cafetan plus court par-dessus. Sur la tête elles ont une espèce de ruche faite d'écorce d'arbre, avec un tissu rouge, chargée de morceaux de fer-blanc, de coraux et de petites monnaies. Depuis la poitrine jusqu'à la ceinture, leurs robes sont également garnies de boutons, de clochettes, d'anneaux et autres objets semblables ; de l'épaule descend un cordon auquel est attachée une amulette ; elles ont de petits anneaux passés dans les narines. Elles s'enveloppent, il est vrai, de grands châles, mais elles laissent leur figure découverte.

Leur mobilier se compose de tentes, de jolis tapis, de chaudrons en fer et de cuvettes en cuir, etc.

Les Tartares suivent, pour la plupart, la religion mahométane.

Les Tartares qui ne mènent pas une vie nomade ont de singulières habitations, que l'on pourrait appeler de grandes taupinières. Leurs villages sont, en grande partie, bâtis sur des coteaux et des collines, où ils creusent des trous de la grandeur de chambres spacieuses. La lumière n'y pénètre que par l'entrée et la sortie. Celle-ci, plus large que haute, est garantie par un grand appentis de planches qui reposent sur des poutres ou des troncs d'arbres. Rien n'est plus bizarre à voir qu'un pareil village, composé seulement d'appentis et n'ayant ni fenêtres, ni portes, ni murs, ni parois.

Les Tartares domiciliés dans les plaines y élèvent de grands tertres, construisent leurs huttes en pierre ou en bois, et les comblent de terre, qu'ils affermissent de manière à ce qu'on ne découvre pas la moindre trace de leur demeure. Il n'y a que peu d'années encore qu'on voyait, dit-on, à Tiflis, plusieurs de ces demeures souterraines.

Lorsque Mme Pfeiffer ne fut plus qu'à vingt-quatre verstes de Tiflis, elle se crut sauvée ; cependant le chemin était, comme partout, plein de trous, d'ornières et de pierres, et elle était obligée de bien se serrer le front avec un mouchoir pour pouvoir supporter les cahots ; ce qui ne l'empêcha pas, chaque jour, d'avoir de grands maux de tête. Mais ce ne fut vraiment que ce jour-là qu'elle apprit à bien connaître les désagréments de sa voiture. Non seulement il avait plu toute la nuit, mais il continua toujours à pleuvoir. Les roues jetèrent tant de boue sur la charrette, qu'elle se trouva bientôt enfoncée comme dans un bourbier ; elle en avait la tête couverte, et sa figure ne fut même pas épargnée. De petites planches placées au-dessus des roues auraient suffi pour remédier à ce mal. Mais qui s'occupe dans ce pays de la commodité des voyageurs ?

L'aspect de Tiflis surprit beaucoup Mme Pfeiffer ; elle est, sauf quelques clochers, bâtie dans le style européen, et depuis Valparaiso elle n'avait pas vu une ville aussi semblable aux villes de l'Europe. Tiflis compte cinquante mille habitants ; elle est la capitale de la Géorgie, et n'est pas située bien loin des montagnes. Beaucoup de maisons sont construites sur des collines, sur des rochers hauts et escarpés, ou bien adossées à des pans de rocher. De quelques-unes des collines on a une vue magnifique sur la ville et sur la vallée.

Cette dernière, au moment où Mme Pfeiffer y arrivait, ne paraissait pas très jolie, parce que la rentrée de la moisson lui avait enlevé tout l'ornement des couleurs. Elle ne brille pas non plus par l'abondance des jardins et des bosquets. En revanche, le Kour (appelé plus souvent Cyrus, car c'est sur ce fleuve que le fameux conquérant de la Perse fut exposé dans son enfance) coupe par ses beaux circuits la vallée et la ville, et dans le lointain brillent les sommets neigeux du Caucase. Une forte citadelle, *Narakléa*, est assise sur des rochers escarpés, juste devant la ville.

Vue de Tiflis.

Les maisons sont grandes, pleines de goût, ornées de façades et de colonnes, et couvertes de tôle ou de tuiles. La place Erivanski est très belle. Entre les édifices publics, on distingue surtout le palais du gouverneur, le séminaire grec et arménien, et plusieurs casernes. Le grand théâtre, au milieu de la place Erivanski, n'était pas encore terminé à cette époque. La vieille ville doit céder la place à la nouvelle. Partout des maisons sont démolies et on en construit de nouvelles; bientôt on ne connaîtra plus que par tradition les rues étroites, et il ne reste déjà de l'ancienne construction orientale que les maisons grecques et arméniennes.

Les églises sont, pour le luxe et la grandeur, bien inférieures aux autres édifices; les tours sont basses, rondes, et la plupart du temps couvertes de plaques vertes d'argile vernies. La plus ancienne église catholique s'élève sur un haut rocher dans la citadelle. Elle sert de prison.

Les bazars et les kans n'offrent rien de remarquable; d'ailleurs, il y a ici, comme dans les villes d'Europe, des boutiques et des magasins.

Plusieurs ponts larges sont jetés sur le Kour. La ville possède beaucoup de sources sulfureuses chaudes, d'où elle tire son nom : *Tiflis* signifie ville chaude. Malheureusement la plupart des bains sont en mauvais état. De petites coupoles avec fenêtres couvrent les bâtiments où jaillissent les eaux. Le réservoir, les planchers et les murs sont revêtus en partie de grandes dalles de pierre; quant au marbre, on n'en voit pas beaucoup. Il y a des bains particuliers et des bains publics. L'accès des édifices où s'assemblent les femmes est interdit aux hommes. Cependant on est loin d'être aussi sévère ici qu'en Orient. Le monsieur qui eut la bonté d'accompagner Mme Pfeiffer dans un de ces bains put sans obstacle parcourir les antichambres, qui n'étaient cependant séparées des bains que par une simple cloison en planches.

Non loin des bains, se trouve le Jardin botanique, qui a été établi à grands frais sur la pente d'une montagne. Les terrasses devraient être coupées artistement, soutenues par de la maçonnerie et comblées avec de la terre. Pourquoi avait-on choisi une place si défavorable? On peut si peu se l'expliquer, qu'on y remarque peu de plantes rares, mais en revanche beaucoup de ceps de vigne. On croirait se promener dans un vignoble. La plus grande curiosité de ce jardin, ce sont deux ceps de vigne dont les troncs ont chacun un pied de diamètre. Ils sont tellement prolongés en berceaux et en allées, qu'on peut faire à leur ombre de jolies promenades. On tire de ces deux ceps plus de mille bouteilles de vin par an.

Sur une des terrasses les plus élevées, on a pratiqué dans le rocher une vaste et haute grotte, dont toute la partie de devant est ouverte et forme une grande galerie voûtée. Dans les belles soirées d'été, on y donne des concerts, on y danse, on y joue la comédie.

Le dimanche et les jours de fêtes, le joli jardin du gouverneur est ouvert au public. On y trouve des balançoires, des jeux de bagues et deux orchestres. La musique militaire, exécutée par des soldats russes, ne valait pas celle que Mme Pfeiffer avait entendu exécuter à Rio-de-Janeiro par les noirs.

Dans une visite à l'église, la voyageuse vit le corps d'un jeune homme qui y était justement exposé. Il se trouvait dans un riche cercueil ouvert, revêtu de velours rouge et bordé de franges d'or. On avait jeté des fleurs sur le cadavre, qui était orné d'une espèce de guirlande et recouvert d'une fine gaze blanche. Les prêtres, dans leur superbe costume, accomplissaient les cérémonies funèbres, qui ressemblaient beaucoup à celles du culte catholique. La pauvre mère, à côté de laquelle le hasard avait fait agenouiller Mme Pfeiffer, se mit à sangloter tout haut, lorsqu'on se disposa à emporter les dépouilles de son fils bien-aimé.

Notre voyageuse voulut visiter quelques familles grousiniennes et arméniennes. On la reçut dans des pièces spacieuses, mais dont la disposition intérieure était des plus simples. Le long des murs il y avait des bahuts de bois couverts de peintures et ornés en partie de tapis. C'est sur ces bahuts que s'asseyent, mangent et boivent ces bonnes gens. Les femmes portent aussi un simple costume grec.

Dans les rues on voit si souvent des costumes européens et asiatiques à côté l'un de l'autre, que la vue des uns ne frappe pas plus que celle des autres. Le costume le plus nouveau pour Mme Pfeiffer fut celui des Circassiens. Il se compose d'un large pantalon, d'une robe courte et plissée, avec une écharpe étroite et des poches de côté pouvant contenir de six à dix cartouches, de bottines bien justes à pointe recourbée et d'un petit bonnet fourré et serré. Les robes des gens aisés sont en drap bleu foncé très fin, et les bouts garnis de franges d'or ou d'argent.

Types circassiens.

Les Circassiens se distinguent entre tous les peuples du Caucase par leur beauté. Les hommes, grands de taille, ont une physionomie très régulière, et beaucoup de souplesse dans leurs mouvements. Les femmes ont des formes délicates, la peau blanche, les cheveux foncés, les traits réguliers, la taille élancée et beaucoup de gorge. Dans les harems turcs elles passent pour les plus grandes beautés.

Les femmes asiatiques qu'on rencontre ici dans les rues s'enveloppent de grands châles blancs. Quelques-unes se cachent la bouche; peu d'entre elles se couvrent tout le visage.

Dans la propriété d'un Allemand établi à Tiflis se trouvaient des sources de naphte, que Mme Pfeiffer désirait vivement visiter. Dès que M. Salzmann eut entendu parler de ce désir, il fit prier

Mme Pfeiffer de bien vouloir venir les examiner. On appelle naphte l'huile minérale qui jaillit du sein de la terre, souvent mêlée avec de l'eau. Ces sources sont situées tout près de Kour. On y a creusé des fosses carrées d'environ vingt-cinq toises de profondeur, et on y puise le naphte dans de grands baquets de bois. Cependant ce naphte est de l'espèce la plus commune, il est d'un brun foncé et plus épais que de l'huile. On en fait de l'asphalte, de la graisse pour les voitures, etc. Le fin naphte blanc, dont on peut se servir en guise de lumière et de feu, se trouve près de la mer Caspienne.

Une autre promenade intéressante est celle qui conduit à la chapelle de David, située sur une colline, aux portes de la ville. On y voit, indépendamment des environs, qui sont superbes, un beau monument élevé à la mémoire de l'ambassadeur russe Gribojetof, assassiné en Perse à l'occasion d'une insurrection. Au pied d'une croix artistement fondue en métal, est prosternée l'épouse éplorée qui la tient étroitement embrassée.

Après avoir eu bien du mal à faire signer son passeport, Mme Pfeiffer repartit en hâte pour Redutkale. Son voyage sur le territoire russe l'avait complètement dégoûtée de son ancien projet d'aller par le Caucase à Moscou et à Saint-Pétersbourg. Elle n'aspirait désormais qu'à prendre le chemin le plus court pour passer le plus tôt la frontière.

En quittant Tiflis, on lui conseilla de voyager avec une extrême prudence, car les routes, non seulement ici, mais dans toutes les provinces, sont si peu sûres, qu'on ne peut voyager le soir ou la nuit sans une escorte de Cosaques, dont on trouve à chaque station une petite escouade affectée à ce service.

Les environs offraient assez de variété; de jolies collines enfermaient de riantes vallées, et sur les cimes de plusieurs montagnes on voyait des ruines de forts et de citadelles. Dans ces contrées, comme dans l'ancien empire allemand, il fut aussi un temps où les seigneurs se faisaient la guerre l'un à l'autre et où personne n'était sûr ni de ses biens ni de sa vie. Les seigneurs demeuraient dans des châteaux fortifiés placés sur des collines ou des montagnes, portaient des armes et des cuirasses, et, quand l'ennemi faisait des invasions dans le pays, les sujets se réfugiaient dans des châteaux forts. Il y a encore aujourd'hui, à ce qu'on prétend, des gens qui portent des cottes de mailles de fer ou de fil de laiton, et des casques en guise de bonnets.

Elle continuait à suivre les méandres du fleuve Kour; plus elle avançait, plus la route devenait romantique. Des bosquets et des bois couvrent les collines et les vallées ; et dans les campagnes, le blé à hautes tiges déploie sa riche végétation. Il ne manque pas non plus de vieux forts et de châteaux.

Vers le soir, après avoir fait avec beaucoup de peine quatre stations, Mᵐᵉ Pfeiffer arriva à la petite ville de Gory, dont la situation est des plus ravissantes. Entourée au loin, comme d'un amphithéâtre, de montagnes boisées, elle se trouve cernée de près par de jolis groupes de coteaux. Presque au sein de la masse des maisons, s'élève une colline dont la cime est couronnée d'une belle citadelle. La ville possède quelques jolies églises, quelques édifices particuliers, des casernes et un bel hôpital. Ici les villes et les bourgs perdent déjà tout à fait leur caractère oriental.

Quand il fait clair, on voit constamment le Caucase, dont les trois chaînes, entre la mer Caspienne et la mer Noire, forment les frontières naturelles de l'Asie et de l'Europe. Ses plus hautes cimes sont l'Elberous et le Karbeck, qui, suivant une géographie moderne, ont cinq mille six cents et quatre mille huit cents mètres d'élévation. Ces montagnes étaient toutes couvertes de neige.

Les montagnes se resserraient, la nature devenait chaque jour plus belle ; des plantes grimpantes, du houblon et des vignes sauvages, montaient jusqu'au faîte des arbres, et au-dessous les buissons étaient si forts et si épais, que cette végétation pourrait presque être comparée à celle du Brésil.

La route suivait maintenant le cours du fleuve Mirabka dans une vallée resserrée. Entre le fleuve et les pans de rochers elle était si étroite, que dans beaucoup d'endroits il n'y avait de place que pour une seule voiture; souvent il fallait s'arrêter pendant dix et même vingt minutes pour laisser passer des charrettes chargées de bois. Et voilà ce qu'on appelle une route de poste!

Le soir, elle arriva tard, toute trempée et couverte de boue, à la station qui se trouve à deux verstes de Kutaïs. Ce qui est une règle presque générale. Il en résulte que le voyageur doit se pourvoir d'un moyen de transport particulier quand il désire aller coucher dans la ville prochaine.

Kutaïs, avec ses dix mille habitants, est situé dans un vrai parc naturel; tout le tour de la ville est verdoyant et présente une luxuriante végétation. Parmi les maisons riches et élégantes, les clochers et les casernes, peints en vert, font assez bon effet. La rivière assez considérable de Ribon (1) sépare la ville de la grande citadelle, assise d'une manière très pittoresque sur une colline très riante.

Le costume du peuple est aussi varié qu'à Tiflis. La coiffure du paysan mingrélien est vraiment des plus comiques. Il porte une plaque ronde de feutre noir en forme d'assiette, qu'il attache avec un cordon sous le menton. Les femmes portent souvent une coiffure tartare, appelé *shauba*, par-dessus laquelle elles mettent un voile; mais elles le rejettent en arrière, de manière à ce que toute la figure reste découverte. Les hommes se couvrent le matin, et quand il pleut, de grands collets noirs de mouton ou de feutre (*burki*), qui leur descendent jusqu'aux genoux.

Après avoir dû perdre encore pas mal de temps à attendre les chevaux absents, la voyageuse se remit en route pour Marand, où l'on échange la chaise de poste contre un bateau pour se rendre à Redutkale, au bord de la mer Noire.

---

(1) La rivière *Ribon*, appelée aussi Rione, est considérée comme une des quatre rivières du paradis, et était connue sous nom de Pison. On regardait son eau comme sacrée.

Faute d'un hôtel, elle dut descendre chez un Cosaque. Ces gens, qui vivent ici en même temps comme colons, ont de jolies petites maisons de deux ou trois chambres, et une pièce de terre qui leur tient lieu à la fois de champ et de jardin.

Quelques-uns d'entre eux logent les voyageurs et savent fort bien se faire payer le peu de choses mauvaises qu'ils leur fournissent. Pour un méchant petit cabinet tout sale et sans lit, on paye 20 kopecks (environ 20 sous) et autant pour un mauvais tout petit poulet.

Il faisait mauvais temps lorsque le bateau partit pour Redutkale, et la nuit, où, par un vent fort, le Ribon, qui d'ailleurs est un beau fleuve, n'est pas praticable à cause des pieux ou des troncs d'arbres qui se trouvent à fleur d'eau. Le paysage est toujours plantureux et ravissant. Le fleuve coule entre des contrées boisées et des champs de maïs ou de millet, et l'œil, se promenant par-dessus les collines et les montagnes, poursuit au loin les têtes gigantesques du Caucase.

On découvre ses formes fantastiques, ses pics, ses cimes, ses plateaux enfoncés, ses coupoles fendues, tantôt à droite, tantôt devant, tantôt derrière, suivant les sinuosités toujours changeantes du cours d'eau. Souvent le bateau s'arrêtait, et alors chacun courait vers les arbres ; c'était à qui cueillerait le plus de raisins et de figues, qu'on trouvait partout en grande quantité. Mais le raisin était sûr comme du vinaigre, les figues étaient petites et dures. Les figuiers étaient plus gros que ceux d'Italie et de Sicile.

Néanmoins la traversée s'accomplit sans inconvénient.

En arrivant à Redutkale, Mme Pfeiffer apprit que des vapeurs de la couronne, partant le 1er et le 15 de chaque mois, font le trajet de Redutkale à Odessa en passant par Kertch ; ils ne s'écartent jamais de la côte et font les transports militaires. C'est tout à fait gratuitement qu'ils prennent des passagers, et ceux-ci ne payent rien ni pour eux ni pour leurs bagages ; mais en revanche ils sont obligés de se contenter d'être placés sur le pont.

Après avoir pris ses dispositions pour être prête à partir dès que le bateau ferait son apparition, Mme Pfeiffer eut grandement le loisir de visiter la ville, car elle y passa cinq longs jours.

A en juger par les environs de Redutkale, et en général de la Mingrélie, le pays est parsemé de collines et de montagnes, et entrecoupé de grandes vallées et de vastes plaines. Comme les forêts abondent, l'air est très humide et malsain, et il pleut très souvent. Au lever du soleil, il monte des vapeurs si épaisses, qu'elles planent comme des brouillards impénétrables à plus d'un mètre et demi au-dessus de la terre. Ces vapeurs engendrent beaucoup de maladies. surtout des fièvres et des hydropisies. Au lieu de construire leurs habitations et leurs huttes sur de grandes places aérées et éclairées par le soleil, ces bonnes gens ont soin de les planter dans des bosquets et sous le feuillage des gros arbres. On passe souvent près des villages et on n'aperçoit que rarement, par-ci par-là, une maisonnette. Les indigènes, d'une paresse et d'une indolence sans nom, ont le teint jaune pâle; ils sont maigres, et bien peu arrivent à l'âge de soixante ans. Le climat est encore plus pernicieux pour les étrangers.

Cependant des colons laborieux et des agronomes habiles pourraient faire d'excellentes affaires dans la Mingrélie. On n'y manque certes pas de sol et de terrain; car plus des trois quarts des terres restent incultes. En éclaircissant les forêts, en desséchant les marécages, on rendrait le climat plus doux et moins funeste à ses habitants. Sans être cultivé, le sol est d'une fertilité extraordinaire. Combien n'augmenterait-elle pas encore si on savait s'y prendre ! Partout on voit une herbe grasse mêlée aux meilleures plantes et au trèfle sauvage. Les fruits viennent sans culture : les vignes grimpent jusqu'aux cimes les plus élevées des arbres. Ce que l'on cultive le plus, c'est le blé de Turquie, et une espèce de millet appelé *gom*. Quant au vin, les habitants le font par un procédé extrêmement simple. Ils creusent le tronc d'un arbre, y foulent le raisin avec les pieds, et versent le jus dans des terrines qu'ils enfouissent dans la terre.

Le caractère des Mingréliens passe généralement pour mauvais, et on les considère comme des voleurs et des brigands, chez lesquels les meurtres ne sont pas rares. Ils sont très adonnés à la boisson. Le père habitue les enfants au vol, et la mère à l'impudicité.

La Colchide ou Mingrélie est située à l'extrémité de la mer Noire, et au nord, près du Caucase. On place l'ancien pays des Amazones entre le Caucase et la mer Caspienne.

Redutkale peut bien avoir quinze cents habitants.

Ce peuple est si paresseux et si ennemi de la moindre peine, que ni avec de l'argent, ni avec de bonnes paroles, on ne peut se procurer la moindre des choses. Les figues et les raisins y sont en abondance, mais les habitants sont trop fainéants pour aller en chercher. Ils ne travaillent que quand ils sont poussés par la plus grande nécessité, et alors ils se font payer d'une manière exorbitante. C'est vraiment ici qu'on peut dire que, tout en vivant au milieu de l'abondance, on meurt presque de faim.

Les Mingréliens suivent le rite grec et se livrent aux pratiques religieuses d'une façon toute machinale. A toute occasion ils font le signe de la croix; leur main n'est occupée qu'à cela. Lorsqu'ils passent devant une église, ils s'arrêtent, font une demi-douzaine de génuflexions et des signes de croix sans fin.

XXXVI.

RUSSIE D'EUROPE.

SAHUN. — SOLDATS RUSSES. — KERTCH. — PANTICAPÉE. — LE MITHRIDATE. — LE MUSÉE. — SARCOPHAGES. — POTERIES. — MONNAIES. — TUMULI. — FÉODOSIA. — ALUPHA. — SÉBASTOPOL.

Une heure après que le *Maladetz*, vapeur de cent quarante chevaux, eut touché le port, Mme Pfeiffer était à bord.

Le Caucase, les collines et les parties avancées de la chaîne, une riche et splendide nature, tel fut le bilan de la première journée. Au fond d'une vallée charmante, Gallansur, joli petit village, fut la station où l'on s'arrêta quelques instants.

Puis on atteignit Sahun, ville fortifiée, qui est située en partie sur la côte, en partie sur une large colline. Il y avait là des Cosaques en grand uniforme : jaquettes collantes avec des gibernes disposées chacune pour huit cartouches, de larges pantalons à grands plis et des bonnets de drap bleu foncé garnis de fourrure.

On passa toute la journée à Sahun, grâce à la négligence des bateaux à charbon. Pendant la nuit, il y eut beaucoup de vent et de pluie. Le lendemain, on fit halte à Bambour, à Pizunta, à Gagri, à Adlar et dans d'autres endroits. Trois jours après le départ, la chaîne du Caucase avait disparu, et les forêts épaisses avaient fait place à d'immenses étendues vides. L'orage, le vent et la pluie ne cessaient pas.

Un cas de choléra se déclara à bord. Le plus étonnant, c'est qu'il n'y eût pas eu plus de maladies parmi les pauvres soldats qui restaient jour et nuit sur le pont, n'ayant pour toute nourriture que du pain noir tout sec. Combien en voit-on, à moitié transis de froid et trempés jusqu'aux os, grignoter un petit morceau de pain! Et combien cette misère est plus grande encore pendant la mauvaise saison, sans manteaux et sans couvertures!

Le voyage de Redutkale à Kertch exige souvent une vingtaine de jours; car la mer est si agitée, que l'on ne peut approcher des stations, et qu'on reste quelquefois des journées entières avant d'y toucher. Si un pauvre soldat est forcé de faire la traversée en hiver, on peut regarder comme un miracle qu'il arrive vivant au lieu de sa destination. Mais, d'après le système russe, la vie d'un simple soldat n'entre pas en ligne de compte. Les matelots sont traités un peu mieux, mais pas encore trop bien. On leur donne du pain et de l'eau-de-vie, une très petite portion de viande, et, deux fois par jour, une soupe à la choucroute nommée *bartsch*.

Vers midi, après sept jours de traversée, on arriva à Kertch. De la mer on domine très bien la ville, qui s'étend en demi-cercle sur le rivage et s'élève un peu sur le monticule de Mithridate, auquel elle est adossée. En haut de la colline est le musée, construit dans le goût d'un temple grec, et entouré tout autour de colonnes. La cime de la montagne est formée par de beaux groupes de rochers, entre lesquels se trouvent quelques petits obélisques et des monuments appartenant à l'ancien cimetière. Les alentours présentent l'aspect d'une steppe, avec des buttes artificielles couvertes de tombeaux qui datent des temps les plus reculés. A l'exception du Mithridate, on ne voit aucune autre colline ou montagne.

La ville de Kertch est située en partie à l'endroit où se trouvait l'ancienne Panticapée, où vécut Mithridate le Grand. Aujourd'hui elle fait partie de la province de Tauride; elle est fortifiée, elle a un bon port et fait un commerce assez considérable. La population est d'environ douze mille âmes. La ville renferme beaucoup de belles maisons toutes modernes. Les rues sont larges et pourvues de trottoirs. Sur les deux places, l'ancienne et la nouvelle, il y a beaucoup d'animation les dimanches et les jours de fête. Il s'y tient un marché de tous les articles imaginables, mais surtout de vivres. Le bas peuple est rude et brutal; de toutes parts on n'entend que crier, pester et jurer. On y voit des dromadaires attelés à des charrettes.

Le Mithridate, seul promenoir de Kertch.

De superbes marches de pierre et des chemins sinueux conduisent au Mithridate, seul promenoir des habitants de la ville. Ce monticule doit avoir servi autrefois de sépulture; car, partout où l'eau a emporté la terre, on trouve de tout petits sarcophages étroits, composés de quatre dalles de pierre. La vue d'en haut n'est masquée par rien, mais elle est sans attrait; de trois côtés une steppe dépouillée d'arbres et de verdure, dont la monotonie n'est interrompue que par d'innombrables *tumuli*. Du quatrième côté on aperçoit la mer. De ce côté, la vue est très belle, d'autant plus que la mer se marie à la mer, et que l'on découvre deux grandes nappes d'eau, la mer Noire et la mer d'Azov. On voit dans la rade un assez grand nombre de vaisseaux.

Le musée est composé d'une seule salle. Il renferme bien quelques curiosités extraites des monuments tumulaires, mais les plus belles choses trouvées dans les fouilles ont été transportées à Saint-Pétersbourg. Les restes de sculptures, de bas-reliefs, de sarcophages et d'épitaphes, sont très endommagés. Tout ce qui existe encore, en fait de statues, dénote un grand art. La pièce la plus curieuse de ce musée est un sarcophage en marbre blanc. Quoique détérioré, il offre encore de magnifiques reliefs, surtout la figure d'un ange tenant réunies, au-dessus de sa tête, deux guirlandes de fruits et de feuilles. Sur le couvercle du sarcophage reposent deux figures couchées. Les têtes manquent; mais tout le reste, les corps, leur position, la draperie des robes de dessus, est exécuté avec la plus rare perfection.

Un autre sarcophage de bois atteste un grand talent dans l'art de tourner et de ciseler.

Une collection de pots de terre, de cruches et de petites lampes, rappelle celle du musée de Naples.

Les pots sont cuits et peints en brun. Ils ont absolument la forme de ceux qu'on a déterrés à Herculanum et à Pompéi. Les cruches ont deux anses, et sont si pointues par le bas, qu'elles ne se tiennent debout que quand elles sont appuyées. Cette forme de vase est encore aujourd'hui usitée en Perse. En fait de verreries, il n'y a que des objets insignifiants. Quelques bracelets en or, des bagues et des colliers un peu massifs. Les objets les plus délicats sont de petites feuilles carrées soigneusement ciselées, que l'on attachait à la tête ou à la poitrine, et enfin des couronnes composées de guirlandes de laurier. En objets de cuivre, des chaudrons et des chaînes. En plâtre, de vilaines figures grotesques, et différents ornements que l'on appliquait sans doute à l'extérieur des maisons.

Parmi les monnaies, il y en a quelques-unes d'un coin très remarquable.

Comme il ne vient que peu d'étrangers dans ce pays, il est impossible de s'y procurer un cicerone régulier, et cependant il en fallait un à Mme Pfeiffer pour visiter les tumuli. Dans son embarras, elle ne crut pouvoir mieux faire que de s'adresser au vice-consul d'Autriche, qui non seulement se montra tout disposé à contenter son désir, mais eut même la complaisance de l'accompagner.

Les temples sont des monuments d'une espèce toute particulière. Ils se composent d'une galerie d'environ vingt mètres de long, cinq de large et huit de haut, et d'une toute petite chambre placée au bout de la galerie. Les murs du monument s'élèvent obliquement, comme les toits d'une maison, et se touchent tellement en haut, qu'il reste à peine un pied d'intervalle. Ils sont construits en dalles de pierre, longues et très épaisses, et superposées les unes sur les autres, de manière que la rangée de dessus dépasse toujours celle de dessous de six ou sept pouces. A l'ouverture supérieure, large d'un pied, il y a également des dalles de pierres massives. Quand on regarde de loin l'entrée, les murs semblent couchés. Le cabinet est un carré oblong au-dessus duquel s'étend un petit plafond voûté; il est construit absolument comme le corridor. Une fois le sarcophage déposé dans la chambre du fond, tout le monument était comblé de terre.

Le beau sarcophage de marbre placé au musée a été extrait d'un tombeau qui se trouve près des bâtiments de la quarantaine; on dit que c'est celui du roi Bentik.

La plupart des monuments avaient déjà été ouverts par les Turcs. Ceux qui restent encore sont ouverts par le gouvernement russe. On a trouvé beaucoup de corps couverts de bijoux et de couronnes de feuilles d'or, comme on en voit au musée. On trouve souvent aussi des monnaies.

Le 26 septembre est un jour de grande fête pour les Russes. Le peuple apporte à l'église, comme offrandes, du pain, de la pâtisserie, des fruits, etc. Toutes ces offrandes sont entassées dans un coin de l'église. A la fin du service religieux, le prêtre les bénit, en donne quelques faibles parcelles aux mendiants qui l'assiègent, et fait mettre le reste dans des paniers qu'on transporte dans sa demeure.

Il n'y a à Kertch que peu de gens habillés à la russe. Le véritable costume du peuple se compose de longs cafetans de drap bleu; les hommes portent des chapeaux bas de feutre avec de larges rebords, et leurs cheveux sont taillés tout ronds. Quant aux femmes, elles se mettent de petits mouchoirs de soie autour de la tête.

On trouve dans les environs de Kertch des sources de naphte, dans le genre de celles de Tiflis.

Restait à Mme Pfeiffer le choix entre deux routes pour gagner Odessa. Celle de terre offrait des beautés qui compensaient, disait-on, les désagréments; mais cette considération même, autrefois si puissante sur la voyageuse, ne put la faire revenir sur son dégoût de la poste russe. Elle languissait de quitter cette terre plus inhospitalière pour elle que maints peuples réputés barbares; aussi n'hésita-t-elle pas à arrêter sa place sur un vapeur russe faisant le trajet entre Odessa et Constantinople. Elle n'eut pas à s'en plaindre.

De bonne heure, le premier jour, on arriva à Féodosia (Caffa), autrefois la ville la plus grande et la plus importante de la Crimée. On l'appelait une seconde Constantinople. Elle était parvenue au plus haut degré de splendeur à la fin du XVe siècle, sous la domination des Génois. Sa population dépassait alors deux cent mille âmes. Aujourd'hui, réduite au rang d'une petite ville de cercle, elle n'a plus que cinq mille habitants.

Il reste encore du temps des Génois des murs de citadelles et des tours à moitié délabrées, ainsi qu'une belle mosquée, que les Russes ont transformée en une église chrétienne.

Féodosia est située près d'un grand golfe de la mer Noire, sur la pente de collines toutes nues. On ne découvre, en fait de verdure, que quelques jolis jardins.

Le vapeur s'arrêta de nouveau à Jalta assez pour permettre à la voyageuse de visiter Alupha, un des domaines du prince Worousoff, célèbre par un château que l'on regarde comme une des curiosités de la Crimée. Pour y aller, on traverse de belles collines, tout contre la mer, puis un parc ravissant créé par la nature, mais que la main ingénieuse de l'homme s'est plu à embellir. Entre les bosquets et les bois, entre les vignes et les jardins, sur des places découvertes, sur des collines et des coteaux, on aperçoit les châteaux et les villas les plus jolis de la noblesse russe. L'ensemble offre un aspect si riant et si attrayant, que l'on s'imagine qu'ici doivent nécessairement habiter la joie, la concorde et le bonheur.

La première villa qui attire les regards est celle du comte Potocki.

La maison est construite avec beaucoup de goût. Dans le jardin on a déployé beaucoup d'art et de luxe. La situation est superbe et offre une vaste perspective sur la mer et les environs. Il y a non loin du bord de la mer un autre édifice grandiose, mais qui frappe plus par ses vastes dimensions que par sa beauté. Il ressemble à une maison carrée ordinaire à plusieurs étages. C'est une maison de campagne de l'impératrice, une résidence pour la saison des bains.

La charmante villa du prince Mirzewski offre un aspect bien plus beau que ce palais. Elle est située sur une colline, au milieu d'un superbe parc, d'où l'on a une vue magnifique des montagnes et de la mer. La principale façade est de style gothique.

La villa du prince Gallitzin est tout à fait gothique. Les fenêtres, qui montent en pointe, et deux tours, dont une est ornée d'une croix, lui donnent l'air d'une église, et on cherche involontairement la ville d'où doit dépendre cette belle résidence.

Elle est située pour ainsi dire au terme de la belle et riche nature de ce pays. Peu à peu les arbres se transforment en arbustes rabougris et en buissons. Le beau tapis de verdure se change en un sol pierreux. Au fond, s'élèvent des rochers escarpés, auprès desquels sont amoncelés des débris détachés de leurs flancs.

On voit bien encore quelques jolies propriétés; mais, créées par l'art, elles manquent complètement du charme de la nature.

Après avoir fait environ treize verstes, l'on découvre le château du prince Worousoff dans toute son étendue. Le palais est bâti en pierres de taille, qui ont la même couleur que les rochers et les montagnes dont il est entouré, de style gothique et mauresque, avec des tours et des tourelles, des flèches et des aiguilles, des murs crénelés, comme on en trouve dans les anciennes constructions du même genre qui se sont bien conservées. La principale façade est tournée du côté de la mer. Deux lions en marbre de Carrare, dans l'attitude du repos, sont placés en haut des vastes degrés qui conduisent du château jusqu'au rivage de la mer.

La disposition intérieure du palais rappelle les contes des *Mille et une Nuits*. On y voit réunis les étoffes les plus précieuses, les bois les plus recherchés, les chefs-d'œuvre et les merveilles de l'art de toutes les parties du monde. On y admire des appartements somptueux en style oriental, dans le goût chinois, persan et européen, et surtout un pavillon unique dans son genre, renfermant non seulement les fleurs les plus belles et les plus rares, mais aussi les arbres les plus élevés, entre autres des palmiers avec leurs riches cimes touffues.

Non loin du château est un village tartare, comme il s'en trouve beaucoup dans la Crimée. Tous ont des toits en terrasse plate, où les habitants se tiennent plus volontiers que dans leurs cabanes. Comme le climat est doux et beau, ils travaillent toute la journée sur le toit et ils y couchent la nuit. Les hommes ne se distinguent pas beaucoup du paysan russe par le costume; les femmes s'habillent en quelque sorte à l'orientale, mais ne se couvrent pas la figure.

Dans ce pays, les vignobles sont bien plantés et bien tenus. Le raisin est très doux et savoureux, le vin est bon et léger, et souvent on en fait du champagne, imitation à laquelle il se prête fort bien. Dans les vignobles du prince Worousoff, il y a, dit-on, plus de cent espèces différentes de plants de vignes.

Le 29 septembre, le vapeur qui portait la voyageuse s'arrêta à Sébastopol. Les fortifications étaient en partie à l'entrée du port, en partie dans le port même. Construites en pierres massives, et abondamment pourvues de tours et de forts extérieurs, elles défendaient l'entrée du fort sur plusieurs points. Le port, entouré presque de tous côtés de collines, était un des plus sûrs du monde entier. Il pouvait recevoir la flotte la plus considérable, et il est si profond, que les plus grands vaisseaux de guerre peuvent jeter l'ancre le long des quais. Des écluses, des docks d'un caractère vraiment grandiose y avaient été disposés avec une magnificence dont rien n'approche. Des milliers de bras étaient employés pour achever ces travaux gigantesques, qui avaient fait de Sébastopol une place forte de premier ordre, regardée jusqu'alors comme imprenable. Le mémorable siège et la prise de la ville, en 1855, par les troupes françaises, après la défense héroïque d'une garnison nombreuse et bien commandée, ont donné la preuve que Mme Pfeiffer, comme plusieurs ingénieurs si compétents dans cette question, s'étaient complètement trompés.

La ville est située sur une chaîne de collines nues et désertes. Parmi les édifices publics, l'église grecque est celui qui frappe le plus l'attention ; car elle est tout isolée sur une colline et construite dans le style d'un temple grec. La bibliothèque est placée à l'endroit le plus élevé. Il faut encore signaler un beau portique près de l'édifice du *Club*, auprès duquel on a construit un escalier en pierre qui conduit au rivage de la mer, et qui permet, quand on débarque, de monter facilement à la ville.

Un monument gothique, élevé à la mémoire du capitaine Cosar, qui se couvrit de gloire à la bataille de Navarin, et y trouva la mort, n'excite pas moins la curiosité de l'étranger. Ce monument est, comme l'église, situé sur une colline.

Les rues, comme dans toutes les villes russes nouvellement bâties, sont larges et propres.

XXXVII.

DE RUSSIE EN AUTRICHE, EN PASSANT PAR LA GRÈCE.

ODESSA. — LE DUC DE RICHELIEU. — PASSAGE A CONSTANTINOPLE. — INCENDIES. — ACROPOLIS. — EGINE. — QUARANTAINE. — LE PIRÉE. — ATHÈNES. — LE PARTHENON OU TEMPLE DE MINERVE. — TEMPLE DE THÉSÉE. — TEMPLE DE JUPITER OLYMPIEN. — LA TOUR DES VENTS OU LANTERNE DE DIOGÈNE. — LE PALAIS ROYAL. — COSTUME GREC. — CALAMACHI. — CORINTHE. — LÉPANTE. — PATRAS. — CORFOU. — ARRIVÉE A VIENNE.

Odessa est une belle ville, qui se présente bien du côté de la mer. Comme elle est placée sur un point élevé, on embrasse d'un seul coup d'œil beaucoup d'édifices vraiment remarquables. De ce nombre sont surtout le palais du prince Worousoff, la Bourse, les édifices du gouvernement, la Quarantaine, plusieurs grandes casernes et beaucoup de superbes maisons particulières. Quoique les environs soient plats, déserts, une foule de jardins et d'allées donnent à la ville un air riant. Dans le port, on voit de nombreux navires; et encore ce n'est pas là que se trouve la plus grande partie des vaisseaux. Ils sont plutôt à l'ancre dans le port de la Quarantaine. La plupart viennent de la Turquie, et pour les pays turcs il y a toujours une quarantaine de quinze jours, qu'il y ait ou non une maladie épidémique.

Odessa, capitale du gouvernement de Cherson, est, par sa position sur la mer Noire, et aux embouchures du Dniester et du Dniéper, une des places les plus importantes de la Russie méridionale. La ville, qui compte plus de quatre-vingt mille habitants, fut fondée en 1794 et déclarée port franc en 1817. Une belle citadelle domine tout le port.

Le développement rapide et l'état florissant d'Odessa sont dus, en grande partie, au duc de Richelieu, qui, après avoir, comme émigré français, pris part à plusieurs campagnes contre son pays, alla en Russie et fut nommé en 1803 gouverneur général de la province de Cherson. Il garda ce poste jusqu'en 1814. Dans ce laps de temps, il éleva la ville, qui, à son arrivée, comptait à peine trois mille âmes, au rang qu'elle occupe aujourd'hui. Une des plus belles rues porte son nom ; et, en son honneur, on a donné à quelques places les noms de plusieurs places de Paris.

La plus belle partie de la ville est située du côté de la mer. Le boulevard surtout, avec ses superbes allées, offre une charmante promenade. La statue de bronze et en pied du duc de Richelieu est un des plus beaux monuments. De larges escaliers en pierre conduisent du boulevard jusqu'au bord de la mer ; et dans le fond, on voit se grouper de magnifiques palais et de vastes édifices. Les plus remarquables sont : le palais du gouvernement, l'hôtel de Saint-Pétersbourg et le palais du prince Worousoff. Du côté du boulevard est la Bourse, l'Académie des beaux-arts, le théâtre orné d'un beau portique, le palais royal, autour duquel sont placés de grands et beaux magasins.

Parmi les églises, la cathédrale russe est celle qui se distingue le plus. Elle a une nef surmontée d'une voûte très élevée et d'une belle coupole. La nef repose sur de fortes colonnes, revêtues d'un plâtre blanc et brillant, qui ressemble à du marbre. L'église est ornée de tableaux, de lustres et de flambeaux qui sont riches, mais sans goût.

Une autre église russe se trouve sur le nouveau bazar. Elle a une grande coupole entourée de quatre autres plus petites, et paraît très belle au dehors ; mais au dedans elle est petite et extrêmement simple.

L'église catholique, qui n'était pas encore entièrement achevée, peut, pour l'architecture, entrer hardiment en parallèle avec la cathédrale russe.

Église russe.

Toutes les rues sont larges, belles et régulières. Aussi n'a-t-on pas beaucoup de peine à s'orienter. On remarque de grandes et belles maisons dans toutes les rues, et même dans les parties les plus reculées de la ville.

Dans l'intérieur de la ville est le jardin dit *de la couronne*, qui, sans être un des plus grands et des plus beaux, offre cependant quelques distractions ; tous les dimanches et les jours de fêtes, les promeneurs y affluent. Un excellent orchestre y joue, en été sous une tente, et en hiver sous un simple pavillon.

Le jardin botanique, situé à trois verstes de la ville, est pauvre en plantes exotiques et très négligé.

On rencontre autant de difficultés pour sortir de l'empire russe que pour y entrer. Il faut changer le passeport que l'on a pris en arrivant et payer chaque fois deux roubles d'argent. En outre, le nom du voyageur est inséré trois fois dans la *Gazette*, afin que, s'il a contracté des dettes, les créanciers soient prévenus de son départ. Ces insertions font perdre au moins huit jours et souvent plus. Mais quand quelqu'un répond du voyageur, il n'a pas besoin d'attendre les insertions.

D'Odessa à Constantinople on n'aborde nulle part. Mme Pfeiffer s'était embarquée sur un vapeur russe qui était beau et très bien tenu.

A son arrivée à Constantinople, on lui recommanda l'hôtel des *Quatre-Nations*, tenue par Mme Prust ; elle prenait 40 piastres par jour (environ 10 fr.) et portait en compte les pourboires et autres menus frais.

Mme Pfeiffer avait fait un premier voyage à Constantinople. Elle ne put donc cette fois que constater quelques changements. Les Orientales lui parurent moins voilées ; beaucoup d'entre elles portaient des voiles si minces et si transparents, que l'on découvrait à peu près tous les traits de leur visage ; d'autres ne se couvraient que le front et le menton, et découvraient leurs yeux, leur nez et leurs joues.

Le faubourg de Péra était dans un bien triste état. On y voyait partout les traces des ravages exercés par le feu. Dans l'espace de trois jours il y eut deux incendies, que l'on qualifia de petits, car l'un ne mit en cendres que cent trente boutiques, et l'autre trente. On est habitué à voir les incendies dévorer des milliers de maisons.

La première fois, le feu éclata le soir, pendant le dîner. Un des convives offrit à Mme Pfeiffer de l'accompagner sur le théâtre de l'incendie, en lui disant que si elle n'avait pas encore vu un tel spectacle, il l'intéresserait certainement. C'était assez loin de la maison ; mais à peine eurent-ils fait cent pas, qu'ils se trouvèrent déjà au milieu d'une grande foule de gens qui portaient tous des lanternes en papier, ce qui répandait une grande clarté dans les

Vue de Constantinople.

rues. Car Constantinople n'est pas éclairée la nuit ; aussi celui qui sort sans lanterne est arrêté comme suspect et conduit au poste le plus voisin. Tout le monde criait et courait pêle-mêle avec la plus vive agitation. Les habitants ouvraient leurs fenêtres, demandaient aux passants s'il y avait un danger sérieux et regardaient avec effroi et avec angoisse le reflet des flammes sur le ciel. Au milieu de ce brouhaha général retentissaient les cris : *Guarga! guarga!* (gare !

gare!) Des hommes portaient sur leurs épaules de petites pompes à incendie, — les rues de Constantinople sont si étroites, qu'il faut se contenter de petites pompes portées par quatre hommes — et des outres pleines d'eau, renversant tous ceux qui ne s'écartaient pas promptement. Des soldats à cheval, des fantassins et des gardes venaient par derrière; des pachas arrivaient avec leur suite pour exciter les gens à porter du secours et à éteindre le feu.

Malheureusement, tous ces efforts sont inutiles. Le feu trouve un aliment rapide dans les maisons de bois, peintes à l'huile, embrase avec une activité incroyable des rues entières, et rien ne l'arrête que des jardins et des places vides. Souvent un incendie consume plusieurs milliers de maisons. Les malheureux habitants ont à peine le temps de se sauver eux-mêmes. Ceux qui sont plus éloignés du théâtre de l'incendie, ramassent à la hâte leurs effets les plus précieux pour être prêts à fuir. On conçoit facilement que, dans ces occasions, les voleurs ne sont pas rares, et souvent, après avoir sauvé avec beaucoup de peine leur petit pécule, les pauvres incendiés se le voient de nouveau enlevé au milieu de la foule et de la bagarre.

L'autre incendie éclata la nuit suivante. Tout était déjà enseveli dans le sommeil. Les gardiens chargés de veiller au feu parcoururent les rues, frappèrent avec leurs cannes garnies de fer aux portes des maisons, et éveillèrent tout le monde par leurs cris. Mme Pfeiffer s'élança, tout alarmée, hors de son lit, courut à la fenêtre, et vit le ciel légèrement teint de rouge du côté où s'était déclaré l'incendie. Au bout de quelques heures le bruit cessa et la teinte rouge se dissipa. Dans ces derniers temps on a enfin commencé à construire des maisons de pierre, non seulement à Péra, mais aussi à Constantinople.

En quittant cette ville pour le Pirée, Mme Pfeiffer ne comptait s'exposer qu'à quatre jours de quarantaine; mais, une fois embarquée, elle apprit que cette dernière était de douze jours, non pas à cause de la peste, mais à cause du choléra. Pour la peste la quarantaine est de vingt et un jours.

Après trois jours de navigation, on aperçut enfin le continent de l'antique Grèce.

En longeant la côte, on voit sur la haute plate-forme d'un rocher douze grandes colonnes, restes d'un temple de Minerve. Bientôt on approcha de la colline sur laquelle est située la superbe *Acropolis*. Les regards de la voyageuse restèrent longtemps attachés à tout ce qu'elle pouvait apercevoir. Les grandes figures des héros de l'histoire grecque passèrent devant ses yeux, et elle brûlait du désir de fouler un sol qui depuis son enfance lui avait paru, après Rome et Jérusalem, le plus curieux et le plus intéressant de tous les pays. Avec quel empressement elle cherchait à découvrir l'Athènes moderne! N'était-elle pas à la même place où se trouvait jadis l'ancienne Athènes, de célèbre mémoire? Malheureusement, elle ne la vit pas, une colline la cachait. On entra dans le Pirée, où s'est élevée également une nouvelle ville. Après un très court séjour, on repartit pour Egine.

Il faisait nuit lorsqu'on y arriva ; on mit aussitôt une chaloupe à la mer et on conduisit la voyageuse au quai de la Quarantaine.

Il n'y avait dans cet établissement ni porteurs ni employés pour venir en aide aux nouveaux arrivés. Ils furent forcés de traîner eux-mêmes leurs caisses et leurs coffres jusqu'à la Quarantaine, où on leur assigna de petites chambres toutes nues. Il n'y eut pas même moyen d'avoir de la lumière.

La vie à la Quarantaine était très mauvaise et très chère. Une toute petite chambre, sans le moindre meuble, coûtait 3 drachmes (2 fr. 64 cent.) par jour. Pour la nourriture on paye 5 drachmes ; si l'on mange à la carte, une toute petite portion se paye de 60 à 70 leptas (55 à 63 centimes). Le service, c'est-à-dire la surveillance du gardien, coûte 2 drachmes par jour. Pour l'eau, on réclame chaque jour 15 leptas. La visite du médecin coûte 1 drachme en entrant, et autant au sortir de la Quarantaine. Pour ce prix, le médecin fait ranger à la fois tout le monde devant lui, et examine l'état de santé de toute la société.

On assigna une seule chambre à plusieurs ouvriers arrivés par le bateau. Pendant ces douze jours, tous ces gens ne prirent rien de chaud et ne vécurent que de pain, de fromage et de figues. Singulier moyen de combattre la maladie, si l'on en apporte le germe !

Le second jour, on ouvrit la cour et on permit à ces pauvres internés de se promener dans un enclos de cent cinquante pas sur le bord de la mer. La vue y était superbe ; en face, les Cyclades, de petites îles montagneuses, la plupart inhabitables, et dont quelques-unes sont boisées. Il faut croire que, anciennement unies au continent, ces îles en ont été séparées par quelques grandes révolutions de la nature.

Le quatrième jour, on élargit encore un peu leur cage ; on leur permit d'aller, sous la surveillance d'un gardien, jusqu'à la colline nue qui se rattache à la Quarantaine.

Sur cette colline, il y avait des restes d'un temple, des fragments d'un mur et une colonne très endommagée. Cette dernière se composait d'un morceau de pierre ; elle était cannelée et devait, à en juger d'après ses autres dimensions, avoir été très haute. Ces ruines provenaient, dit-on, d'un très beau temple de Jupiter.

Enfin l'heure de la liberté sonna pour les voyageurs. Dès la veille au soir ils avaient commandé une petite barque qui devait, le lendemain, les transporter de bonne heure à Athènes. Mme Pfeiffer mit à profit l'intervalle de temps qui lui restait et visita la ville et les environs.

La ville est petite et ne compte guère de monuments somptueux. Les seuls souvenirs des temps passés qu'on y découvre, ce sont quelques fragments de parquets incrustés de pierre de couleur en forme de mosaïque. L'île d'Egine est tout à fait nue et déserte, et on a de la peine à se figurer qu'elle ait jamais été florissante par l'art et le commerce. Elle a environ deux milles carrés et formait autrefois un Etat particulier. Elle doit son nom, à ce qu'on prétend, à une fille d'Europe appelée Egine. C'est dans cette île que l'on frappa la première monnaie grecque.

La traversée jusqu'au Pirée fut très longue. Il n'y eut pas le moindre petit vent; les marins furent forcés de recourir aux rames, et ce fut seulement à huit heures du soir que les voyageurs touchèrent au but désiré. Leur première visite fut pour le poste chargé d'étudier leurs certificats de quarantaine. On le fit avec une lenteur désespérante. Malheureusement il n'y avait parmi eux personne qui pût accélérer cette étude en sacrifiant quelques drachmes.

On fut obligé aussi de se rendre à la police; mais les bureaux étant déjà fermés, il fallut forcément prolonger le séjour au Pirée. Déjà à Egine, Mme Pfeiffer avait entendu parler de la grande malpropreté des hôtels du Pirée, et on lui avait conseillé d'éviter d'y passer la nuit. Obligée d'entrer dans un des cafés qui servent d'hôtel, elle en fit la triste expérience et se souvint longtemps des impressions désagréables que lui laissèrent ses visiteurs nocturnes.

Du port du Pirée jusqu'à Athènes, il y a treize stades ou seize milles anglais. La route passe par des collines nues et des plantations d'oliviers. On a toujours en vue l'Acropolis. La ville d'Athènes n'apparaît que plus tard.

Mme Pfeiffer s'était proposée de rester huit jours à Athènes pour visiter tranquillement et à loisir tous les monuments et les endroits remarquables de la ville; mais à peine fut-elle descendue de voiture, qu'elle apprit qu'une révolution venait d'éclater à Vienne.

Cette nouvelle l'affligea tellement, qu'elle n'eut plus d'intérêt pour rien. Tous les siens étaient dans la ville en insurrection, et elle était sans nouvelles de sa famille! Elle serait partie immédiatement, si elle avait trouvé une occasion; mais il lui fallut attendre jusqu'au lendemain, car il ne partait point de vapeur auparavant. Elle prit aussitôt ses mesures pour s'embarquer; en attendant, elle loua un cicérone pour parcourir les endroits les plus intéressants de la ville, plutôt en vue de se distraire que par intérêt pour les curiosités qu'elle allait visiter.

Le sort s'était cruellement joué de notre voyageuse. Pendant douze jours elle avait subi patiemment la quarantaine d'Egine, dans l'espoir d'examiner ensuite tout à son aise le sol classique de la Grèce ; et à peine s'y trouvait-elle, que ce sol brûlait sous ses pieds et qu'elle ne pouvait rester en place.

Athènes, la capitale de l'ancienne Attique, doit avoir été fondée, de 1390 à 1400 avant Jésus-Christ, par Cécrops, et sans doute reçut alors le nom de Cécropia, qui depuis ne fut conservé qu'au port. Sous Erichthonius, elle prit le nom d'Athènes. La ville primitive était située sur une colline de rochers, au milieu d'une plaine qui, dans la suite, se couvrit d'édifices. La partie supérieure s'appelait Acropolis, la partie inférieure Catapolis.

Aujourd'hui il ne reste plus qu'une partie de la citadelle, la célèbre Acropolis, sur la montagne où se groupent les plus grandes merveilles d'Athènes. Le principal ornement de la ville est le temple de Minerve, ou le Parthénon, qui, bien que tout en ruines, excite encore aujourd'hui l'admiration du monde. Ce monument avait près de soixante-dix mètres de long, trente-deux de large et vingt-quatre de haut. C'est ici que se trouvait la statue de la Minerve de Phidias. Ce chef-d'œuvre de sculpture était en ivoire et en or. Il avait quinze mètres de haut, et pesait, dit-on, plus de mille kilogrammes. L'entrée du temple était formée par les Propylées, dont on retrouve encore cinquante-cinq colonnes, avec des fragments de blocs de marbre énormes qui reposent sur elles, et font partie des arcades et des plafonds.

Ce temple, détruit par les Perses, fut reconstruit d'une manière plus magnifique par Périclès, vers l'an 440 avant Jésus-Christ.

On voit quelques beaux débris des temples de Minerve et de Neptune. On peut encore juger de la circonférence de l'amphithéâtre; mais il ne reste plus que peu de chose du temple de Bacchus.

En dehors de l'Acropolis se trouvent le temple de Thésée et celui de Jupiter Olympien, l'un au nord, l'autre au sud. Le premier est en style dorien et entouré de trente-six belles colonnes. Sur les métopes on voit représentés, dans de superbes reliefs, les exploits de Thésée.

L'Acropolis d'Athènes.

A l'intérieur, le temple est rempli de belles sculptures, d'épitaphes et autres travaux en pierre, et qui, pour la plupart, proviennent d'autres temples, et ont été simplement réunis en cet endroit. Hors du temple, il y a plusieurs sièges en marbre que l'on a apportés ici de l'Aréopage voisin, l'ancien lieu de réunion des patriciens. De l'Aréopage on ne voit plus qu'un appartement taillé dans une colline rocheuse, où l'on arrive par des marches également pratiquées dans le roc.

Il reste encore assez de fondement du temple de Jupiter Olympien pour qu'on puisse se faire une idée de son étendue. On a également conservé seize superbes colonnes de près de vingt mètres de haut. Ce temple, achevé par Adrien, surpasse, dit-on, en beauté et en magnificence tous les autres édifices d'Athènes. Son extérieur était orné par cent vingt colonnes cannelées de deux mètres de diamètre, et de plus de seize mètres de haut. La statue de Jupiter, en ivoire et en or, est due, comme celle de Minerve, au ciseau du célèbre Phidias. Tous les temples et les édifices importants avaient été construits du marbre blanc le plus pur.

Non loin de l'Aréopage est le *Pnyx*, où le peuple libre d'Athènes s'assemblait pour délibérer. Il n'en reste plus que la tribune taillée dans le roc et les sièges des écrivains.

Quelle sensation n'éprouve-t-on pas quand on pense quels hommes ont parlé jadis à cette place!

A côté du Pnyx se trouve la grotte où Socrate captif but la ciguë.

Au-dessus de cette mémorable grotte s'élève un simple monument élevé à la mémoire de Philopapas.

Les Turcs ont entouré l'Acropolis d'un large mur, pour la construction duquel ils ont malheureusement employé beaucoup de débris et de fragments de colonnes des plus beaux temples.

Dans la nouvelle Athènes, on ne voit plus en fait d'antiquités que la *Tour des Vents*, appelée par d'autres la *Lanterne de Diogène;* c'est un tout petit temple de forme octogone, couvert de belles sculptures. Il faut mentionner aussi le monument de Lysicrate, qui se compose d'un piédestal, de quelques colonnes et d'une coupole d'ordre corinthien.

La petite église *Maria-Maggiore* passe pour avoir été construite par les Vénitiens l'an 700 de Jésus-Christ. Ce qu'elle a de plus curieux, c'est d'être la plus ancienne église chrétienne d'Athènes.

Sur l'Acropolis, on jouit aussi d'une superbe vue des environs. On y voit le mont Hymette, le Pentelicon, du côté d'Eleusis, de Marathon, de Phylée et de Dekelea, le port, la mer et le cours de l'Ilissus.

Athènes renferme un grand nombre de maisons, dont la plupart sont petites et insignifiantes; mais les belles maisons de campagne, entourées de jolis jardins, offrent un aspect très riant.

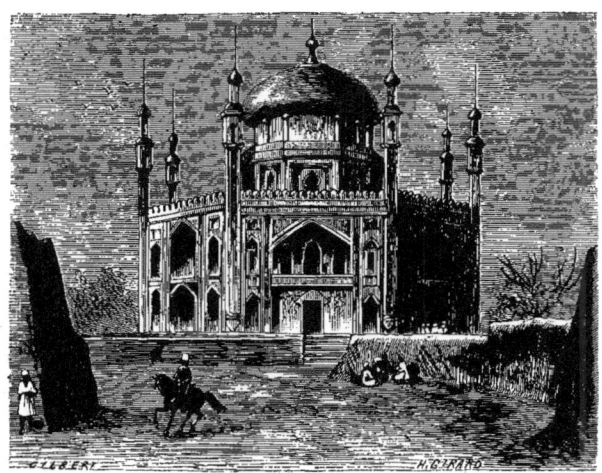

La Tour des Vents ou la Lanterne de Diogène.

Le petit observatoire placé sur la *montagne des Nymphes* fut élevé aux frais du baron Sina, banquier de Vienne, et Grec de naissance.

Le palais du roi, qui venait d'être achevé, est en marbre d'une blancheur éclatante, et forme un grand carré. Des deux côtés il y a des degrés qui occupent une grande partie de la largeur de l'aile conduisant sous un péristyle, espèce de vestibule étroit qui repose sur des colonnes. Un des perrons est destiné aux ministres, aux ambassadeurs; l'autre à la famille royale. Indépendamment de ces deux péristyles, l'édifice est tout à fait sans goût et manque de tout ornement. Les fenêtres ont la forme d'un carré oblong, et les hauts et grands murs ont l'air si nu, si lisse et si uni, que le brillant du marbre ne produit pas le moindre effet ; il faut en être tout près pour reconnaître quels superbes matériaux ont été employés à la construction de ce palais.

Un jardin assez joli, d'une plantation toute nouvelle, entoure le palais, devant lequel se trouvent quelques palmiers apportés de Syrie, mais qui n'ont pas de fruit. Tous les autres alentours sont nus et stériles.

Non seulement pour ce palais, mais aussi pour les temples et les autres monuments de l'Acropolis, le marbre avait été extrait des carrières de la montagne voisine. Cette montagne, qu'on nomme Pentelicon, est si riche en marbre, qu'on pourrait encore en construire des villes entières.

Comme c'était un dimanche, et qu'il faisait un temps superbe, Mme Pfeiffer eut le plaisir de voir tout le monde élégant et même la cour à la promenade publique. Cette promenade se compose d'une simple allée, au bout de laquelle a été élevé un pavillon de bois. Elle n'est embellie ni par des gazons, ni par des parterres de fleurs. Tous les dimanches, la musique militaire y joue de cinq à six heures du soir. Le roi y vient à cheval ou en voiture, avec la reine, pour se montrer au peuple. Cette fois, il arriva dans une voiture ouverte, attelée de quatre chevaux, et s'arrêta pour entendre quelques-uns des morceaux que l'on exécutait. Il était en costume grec, tandis que la reine avait une simple toilette française.

Le costume grec, ou plutôt albanais, est un des plus beaux que l'on puisse voir. Les hommes portent des robes à larges plis (*fustanella* de 2) à 25 aunes de large), en percale blanche, qui descendent de la hanche aux genoux, des guêtres (*zaruchi*) qui vont depuis les genoux jusqu'aux pieds, et des souliers qui sont d'ordinaire en maroquin rouge. Un petit gilet ou corset étroit, en étoffe de soie de couleur, sans manches, est collé contre une chemise de soie ; par-dessus cette chemise, les Grecs mettent un spencer également étroit, en drap fin, rouge, ou bleu, ou brun, retenu dans le bas par quelques boutons, ou bien au moyen d'une bande étroite, tandis qu'il s'ouvre en haut. Les manches du spencer sont fendues et flottent librement, ou bien elles sont retenues légèrement autour du poignet à l'aide de quelques agrafes. Le collet de la chemise est un peu retroussé. Le corset et le spencer sont brodés et ornés avec goût de brandebourgs, de bouffettes, de boucles et de boutons en or, en argent ou en soie, selon la fortune de chaque individu. L'étoffe, la couleur et les ornements des zaruchi s'accordent avec le spencer et le corset. Dans la ceinture se trouvent quelquefois un poignard et deux pistolets. La coiffure consiste en une calotte rouge, ornée d'un gland de soie bleue.

Les femmes ne portent plus guère le costume grec, qui, en tout cas, a beaucoup perdu de son cachet primitif. La principale partie du costume se compose d'une robe à la française, échancrée sur la poitrine; elles ont en outre un petit spencer serré, également échancré, et dont les manches sont larges et un peu plus courtes que celles de la robe. Les bords de la robe et du spencer sont garnis sur le devant de larges franges d'or. Les femmes et les jeunes filles portent sur la tête de toutes petites toques, garnies de crêpe ou de mousseline de couleur rose ou autre, brodée en or, en argent ou en soie.

D'Athènes la voyageuse se rendit à Calamachi, sur un petit vapeur commandé par le plus aimable de tous les capitaines de navire.

Calamachi n'offre pas d'agréments. Les quelques maisons qu'on trouve dans ce petit endroit n'ont été construites que depuis l'établissement d'un bateau à vapeur dans ces parages, et les montagnes passablement hautes contre lesquelles Calamachi est adossé sont pour la plupart stériles ou bien seulement couvertes de larges buissons.

Sur les coteaux de l'isthme, on voit d'un côté le golfe de Lépante et de l'autre la mer Egée. A l'horizon se dresse le puissant mont Acrocorinthe, dominant toutes les autres montagnes qui l'environnent. Sur ses sommets brillent des murailles assez bien conservées, que l'on appelle les restes du fort Acrocorinthe, et dont les Turcs tirèrent parti lors de la guerre.

Corinthe, jadis si célèbre dans le monde, cette cité qui a donné son nom au luxe voluptueux, à des palais et à un ordre d'architecture, est descendue au rang d'une petite ville ou bourgade de mille habitants, qui s'étend au pied de la montagne, entre des champs et des vignobles. Aujourd'hui, elle doit toute la célébrité dont elle jouit à une espèce de raisin sec que l'on appelle raisin de Corinthe.

Jamais ville ne posséda autant de statues précieuses en bronze et en marbre. L'isthme lui-même est formé par un col étroit, en pente douce, et est en grande partie ombragé d'épais bois de pins. C'est là que s'élevait un superbe temple de Neptune, et que se célébraient jadis les jeux athéniens si renommés dans l'antiquité.

Combien un pays, un peuple, peuvent déchoir! Le peuple grec, jadis le premier du monde, est aujourd'hui descendu presque au plus bas degré de l'échelle.

On dit généralement qu'en Grèce le voyageur ne doit point se risquer à courir le pays sans quelques précautions. On avait prévenu Mme Pfeiffer de ne pas se confier seule à un guide, comme elle l'avait fait ailleurs, et, à Calamachi même, on la dissuada de trop s'éloigner du port et de se hasarder hors du bateau après la chute du jour.

De Calamachi, Mme Pfeiffer gagna Patras. Les portions de la Grèce qu'elle avait parcourues jusqu'ici n'étaient ni très riches en beautés naturelles, ni bien cultivées, ni très peuplées. Ici elle trouva des plaines et des collines couvertes de prés, de champs et de vignobles.

Lépante était autrefois une grande cité commerçante. Avant la révolution grecque de 1821, elle comptait près de vingt mille habitants, dont le nombre se trouve aujourd'hui réduit à deux mille. Patras est défendu par trois forts, dont l'un placé sur une colline, derrière la ville, et les deux autres à l'entrée du port. La ville n'est ni grande ni belle; les rues sont étroites et sales.

Les raisins de Patras, très beaux et très gros, sont très durs et ne valent absolument rien pour manger. Ils font un vin passable.

Le lendemain, Mme Pfeiffer était à Corfou, la plus grande des îles Ioniennes (15 kilomètres carrés), qui appartenaient autrefois à la Grèce, et qui sont situées à l'extrémité de la mer Adriatique. Corfou, l'ancienne Corcyre, est depuis 1818 sous la domination anglaise.

La ville de Corfou est située dans une contrée plus belle et plus fertile que Patras; elle est aussi beaucoup plus grande, car elle a près de dix-huit mille habitants. Deux blocs de rochers romantiques, placés isolément, et ceints de fortifications imposantes, se rattachent à la ville. Sur l'un de ces rochers s'élèvent le télégraphe et le phare, tous deux entourés de fossés artificiels, par-dessus lesquels on a jeté des ponts-levis. Les alentours de la ville, comme l'île entière, abondent en beaux bois d'oliviers et d'orangers.

La ville a de belles maisons et de jolies rues; mais on y trouve aussi des ruelles excessivement tortueuses et très malpropres. A l'entrée de Corfou se trouve une grande halle en pierre couverte, où d'un côté les bouchers, de l'autre les pêcheurs étalent leurs denrées. Sur la place publique, devant la halle, on voit entassés les légumes les plus exquis et les fruits les plus appétissants. Le théâtre est assez joli au dehors. A en juger par les images en pierre dont il est décoré, il doit avoir servi autrefois d'église.

La place principale de la ville, dont un côté a vue sur la mer, est belle, grande et ornée de plusieurs allées qui se croisent dans tous les sens. C'est sur cette place qu'est le palais du gouverneur anglais. Cet édifice est assez joli et d'un style gréco-italien.

L'église de Spiridion, très célèbre et très visitée, est petite, mais renferme beaucoup de tableaux à l'huile, dont plusieurs sont de l'ancienne école italienne.

Au fond de cette église, dans une petite chapelle toute sombre, repose, dans un sarcophage d'argent, le corps de saint Spiridion, qui jouit d'une haute vénération chez les Ioniens. Cette petite chapelle est toujours remplie de fidèles, qui impriment les baisers les plus ardents sur la froide pierre.

Le 29 octobre, Mme Pfeiffer découvrit les montagnes de la Dalmatie, et le lendemain elle entrait à Trieste, d'où elle partit pour Vienne par la malle-poste. Elle fut obligée de passer quelques jours aux portes de la ville dans les plus grandes inquiétudes ; car, prise d'assaut le 31 octobre, elle ne fut pas ouverte avant le 4 novembre.

Ce ne fut qu'après avoir retrouvé toute sa famille saine et sauve, que, dans sa joie expansive, elle se sentit la force d'adresser ses actions de grâces à la Providence qui, dans tous les dangers et au milieu de toutes les peines, l'avait toujours préservée et l'avait fait échapper à tous les périls d'une manière miraculeuse.

FIN.

TABLE.

		PAGES
	Notice biographique	7
I.	— D'Europe en Amérique.	25
II.	— Brésil.	32
III.	— Brésil (suite).	46
IV.	— Chili.	57
V.	— Archipel de Taïti.	64
VI.	— Chine.	75
VII.	— Chine (suite).	80
VIII.	— Chine (suite).	86
IX.	— Chine (suite).	90
X.	— Chine (suite).	99
XI.	— Chine (suite).	107
XII.	— Singapoor.	113
XIII.	— Ceylan.	122
XIV.	— Ceylan (suite).	128
XV.	— Hindoustan	136
XVI.	— Hindoustan (suite).	145
XVII.	— Hindoustan (suite).	154
XVIII.	— Hindoustan (suite).	163
XIX.	— Hindoustan (suite).	178
XX.	— Hindoustan (suite).	187

	PAGES
XXI. — Hindoustan (suite).	198
XXII. — Hindoustan (suite).	204
XXIII. — Hindoustan (suite).	213
XXIV. — Hindoustan (suite).	221
XXV. — Hindoustan (suite).	232
XXVI. — Hindoustan (suite).	243
XXVII. — Hindoustan (suite).	249
XXVIII. — Hindoustan (suite).	260
XXIX. — De Bombay à Bagdad.	266
XXX. — Turquie d'Asie.	278
XXXI. — Turquie d'Asie (suite).	284
XXXII. — Turquie d'Asie (suite).	298
XXXIII. — De Turquie d'Asie en Perse.	313
XXXIV. — Perse.	325
XXXV. — Sibérie ou Russie d'Asie.	347
XXXVI. — Russie d'Europe.	372
XXXVII. — De Russie en Autriche, en passant par la Grèce.	381

FIN DE LA TABLE.

ROUEN. — Imp. MÉGARD et C°, rue Saint-Hilaire, 136.

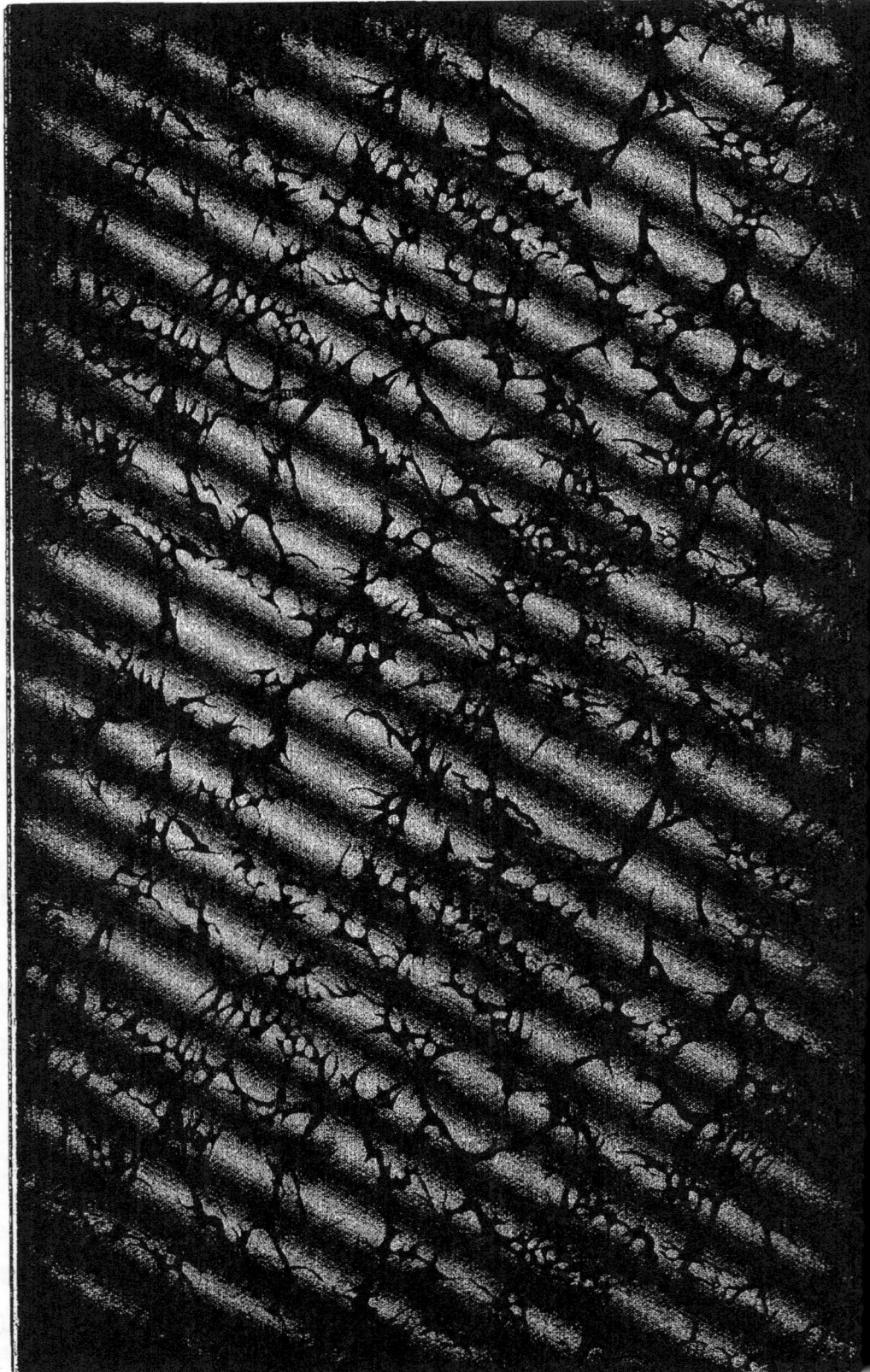

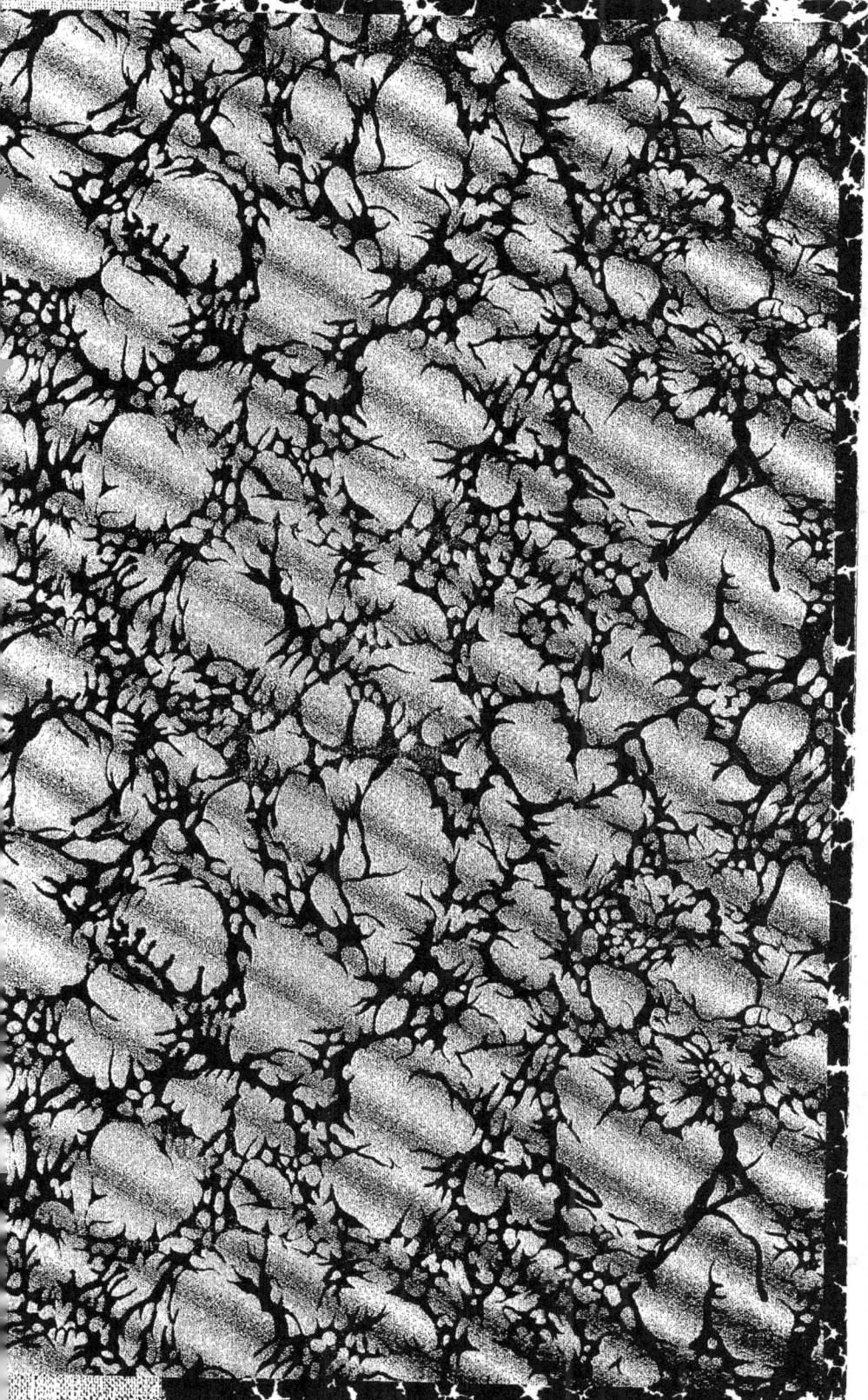

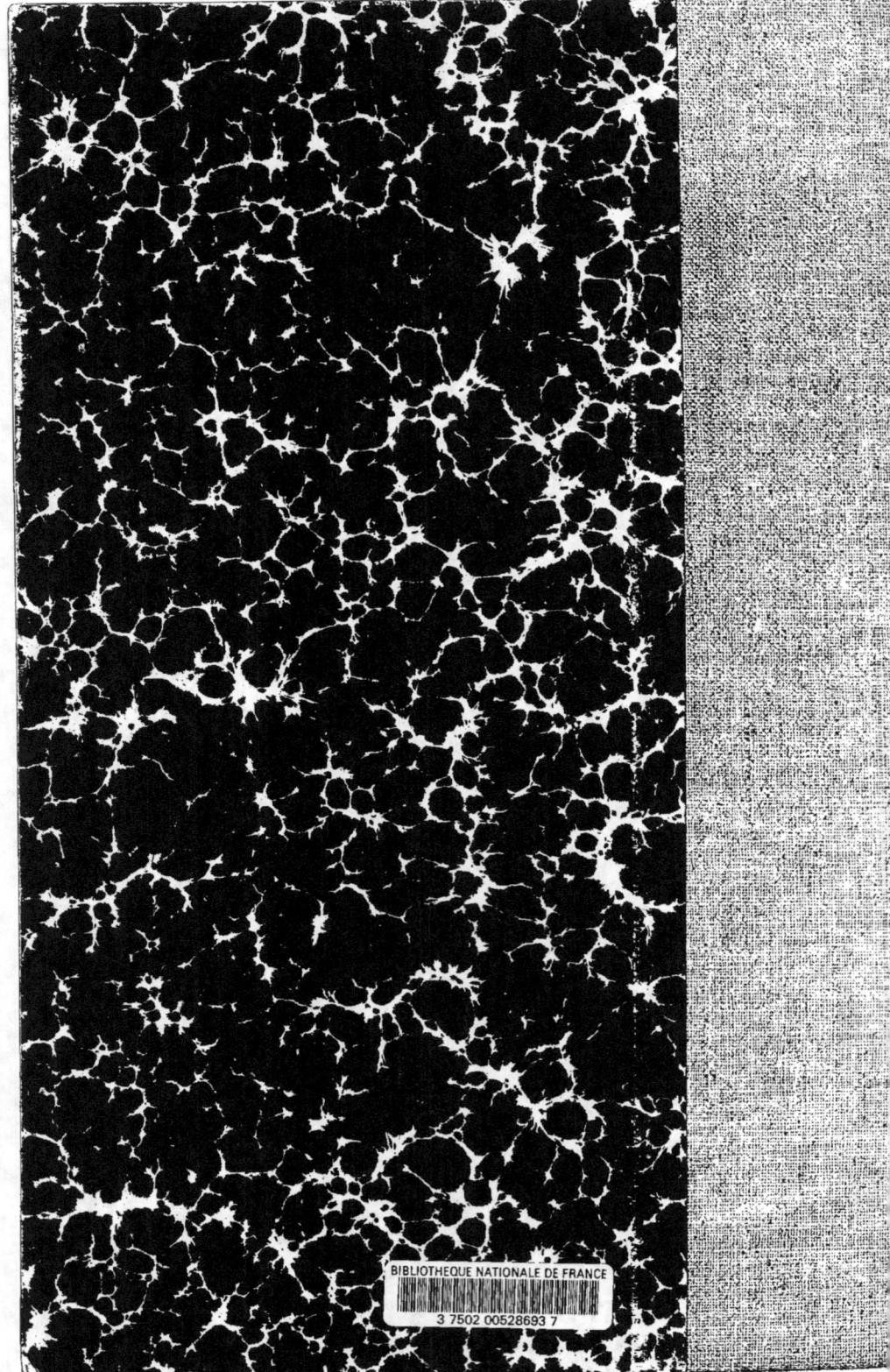

www.ingramcontent.com/pod-product-compliance
Lightning Source LLC
Chambersburg PA
CBHW071943220426
43662CB00009B/966